OEUVRES
DE
COLLIN D'HARLEVILLE

NOUVELLE ÉDITION

ORNÉE DE SON PORTRAIT

ET ENRICHIE D'UNE NOTICE SUR SA VIE.

TOME SECOND.

A PARIS

CHEZ JANET ET COTELLE, LIBRAIRES,

RUE NEUVE-DES-PETITS-CHAMPS, N° 17.

M. DCCCXXI.

OEUVRES
DE
COLLIN D'HARLEVILLE.

DE L'IMPRIMERIE DE P. DIDOT L'AINÉ,
CHEVALIER DE L'ORDRE ROYAL DE SAINT-MICHEL,
IMPRIMEUR DU ROI.

LE VIEUX CÉLIBATAIRE,

COMÉDIE

EN CINQ ACTES ET EN VERS,

Représentée pour la première fois par les comédiens françois en 1792.

PERSONNAGES.

M. DUBRIAGE, le Vieux Célibataire.
Mme ÉVRARD, sa gouvernante.
ARMAND, neveu de M. Dubriage, sous le nom de Charle.
LAURE, femme d'Armand.
AMBROISE, intendant de M. Dubriage.
GEORGE, filleul et portier de M. Dubriage.
JULIEN et SUSON, enfants de George.
CINQ COUSINS de M. Dubriage.

La scène est à Paris, chez M. Dubriage.

LE VIEUX CÉLIBATAIRE,

COMÉDIE

EN CINQ ACTES ET EN VERS.

La scène représente, pendant la pièce, un salon.

ACTE PREMIER.

SCÈNE I.

CHARLE, seul.

Je viens de l'éveiller ; il va bientôt paroître.
Allons... il m'est si doux de servir un tel maître !...
Rangeons tout comme hier ; il faut placer ici
Sa table, son fauteuil, son livre favori.
Il aime l'ordre en tout ; et, certain de lui plaire,
Je me fais de ces riens une importante affaire.

SCÈNE II.

CHARLE, GEORGE.

GEORGE.

Ah ! l'on peut donc enfin vous saisir un moment,
Monsieur Armand.

CHARLE.

Toujours tu me nommes Armand,
Et tu me trahiras.

GEORGE.

Pardon, je vous supplie.

CHARLE.

Charle est mon nom.

GEORGE.

Eh oui! je le sais, mais j'oublie.
Je m'en ressouviendrai; ne soyez plus fâché.
Pendant que tout le monde est encore couché,
Causons: dités-moi donc bien vite où vous en êtes,
Ce que vous devenez, les progrès que vous faites:
Votre sort en dépend; j'y suis intéressé.

CHARLE.

Eh mais! je ne suis pas encor très avancé.
Il faut qu'avec prudence ici je me conduise...
Puis, j'attends qu'en ces lieux ma femme s'introduise,
Pour agir de concert.

GEORGE.

Oui, vous avez raison;
Mais vous voilà du moins entré dans la maison.

CHARLE.

Ah! comment! à quel titre, et combien il m'en coûte!
Moi, domestique ici!

GEORGE.

C'est un malheur sans doute:
Mais, pour servir son oncle, est-on déshonoré?
Je le répète encor, c'est beaucoup d'être entré:
Et j'eus, lorsque j'y songe, une idée excellente;
Ce fût de vous offrir à notre gouvernante,
Comme un parent.

ACTE I, SCÈNE II.

CHARLE.

Jamais pourrai-je m'acquitter?...

GEORGE.

Allons!... ce que j'en dis n'est pas pour me vanter :
Je ne me prévaux point, mais je vous félicite.
C'est moi qui bien plutôt ne serai jamais quitte.
Votre bon père, hélas! dont j'étois serviteur,
A pendant dix-huit ans été mon bienfaiteur.
Oui, cher Armand... pardon... mais je vous ai vu naître;
J'ai vu mourir aussi ma maîtresse et mon maître :
Jugez si George doit aimer, servir leur fils !

CHARLE.

Pourquoi le ciel sitôt me les a-t-il ravis?
Ah! pour m'être engagé par pure étourderie...

GEORGE.

Eh, monsieur, laissez là le passé, je vous prie :
Oui, voyez le présent, et sur-tout l'avenir.
N'est-il pas fort heureux, il faut en convenir,
Que je sois le filleul de monsieur Dubriage;
Qu'après deux ou trois mois tout au plus de veuvage,
La gouvernante m'ait, j'ignore encor pourquoi,
Fait venir tout exprès pour être portier, moi,
De sorte que je pusse ici vous être utile;
Et que, depuis trois mois, venu dans cette ville,
Vous me l'ayez fait dire, au lieu de vous montrer :
Que j'aie imaginé, moi, de vous faire entrer,
Et que madame Évrard, si subtile et si fine,
Vous ait reçu d'abord sur votre bonne mine?

CHARLE.

Il est vrai...

GEORGE.

C'est votre air de décence, et sur-tout

De jeunesse... que sais-je ?... Oui, la dame a du goût.
####### CHARLE.
Souvent, et j'apprécie une faveur pareille,
On diroit qu'elle veut me parler à l'oreille.
####### GEORGE.
Ne voudroit-elle pas vous faire par hasard
Un tendre aveu ?... Mais non, j'ai tort ; madame Évrard !
Elle est d'une sagesse, oh mais ! à toute épreuve.
Cet Ambroise, entre nous, qui, depuis qu'elle est veuve,
Remplace le défunt dans l'emploi d'intendant,
L'aime fort, et voudroit l'épouser : cependant
Avec lui, je le vois, elle est d'une réserve !...
####### CHARLE.
Je l'observe en effet.
####### GEORGE.
A propos, moi, j'observe
Qu'Ambroise vous hait fort.
####### CHARLE.
Rien n'est moins surprenant ;
Avec mon oncle même il est impertinent :
Puis il craint, entre nous, que je ne le supplante.
####### GEORGE.
Écoutez donc, monsieur ! sa place est excellente ;
Et vraiment mon parrain vous aime tout-à-fait,
Sans vous connoître encor.
####### CHARLE.
Je le crois en effet,
George, et c'est un grand point : oui, ce seul avantage
Me flatte beaucoup plus que tout son héritage.
Pourvu que je lui plaise, il m'importe fort peu.
Que ce soit le valet, que ce soit le neveu :
Si je ne touche un oncle, au moins j'égaie un maître.

GEORGE.

A de tels sentiments j'aime à vous reconnoître.

CHARLE.

Au fait, depuis trois mois que j'habite en ces lieux,
D'abord, sous un faux nom, j'ai trouvé grace aux yeux
D'un oncle, qui me hait sous mon nom véritable.
Ajoute que j'ai su rendre douce et traitable
Madame Évrard, qui, grace à mon déguisement,
Semble sourire à Charle, en détestant Armand.
Voilà trois mois fort bien employés.

GEORGE.

Oui, courage;
Madame votre épouse achèvera l'ouvrage.

SCÈNE III.

CHARLE, GEORGE, le petit JULIEN.

GEORGE.

Eh! que veux-tu, Julien?

JULIEN, *regardant autour de lui.*

Moi, papa?

GEORGE.

Qu'as-tu là?

JULIEN, *remettant une lettre.*

C'est mon cousin Pascal qui m'a remis cela,
Sans me rien dire, et puis d'une vitesse extrême,
Crac, il s'est en allé: moi, je m'en vais de même...
Car si monsieur Ambroise arrivoit... ah! bon Dieu!...
Au revoir, monsieur Charle.

CHARLE, *affectueusement.*

Oui, Julien... sans adieu.

(*Julien sort.*)

SCÈNE IV.

CHARLE, GEORGE.

CHARLE.

Il est gentil!... Eh bien, quelle est donc cette lettre?

GEORGE.

(*Ouvrant la lettre.*)

Je me doute que c'est... Vous voulez bien permettre?...

CHARLE.

Eh! lis.

GEORGE.

C'est le billet que j'attendois.

CHARLE.

Lequel?

GEORGE.

Oui, le certificat de ce maître-d'hôtel,
Du vieux ami d'Ambroise.

CHARLE.

Ah! de monsieur Lagrange.
Eh bien?

GEORGE.

Eh bien, monsieur, grace au ciel, tout s'arrange,
Comme vous allez voir.

(*Il donne la lettre à Charle.*)

CHARLE, *lisant.*

« Mon cher Ambroise »... Eh quoi?

GEORGE.

La lettre est pour Ambroise, et vous verrez pourquoi.

CHARLE, *continuant de lire.*

« J'ai su que vous cherchiez une jeune servante,

ACTE I, SCÈNE IV.

« Qui tînt lieu de second à votre gouvernante.
« J'ai trouvé votre affaire, un excellent sujet ;
« C'est celle qui vous doit remettre ce billet :
« Vous en serez content ; elle est bien née, et sage,
« Et docile : peut-être à son apprentissage...
« Mais sous madame Évrard elle se formera ;
« Je vous la garantis, mon cher »... *et cætera.*

GEORGE.

Sous l'habit de servante, il fait entrer la nièce.

CHARLE.

Voilà, mon ami George, une excellente pièce.

GEORGE.

Vous pensez bien qu'avec un pareil passeport,
Madame votre épouse est admise d'abord.

CHARLE.

Oui, j'ose l'espérer. Tu me combles de joie.
Pour l'aimer, il suffit que mon oncle la voie,
Qu'il l'entende un moment. Tu ne la connois pas.

GEORGE.

Si fait.

CHARLE.

Eh! oui, tu sais qu'elle a quelques appas ;
Mais tu ne connois point cet esprit, cette grace,
Qui m'ont d'abord touché. Je la vis en Alsace,
A Colmar. J'y servois ; car je n'ai jamais pu
Achever un récit souvent interrompu.
J'avois eu le bonheur d'être utile à son père :
Cela seul me rendit agréable à la mère.
Sans savoir qui j'étois, on m'estimoit déja ;
Je me nommai ; le père alors me dégagea,
Me fit son gendre. Eh bien, j'ai toujours chez ma femme
Trouvé même douceur et même bonté d'ame.

Je regrettois mon oncle ; elle me suit d'abord :
Ici, comme à Colmar, elle bénit son sort.
Que lui faut-il de plus ? elle travaille et m'aime.
Si mon oncle la voit, il l'aimera lui-même ;
J'oserois en répondre. Encor quelques instants,
Et nos maux sont finis : je me tais et j'attends.

GEORGE.

Je fais la même chose aussi, je dissimule.
Dans le commencement je m'en faisois scrupule ;
Mais, en fermant les yeux, je vous ai mieux servi.
J'ai donc feint d'ignorer que chacun à l'envi,
Dans la maison, voloit, pilloit à sa manière :
Sans parler des envois de notre cuisinière,
Qui ne fait que glaner ; madame Évrard tout bas
Moissonne, et chaque jour amasse argent, contrats.
Ambroise est possesseur d'une maison fort grande :
Achetée aux dépens de qui ? je le demande :
Chaque jour il y met un nouveau meuble ; aussi
Je vois que chaque jour il en manque un ici :
De façon que bientôt, si cela continue,
L'une sera garnie et l'autre toute nue.

CHARLE.

Je leur pardonnerois tout cela de bon cœur,
S'ils avoient de mon oncle au moins fait le bonheur ;
Mais ce qui me désole est de voir que les traîtres
Le volent, et chez lui font encore les maîtres !
Pauvre oncle ! il sent son mal ; et je vois à regret
Que, s'il n'ose se plaindre, il gémit en secret.

SCÈNE V.

CHARLE, GEORGE, Mme ÉVRARD.

GEORGE, *bas à Charle.*

Voici madame Évrard : oh ! comme à votre vue
Elle se radoucit !

CHARLE, *bas.*

Paix donc !

CHARLE.

Je vous salue,
Madame.

GEORGE, *avec force révérences.*

J'ai l'honneur...

Mme ÉVRARD, *à Charle.*

Ah ! bonjour, mon ami.
(*à George.*)
Que fais-tu là ?

GEORGE.

Pendant qu'on étoit endormi,
Nous causions.

Mme ÉVRARD.

Va causer en bas.

GEORGE.

C'est moi qu'on blâme,
Et c'est lui qui toujours me parle de madame.

Mme ÉVRARD.

De moi ? que disoit-il ?

GEORGE.

Que vous embellissiez,
Qu'il sembloit chaque jour que vous rajeunissiez.

Mme ÉVRARD.

Oui ? Charle dit toujours des choses délicates ;
Mais il est trop galant, ou c'est toi qui me flattes :
Descends, et garde bien ta porte.

GEORGE.

Oh! Dieu merci,
L'on sait un pêu...

Mme ÉVRARD.

Ne laisse entrer personne ici,
Sans m'avertir.

GEORGE.

Non, non.

Mme ÉVRARD.

Sur-tout pas une lettre,
Qu'à moi seule d'abord tu ne viennes remettre.

GEORGE.

Oh, non ! je ne crois pas qu'on écrive à présent.

Mme ÉVRARD.

Il n'importe. Va donc.

(*George sort.*)

SCÈNE VI.

Mme ÉVRARD, CHARLE.

Mme ÉVRARD, *à part, pendant que Charle range
dans la chambre.*

George est un bon enfant :
Mais sur de telles gens quel fonds pourroit-on faire ?
Pour Ambroise, sa marche à la mienne est contraire ;
Et c'est le dernier homme à qui je me fierois...
Si j'intéressois Charle à mes desseins secrets ?

ACTE I, SCÈNE VI.

Il me plaît ; monsieur l'aime ; il a de la prudence,
De l'esprit : mettons-le dans notre confidence...
   (*haut.*)
Comment vous trouvez-vous ici?

CHARLE.

Fort bien, ma foi,
Et je serois tenté de me croire chez moi.

Mme ÉVRARD.

Allez, soyez toujours honnête et raisonnable :
Cette maison pour vous sera très agréable ;
Monsieur semble déja vous voir d'assez bon œil.

CHARLE.

C'est à vous que je dois ce favorable accueil.

Mme ÉVRARD.

Je possède, il est vrai, toute sa confiance.

CHARLE.

C'est le fruit du talent et de l'expérience,
Madame.

Mme ÉVRARD.

Ce fruit-là, je l'ai bien acheté :
Hélas ! si vous saviez ce qu'il m'en a coûté,
Depuis dix ans entiers que j'habite ici !...
   (*Se recueillant un moment, et regardant autour d'elle.*)

Charle,
Il faut à cœur ouvert enfin que je vous parle ;
Car vous m'intéressez : vous êtes doux, prudent,
Discret ; et comme on a besoin d'un confident
Qui vous ouvre son cœur, et lise au fond du vôtre ;
Et que vous n'êtes point un laquais comme un autre...

CHARLE.

Non : j'espère qu'un jour vous le reconnoîtrez.

Mme ÉVRARD.

Écoutez donc, mon cher; et bientôt vous verrez
Tout ce qu'il m'a fallu de courage et d'adresse,
Pour être en ce logis souveraine maîtresse.
Nous avons fait tous deux jouer plus de ressorts,
Mon pauvre Évrard et moi!... (car il vivoit alors;
Depuis bientôt deux ans, cher monsieur, je suis veuve.
(*Essuyant ses yeux.*)
Et c'est avoir passé par une rude épreuve!...)
Nous avons de concert banni tous les voisins,
Les amis, les parents, jusqu'aux derniers cousins.

CHARLE.

A la fin, vous voici maîtresse de la place.

Mme ÉVRARD.

Reste encore un neveu, mais un neveu tenace...

CHARLE.

Monsieur, comme je vois, n'a point d'enfants?

Mme ÉVRARD.

Aucun.

CHARLE.

Il a donc des neveux, madame?

Mme ÉVRARD.

Il n'en a qu'un;
Mais ce neveu tout seul me donne plus de peine!...
C'est que je vois de loin où tout ceci nous mène.
S'il rentre, c'est à moi de sortir.

CHARLE.

En effet.

Mme ÉVRARD.

Aussi, pour l'écarter, Dieu sait ce que j'ai fait!
Mon intrigue et mes soins remontent jusqu'au père.
Monsieur n'eut qu'un beau-frère: il l'aimoit!...

CHARLE.

                        Comme un frère.

Mme ÉVRARD.

Les brouiller tout-à-fait eût été trop hardi ;
Mais pour le frère au moins, je l'ai bien refroidi.

CHARLE.

J'entends.

Mme ÉVRARD.

        Contre un absent on a tant d'avantage !
Le sort à celui-ci ravit son héritage.
Je traitai ses revers d'inconduite : on me crut.

CHARLE.

Ah ! fort bien.

Mme ÉVRARD.

        Jeune encor, grace au ciel, il mourut.

CHARLE, *à part*.

Hélas !

Mme ÉVRARD.

Qu'avez-vous ?

CHARLE.

        Rien.

Mme ÉVRARD.

                Laissant un fils unique,
Ce neveu que je crains.

CHARLE.

        Que vous ?... Terreur panique !
C'est à lui de vous craindre.

Mme ÉVRARD.

                Oui, peut-être aujourd'hui :
Mais l'oncle alors, sans moi, l'eût rapproché de lui.
« Son entretien sera moins coûteux en province, »
Lui dis-je : « chargez-m'en. » L'entretien fut très mince,

Comme vous pouvez croire. Il se découragea ;
Il jeta les hauts cris ; enfin il s'engagea.
C'est où je l'attendois. Je sus avec finesse
Exagérer ce tort, ce vrai tour de jeunesse ;
Et monsieur l'excusoit encore.

CHARLE.

Il est si bon !

Mme ÉVRARD.

Mon jeune homme écrivit pour demander pardon :
Je supprimai la lettre, et vingt autres messages...
J'en ai mon coffre plein.

CHARLE.

Précautions fort sages !

Mme ÉVRARD.

J'en ai lu deux ou trois, mais exprès, entre nous,
Avec un commentaire.

CHARLE.

Oh ! je m'en fie à vous !

Mme ÉVRARD.

Il se perdit lui-même.

CHARLE.

Et, comment, je vous prie ?

Mme ÉVRARD.

Par inclination enfin il se marie,
L'an dernier, à l'insu de son oncle.

CHARLE.

A l'insu ?

Il n'avoit point écrit ?

Mme ÉVRARD.

Monsieur n'en a rien vu.
Moi, j'ai peint tout cela d'une couleur affreuse,
Et la femme, entre nous, comme une malheureuse,

ACTE I, SCÈNE VI.

Sans état, sans aveu. L'oncle enfin éclata,
Et l'indignation à son comble monta;
De malédictions il chargea le jeune homme,
Et même il ne veut plus désormais qu'on le nomme.

CHARLE, *se contenant à peine.*

Tout cela me paroît on ne peut mieux conduit.
Ainsi de vos travaux vous recueillez le fruit ?

Mme ÉVRARD.

(*regardant encore si personne n'écoute.*)
Pas tout-à-fait : je vais vous confier encore
Un secret délicat, qu'Ambroise même ignore.
Le dessein est hardi : j'ose me proposer,
Pour tenir mieux mon maître...

CHARLE.

Eh bien ?

Mme ÉVRARD.

De l'épouser.

CHARLE.

D'épouser !... En effet, j'admire la hardiesse...

Mme ÉVRARD.

Jusque-là je craindrai le neveu, quelque nièce...

CHARLE.

J'entends. Vous avez donc un peu d'espoir ?

Mme ÉVRARD.

Un peu.

Depuis un an, je cache adroitement mon jeu.
D'abord, parler d'hymen à qui ne voit personne,
C'est assez me nommer.

CHARLE.

La conséquence est bonne.

Mme ÉVRARD.

Je lui fais de l'hymen des portraits enchanteurs;

2.

Je lis, comme au hasard, des endroits séducteurs;
Là, je fais une pause, afin qu'il les savoure.

CHARLE.

A merveille!

Mme ÉVRARD.

D'enfants à dessein je l'entoure.
J'ai fait venir exprès son filleul, le portier.
Pour lui cette maison étant le monde entier,
De ces joyeux époux les touchantes tendresses,
Les jeux de leurs enfants, leurs naïves caresses,
Tout cela, par degrés, l'attache, l'attendrit,
Pénètre dans son cœur, ébranle son esprit :
Et, quand il est tout seul, ces images chéries
Lui doivent inspirer de tendres rêveries.
J'en suis là, mon ami.

CHARLE.

Mais c'est déja beaucoup.

Mme ÉVRARD.

Ce n'est pas tout : il faut frapper le dernier coup.
Charle, seul avec vous, quand monsieur s'ouvre, cause,
S'il soupire et paroît regretter quelque chose :
Alors insinuez qu'il est bien isolé,
Que par une compagne il seroit consolé ;
Peignez-moi, j'y consens, sous des couleurs riantes;
Dites que j'ai des traits, des façons attrayantes,
Du maintien, de l'esprit, des talents variés,
Que je suis fraîche encore... enfin vous me voyez.
Dites, si vous voulez, que j'ai l'air d'une dame;
Qu'en entrant, de monsieur vous me crûtes la femme...

CHARLE.

Volontiers.

Mme ÉVRARD.

En un mot, vous avez de l'esprit,
Et je compte sur vous.

CHARLE.

Oui, madame, il suffit.

Mme ÉVRARD.

Vous m'entendez donc bien?

CHARLE.

Rassurez-vous, de grace.
Je dirai... ce qu'enfin vous diriez à ma place.

Mme ÉVRARD.

Je ne suis point ingrate, au reste ; et soyez sûr
Qu'un salaire...

CHARLE.

Croyez qu'un motif bien plus pur...

Mme ÉVRARD.

Paix!... j'aperçois monsieur.

SCÈNE VII.

M. DUBRIAGE, Mme ÉVRARD, CHARLE.

M. DUBRIAGE.

C'est vous? bonjour, madame!

Mme ÉVRARD, *très tendrement.*

Monsieur, je vous salue, et de toute mon ame.

CHARLE.

Votre humble serviteur.

M. DUBRIAGE.

Vous voilà, mon ami?

Mme ÉVRARD.

Vous paroissez rêveur... Auriez-vous mal dormi?

M. DUBRIAGE.

Moi ? très bien......

Mme ÉVRARD.

Je ne sais... mais je suis clairvoyante ;
Et vous aviez hier la mine plus riante.

M. DUBRIAGE.

Croyez-vous ? Cependant j'ai toujours ri fort peu.

Mme ÉVRARD.

Je m'en vais parier que c'est votre neveu
Qui cause en ce moment votre sombre tristesse ;
Avouez-le.

M. DUBRIAGE.

Il est vrai qu'il m'occupe sans cesse ;
Et même cette nuit, mes amis, j'y songeois.

Mme ÉVRARD.

Il vous aura donné quelques nouveaux sujets ?...

M. DUBRIAGE.

Non.

Mme ÉVRARD.

Pourquoi, dans ce cas, y songez-vous encore ?
Depuis plus de huit ans, l'ingrat vous déshonore :
Oubliez-le, monsieur ; sachez vous égayer.

M. DUBRIAGE.

Ah ! je puis le haïr, mais jamais l'oublier.

Mme ÉVRARD.

Laissez, encore un coup, ces plaintes éternelles.
Ne voyez plus que nous, vos serviteurs fidèles :
Ambroise, Charle et moi, dévoués et soumis,
Vous tiendrons lieu tous trois de parents et d'amis.

(*prenant la main de M. Dubriage.*)

Mais de tous mes emplois il faut que je m'acquitte :
C'est pour songer encore à vous que je vous quitte.

ACTE I, SCÈNE VII.

M. DUBRIAGE.

Fort bien !

Mme ÉVRARD.

Charle vous reste : il saura converser.

CHARLE.

Heureux, si je pouvois jamais vous remplacer !

Mme ÉVRARD, *bas à Charle.*

Songez à notre plan.

CHARLE, *bas à madame Évrard.*

Oui, j'y songe, madame.

(*Madame Évrard sort.*)

SCÈNE VIII.

M. DUBRIAGE, CHARLE.

M. DUBRIAGE.

Cette madame Évrard est une digne femme ;
Elle a bien soin de moi.

CHARLE.

Monsieur... certainement...
Mais qui n'auroit pour vous le même empressement ?

M. DUBRIAGE.

Oh ! je ne suis pas moins content de ton service, Charle.

CHARLE.

Monsieur, je suis peut-être un peu novice ?

M. DUBRIAGE.

Non.

CHARLE.

Le desir de plaire est si propre à former !
Et l'on sert toujours bien ceux que l'on sait aimer,

M. DUBRIAGE.
Chaque mot que tu dis me touche, m'intéresse.
CHARLE.
Puissé-je quelque jour gagner votre tendresse!
M. DUBRIAGE.
Elle t'est bien acquise; oui... je ne sais pourquoi,
J'ai vraiment du plaisir à causer avec toi:
Ce n'est qu'avec toi seul que je suis à mon aise.
CHARLE.
Heureux qu'en moi, monsieur, quelque chose vous plaise!
M. DUBRIAGE.
Mon cœur est plein; il a besoin de s'épancher.
Autour de moi j'ai beau jeter les yeux, chercher;
Je n'ai pas un ami dans toute la nature,
Pour verser dans son sein les peines que j'endure.
CHARLE.
Les peines!... quoi, monsieur! vous en auriez?
M. DUBRIAGE.
Hélas!
Je te parois heureux, et je ne le suis pas.
CHARLE.
Cependant...
M. DUBRIAGE.
Tu le vois, je suis seul sur la terre,
Triste...
CHARLE.
Seul, dites-vous?
M. DUBRIAGE.
Oui, je suis solitaire.
Ah! pourquoi, jeune encore, au moins dans l'âge mûr,
Ne faisois-je pas choix d'une femme!

ACTE I, SCÈNE VIII.

CHARLE.

Il est sûr
Que, pour se préparer une heureuse vieillesse,
Il faut à ces doux nœuds consacrer sa jeunesse.

M. DUBRIAGE.

Je le vois à présent. Je voudrois... vœux tardifs !

CHARLE.

(*à part.*) (*haut.*)
Hélas... Vous eûtes donc, monsieur, quelques motifs
Pour vous soustraire au joug de l'hymen ?

M. DUBRIAGE.

Oui, sans doute.
J'en eus que je croyois très solides. Écoute :
J'avois dans mon commerce un jeune associé :
Par inclination il s'étoit marié :
Sa femme fit dix ans le tourment de sa vie.
Ce tableau, vu de près, me donnoit peu d'envie
D'en faire autant.

CHARLE.

Sans doute, il pouvoit faire peur.

M. DUBRIAGE.

Quand j'aurois eu l'espoir de faire un choix meilleur ;
Sous les yeux d'un ami, cette union heureuse
Auroit rendu la sienne encore plus affreuse.
Il mourut. D'un commerce entre nous partagé,
Chargé seul, à l'hymen dès-lors j'ai peu songé :
Je quittai le commerce.

CHARLE.

Enfin vous étiez maître,
Libre...

M. DUBRIAGE.

En me mariant, j'aurois cessé de l'être,

L'hymen est un lien.
CHARLE.
Soit. Convenez aussi
Qu'il est doux quelquefois d'être liés ainsi :
Monsieur !... pour se soustraire à cette servitude,
Souvent on en rencontre encore une plus rude.
M. DUBRIAGE.
Puis, sur un autre point j'eus l'esprit combattu.
Les femmes (sans parler ici de leur vertu,
J'aime à croire qu'à tort souvent on les décrie);
Mais conviens qu'elles sont d'une coquetterie,
D'un luxe !... Telle femme est charmante, entre nous,
Dont on seroit fâché de devenir l'époux ;
Tel mari semble heureux qui, dans le fond de l'ame,
Gémit...
CHARLE.
...Mais, en revanche, il est plus d'une femme
Modeste en ses desirs et simple dans ses goûts,
Qui met tout son bonheur à plaire à son époux.
M. DUBRIAGE.
Soit. En est-il beaucoup ?
CHARLE.
Plus qu'on ne croit peut-être :
Moi qui vous parle, j'ai le bonheur d'en connoître.
M. DUBRIAGE.
Du ménage, mon cher, j'ai craint les embarras,
Les tracas, les soucis...
CHARLE.
...Mais où n'en a-t-on pas ?
Une famille au moins qui vous plaît, qui vous aime,
Vous fait presque chérir cet embarras-là même :
Au lieu qu'un alentour mercenaire, étranger,

Vous embarrasse aussi, sans vous dédommager;
On a l'ennui de plus.

M. DUBRIAGE.

Voilà ce que j'éprouve;
Et c'est précisément l'état où je me trouve :
Et, tiens, mes gens me sont fort attachés, je croi,
Mais je les vois tous prendre un ascendant sur moi!...

CHARLE.

En effet...

M. DUBRIAGE.

Jusqu'au vif, vois-tu, cela me blesse;
Et parfois je voudrois, honteux de ma foiblesse,
Secouer un tel joug. A cet Ambroise j'ai,
Oui, j'ai cinq ou six fois déja donné congé :
Je le reprends toujours ; car s'il a l'humeur vive,
Il est brave homme au fond. Parfois même il m'arrive
D'avoir des démêlés avec madame Évrard,
De lui faire sentir enfin que tôt ou tard
Elle pourroit... Mais quoi, j'ai si peu de courage!
Elle baisse d'un ton; laisse passer l'orage,
Et bientôt me gouverne encor plus sûrement.

CHARLE.

Je sens cela.

M. DUBRIAGE.

Mets-toi dans ma place un moment.
Un garçon, un vieillard isolé dans le monde...
Car tu ne conçois pas ma retraite profonde.
Je n'avois qu'un neveu, qui m'eût pu consoler
Dans mes maux... et c'est lui qui vient les redoubler!

CHARLE.

Ce neveu... pardonnez... il est donc bien coupable?

M. DUBRIAGE.

Lui, coupable? il n'est rien dont il ne soit capable.
Si tu savois!... Mais non, laissons ce malheureux.

CHARLE.

Ah! s'il vous a déplu, son sort doit être affreux.

M. DUBRIAGE.

Il rit de mes chagrins.

CHARLE.

Il riroit de vos peines?
Il se feroit un jeu de prolonger les siennes?
Ce jeune homme à ce point n'est pas dénaturé :
J'en puis juger par moi, dont le cœur est navré...

M. DUBRIAGE.

C'est que vous êtes bon, vous, délicat, sensible;
Mais Armand n'a point d'ame.

CHARLE.

O ciel! est-il possible!
Quoi?... cet Armand, monsieur, le connoissez-vous bien?

M. DUBRIAGE.

Trop, par ses actions. D'abord, comme un vaurien,
Il s'engage.

CHARLE.

Il eut tort; mais ce n'est pas un crime
Qui le doive à jamais priver de votre estime.

M. DUBRIAGE.

Et dans sa garnison, comment s'est-il conduit?

CHARLE.

En êtes-vous certain?

M. DUBRIAGE.

Je suis trop bien instruit;
Et ses lettres!...

ACTE I, SCÈNE VIII.

CHARLE.
Éh bien?

M. DUBRIAGE.
Étoient d'une insolence!...
Il m'écrivoit un jour, j'en frémis quand j'y pense,
Qu'il viendroit, qu'il mettroit le feu dans la maison...

CHARLE.
Ah, mon Dieu! quelle horreur et quelle trahison!

M. DUBRIAGE.
Toi-même es indigné...

CHARLE, *faisant un effort pour se contenir.*
Voulez-vous bien permettre,
Monsieur?... Avez-vous lu vous-même cette lettre?

M. DUBRIAGE.
Non. C'est madame Évrard : encore par pitié,
Elle me faisoit grace au moins de la moitié.
Puis, sans parler du reste, un mariage infame...

CHARLE.
(*se reprenant et à part.*)
Infame, dites-vous? Laissons venir ma femme.
(*haut.*)
Ah! si l'on vous trompoit!...

M. DUBRIAGE.
Et qui donc?

CHARLE.
Je ne sais...
Mais quoi! je ne puis croire à de pareils excès :
Non, Armand...

M. DUBRIAGE.
Paix. Jamais ne m'en ouvrez la bouche.
(*se radoucissant.*)
Entendez-vous? Au fond, ton zèle ardent me touche,

Mon ami, je l'avoue ; il annonce un bon cœur,
On ne sauroit plaider avec plus de chaleur.

CHARLE.

Je parle pour vous-même : oui, bon comme vous êtes,
Cette colère ajoute à vos peines secrètes.

M. DUBRIAGE.

Bon Charle !

CHARLE.

Permettez que je sorte un moment,
Pour une affaire.

M. DUBRIAGE.

Oui, sors ; mais reviens promptement.

(*M. Dubriage rentre chez lui.*)

SCÈNE IX.

CHARLE, *seul.*

Allons chercher ma femme : il est temps, l'heure presse ;
Et plus tôt que plus tard, il faut qu'elle paroisse.

(*Il sort.*)

FIN DU PREMIER ACTE.

ACTE SECOND.

SCÈNE I.

M. DUBRIAGE, *seul, un livre à la main.*

Que ce mot est bien dit! consolant écrivain,
D'adoucir mes ennuis tu t'efforces en vain.
« On commence à jouir, dis-tu, dès qu'on espère: »
Je jouirois aussi déja, si j'étois père;
Mais pour un vieux garçon il n'est point d'avenir.
    (*fermant le livre.*)
Rien ne m'amuse plus. Il faut en convenir,
Je ne me suis jamais amusé de ma vie;
Mais, aujourd'hui sur-tout, je sens que je m'ennuie.
C'est qu'il est des moments où je me trouve seul,
Et porterois, je crois, envie à mon filleul.
Cette réflexion est un peu trop tardive:
Dans l'état où je suis il faut bien que je vive...
Ils m'abandonnent tous... je ne sais ce qu'ils font...
    (*appelant.*)
Madame Évrard!... Ambroise!... Aucun d'eux ne répond.
Pour Charle, il est sorti sûrement pour affaires:
    (*Il s'assied.*)
Je ne saurois me plaindre; il ne me quitte guères.

SCÈNE II.

M. DUBRIAGE, GEORGE.

GEORGE, *de loin, à part.*
Ils sont sortis, entrons.
M. DUBRIAGE, *se croyant seul encore.*
Oui, j'ai moins de chagrin
Quand Charle est avec moi; nous causons.
GEORGE, *toujours de loin et à part.*
Bon parrain!
Il parle, et n'a personne, hélas! qui lui réponde :
Approchons.
M. DUBRIAGE.
C'est toi, George? où donc est tout le monde?
GEORGE.
Tout le monde est dehors.
M. DUBRIAGE.
Madame Évrard aussi?
GEORGE.
Elle aussi : chacun a ses affaires, ici.
Et moi, de leur absence, entre nous, je profite,
Pour vous faire, monsieur, ma petite visite :
Je ne vous ai point vu depuis hier au soir.
M. DUBRIAGE.
Moi j'ai, de mon côté, grand plaisir à te voir.
GEORGE.
Vous êtes tout pensif.
M. DUBRIAGE.
C'est cette solitude.

ACTE II, SCÈNE II.

GEORGE.

Vous devez en avoir contracté l'habitude.

M. DUBRIAGE.

On a peine à s'y faire..., et le temps aujourd'hui
Est sombre : tout cela me donne un peu d'ennui.

GEORGE.

Vous êtes malheureux; jamais je ne m'ennuie :
Qu'il fasse froid ou chaud, du soleil, de la pluie,
Tout cela m'est égal ; je suis toujours content.

M. DUBRIAGE.

Je le vois.

GEORGE.

Je bénis mon sort à chaque instant :
Car, si je suis joyeux, j'ai bien sujet de l'être :
D'abord, j'ai le bonheur de servir un bon maître,
Un cher parrain : ensuite, à l'emploi de portier
J'ai, comme de raison, joint un petit métier :
Une loge ne peut occuper seule un homme ;
Et puis, écoutez donc, cela double la somme.
Je fais tout doucement ma petite maison,
Et j'amasse en été pour l'arrière-saison.

M. DUBRIAGE.

C'est bien fait. D'être heureux ce George fait envie.

GEORGE.

Ajoutez à cela le charme de la vie,
Une femme : la mienne est un petit trésor ;
Elle a trente ans ; je crois qu'elle embellit encor.
Point d'humeur; elle est gaie, elle est bonne, elle est franche.
Elle aime son cher George!... Oh! j'ai bien ma revanche !
Dame, c'est qu'elle a soin du père, des enfants !...
Aussi, sans nous vanter, les marmots sont charmants.
Sans cesse autour de moi, l'on passe, l'on repasse ;

C'est un mot, un coup d'œil ; et cela me délasse.
M. DUBRIAGE.
Mais cela te dérange.
GEORGE.
Un peu ; mais le plaisir !...
Il faut bien se donner un moment de loisir :
Cela n'empêche pas que la besogne n'aille ;
Car moi, tout en riant, en causant, je travaille (1).
Mais, quand le soir, bien tard, les travaux sont finis,
Et qu'autour de la table on est tous réunis
(Car la petite bande, à présent, soupe à table),
Si vous saviez, monsieur, quel plaisir délectable !
Je me dis quelquefois : « Je ne suis qu'un portier ;
« Mais souvent dans la loge on rit plus qu'au premier. »
M. DUBRIAGE.
Chacun est dans ce monde heureux à sa manière.
GEORGE
Ah ! la nôtre est la vraie, et vous ne l'êtes guère,
Heureux ! C'est votre faute aussi : car, entre nous,
Pourquoi rester garçon ? Il ne tenoit qu'à vous,
Dans votre état, avec une grosse fortune,
De trouver une femme ; et dix mille pour une.
M. DUBRIAGE.
Que veux-tu ?... j'ai toujours aimé le célibat.
GEORGE.
Célibat, dites-vous ! c'est donc là votre état ?
Triste état, si par-là, comme je le soupçonne,
On entend n'aimer rien, ne tenir à personne !
Vive le mariage ! Il faut se marier,
Riche ou non : et tenez, je m'en vais parier

---

1 Il indique par son geste le métier de tailleur.

ACTE II, SCÈNE II.

Que si quelqu'un offroit au plus pauvre des hommes
Un hôtel, un carrosse, avec de grosses sommes,
Pour qu'il vécût garçon, il diroit : « Grand merci !
« Plutôt que d'être riche, et que de l'être ainsi,
« J'aime cent fois mieux vivre au fond de la campagne,
« Pauvre, grattant la terre, auprès d'une compagne. »

M. DUBRIAGE.

Assez.

GEORGE.

Ce que j'en dis, c'est par pure amitié ;
C'est que, vraiment, monsieur, vous me faites pitié.

M. DUBRIAGE.

Pitié, dis-tu ?

GEORGE.

Pardon ; c'est qu'il est incroyable
Que moi, qui près de vous ne suis qu'un pauvre diable,
Sois plus heureux pourtant : c'est un chagrin que j'ai.

M. DUBRIAGE.

De ta compassion je te suis obligé ;
Mais changeons de sujet.

(*Il se lève.*)

GEORGE.

Très volontiers. Encore,
Si, pour charmer, monsieur, l'ennui qui vous dévore,
Vous aviez près de vous quelque proche parent !...

M. DUBRIAGE.

Oui ! tu vois mon neveu !...

GEORGE.

Mais cela me surprend ;
Et, vraiment, je ne puis du tout le reconnoître.

M. DUBRIAGE.

A propos, tu l'as vu long-temps ?

GEORGE.

Je l'ai vu naître.
Depuis, pendant dix ans, j'ai vécu près de lui.

M. DUBRIAGE.

Mais dis, George, d'après ce qu'il est aujourd'hui,
Il devoit donc avoir un bouillant caractère?

GEORGE.

Eh! non, il étoit doux.

M. DUBRIAGE.

Bon!

GEORGE.

A ne vous rien taire,
Moi, je ne saurois croire à ce grand changement :
Il faut qu'on l'ait...

M. DUBRIAGE.

Tu dis qu'il étoit doux?

GEORGE.

Charmant.
Sa mère ne pouvoit se passer de sa vue.
Hélas! son plus grand tort est de l'avoir perdue.
Un oncle lui restoit; mais il ne l'a point vu.

M. DUBRIAGE, *à part.*

Hélas!

GEORGE.

Abandonné, dès-lors, au dépourvu...

M. DUBRIAGE, *voyant venir Ambroise.*

Chut!

SCÈNE III.

M. DUBRIAGE, GEORGE, AMBROISE.

M. DUBRIAGE.

Qu'est-ce?

AMBROISE, *toujours d'un ton rude.*

De l'argent, monsieur, qu'on vous apporte,
Cent bons louis : tenez.

M. DUBRIAGE.

La somme n'est pas forte ;
Mais enfin cet argent va me faire du bien ;
Car, depuis très long-temps, je ne touchois plus rien.

AMBROISE.

Est-ce ma faute, à moi? croyez-vous que je touche ?
Aucun fermier ne paie : ils ont tous à la bouche
Le mot *grêle.*

M. DUBRIAGE.

Hélas ! oui.

AMBROISE.

Vous-même le premier,
Si je laisse monter, par hasard, un fermier,
Vous lui remettez tout.

M. DUBRIAGE.

C'est naturel, je pense.

AMBROISE.

Mais il faut cependant fournir à la dépense.
Saint-Brice avoit besoin de réparations ;
J'ai fait à Montigny des augmentations :
Aussi, de plus d'un an, vous ne toucherez guères.
Peut-être croyez-vous que je fais mes affaires ;

La vérité pourtant est que j'y mets du mien.
GEORGE, *à part*.
Bon apôtre!
AMBROISE, *à George*.
Plaît-il?
GEORGE.
Qui, moi? je ne dis rien.
AMBROISE.
Encore ici! c'est donc au premier que tu loges?
Ton assiduité mérite des éloges.
GEORGE.
J'entretenois monsieur, et voulois l'amuser:
En faveur du motif, on doit bien m'excuser.
AMBROISE.
Et ton poste?
GEORGE.
Ma femme est en bas.
AMBROISE.
Il n'importe;
Je veux t'y voir aussi; va, retourne à ta porte.
M. DUBRIAGE, *à Ambroise*.
Vous lui parlez, je crois, un peu trop durement.
AMBROISE.
(*à George.*)
Chacun a sa manière. Allons, vite.
M. DUBRIAGE.
Un moment.
GEORGE.
Si monsieur me retient, je puis rester, je pense.
AMBROISE.
Tu fais le raisonneur!

ACTE II, SCÈNE III.

GEORGE.

Est-ce vous faire offense
Que de venir un peu causer?

AMBROISE.

Offense ou non,
Descends.

M. DUBRIAGE.

Vous le prenez, Ambroise, sur un ton!...

AMBROISE.

Fort bien! Ce cher filleul, toujours on le protége!
Il a beau me manquer...

GEORGE.

En quoi donc vous manqué-je?

AMBROISE.

En désobéissant.

GEORGE.

Mais, à qui, s'il vous plaît?
Vous n'êtes point mon maître; et c'est monsieur qui l'est.

M. DUBRIAGE.

Eh oui, moi seul!

AMBROISE.

Comment?

SCÈNE IV.

M. DUBRIAGE, GEORGE, AMBROISE, Mme ÉVRARD.

Mme ÉVRARD.
Ambroise encor s'emporte,
Je gage?
M. DUBRIAGE.
Oui, beaucoup trop.
AMBROISE.
Je veux que George sorte,
Descende : il me résiste; et monsieur le soutient.
Voilà, tout uniment, d'où notre débat vient.
Mme ÉVRARD.
D'un tapage si grand, comment, c'est là la cause!
M. DUBRIAGE.
Ah! je suis plus choqué du ton que de la chose.
Mme ÉVRARD, *à M. Dubriage.*
Vous avez bien raison; mais vous le connoissez,
Ce cher homme... il est vif.
AMBROISE.
Eh! morbleu!...
Mme ÉVRARD, *à Ambroise.*
Finissez.
George est un bon enfant, et va, je le parie,
(*à George, d'un ton d'autorité.*)
Se rendre le premier. Là, descends, je te prie.
GEORGE.
Eh! oui, je descends!

Mᵐᵉ ÉVRARD.
Bon.

GEORGE, *à part, en s'en allant.*
Oh! que j'ai de chagrin
De voir ces deux fripons maîtriser mon parrain!
(*Il sort.*)

SCÈNE V.

M. DUBRIAGE, Mᵐᵉ ÉVRARD, AMBROISE.

Mᵐᵉ ÉVRARD.
Vous avez tort, Ambroise, il faut que je le dise;
Et vous êtes brutal, à force de franchise.

M. DUBRIAGE, *encore ému.*
Je suis bon; mais aussi c'est trop en abuser.

Mᵐᵉ ÉVRARD, *à Ambroise.*
Sur ce point, je ne puis vraiment vous excuser.
Vous êtes droit, loyal; mais jamais, je le pense,
D'être doux et soumis cela ne nous dispense.

AMBROISE.
Eh! qui vous dit, madame...?

M. DUBRIAGE.
Il s'emporte d'abord;
Il me tient des propos... et devant George encor!

Mᵐᵉ ÉVRARD.
Cela n'est pas croyable... Ambroise!...

AMBROISE.
Je vous jure
Que c'est dans la chaleur...

Mᵐᵉ ÉVRARD.
Oh! oui, je vous assure!...

AMBROISE.

Eh! monsieur sait combien je lui suis attaché.

M. DUBRIAGE.

Je le sais ; sans quoi...

Mme ÉVRARD.

Bon, vous n'êtes plus fâché...
Monsieur se plaît chez lui, parmi nous : il me semble
Qu'il faut le rendre heureux, vivre tous bien ensemble.

M. DUBRIAGE.

N'en parlons plus.

Mme ÉVRARD.

Non, non, plus du tout.
(*Elle lui donne affectueusement ses gants et son chapeau.*)

M. DUBRIAGE.

Sans adieu :
Je vais au Luxembourg me promener un peu.

Mme ÉVRARD, *de loin*.

Revenez donc bientôt, cher monsieur : il me tarde...

M. DUBRIAGE.

Oui, bientôt.

(*Il sort.*)

SCÈNE VI.

Mme ÉVRARD, AMBROISE.

AMBROISE.

Savez-vous que si l'on n'y prend garde,
Il nous fera la loi !

Mme ÉVRARD.

Nous sommes sans témoin ;

ACTE II, SCÈNE VI.

Ambroise, songez-y, vous allez un peu loin,
Et je crains que monsieur ne perde patience.

AMBROISE.

Je voudrois voir cela!

Mme ÉVRARD.

Ce ton de confiance
Pourroit vous attirer quelques fâcheux éclats ;
Je vous en avertis, ne vous exposez pas.

AMBROISE.

Eh! je n'ai pas du tout besoin qu'on m'avertisse.
La maison sauteroit plutôt que j'en sortisse.
Un autre soin m'occupe, à ne vous rien celer,
Et je vais cette fois nettement vous parler.
Dès long-temps je vous aime, et vous presse, madame,
De recevoir ma main, de devenir ma femme :
C'est trop long-temps, aussi, me jouer, m'amuser ;
Il faut m'admettre, enfin, ou bien me refuser.

Mme ÉVRARD.

Mais vous pressez les gens d'une manière étrange,
Il le faut avouer.

AMBROISE.

Je ne prends plus le change.
Tenez, madame Évrard, je vais au fait d'abord ;
Je ne suis point galant ; mais vous me plaisez fort.

Mme ÉVRARD.

Monsieur Ambroise!

AMBROISE.

Eh! oui, votre air, votre figure,
Que vous dirai-je, enfin? toute votre tournure
M'enchante, me ravit. Allez, j'ai de bons yeux :
Vous êtes fraîche, et moi, je ne suis pas très vieux ;
Par ma foi, nous serons le mieux du monde ensemble :

Et puis, notre intérêt l'exige, ce me semble.
Ma fortune est assez ronde, vous le savez.
Je ne m'informe point de ce que vous avez :
Vous ne vous êtes pas sûrement oubliée...
Allons, madame Évrard...

Mme ÉVRARD.

Je crains d'être liée...

AMBROISE.

Eh! plutôt, craignez tout si nous nous divisons;
Oui; je n'ai pas besoin d'en dire les raisons.
L'un de l'autre, entre nous, nous savons des nouvelles,
Et tous deux nous pourrions en raconter de belles;
Au lieu qu'à l'avenir, si nous ne faisons qu'un,
Nous ne craindrons plus rien de l'ennemi commun...
A propos, j'oubliois de vous dire, madame,
Que j'ai trouvé, je crois, cette seconde femme...

Mme ÉVRARD.

Vous revenez toujours sur ce chapitre-là !
Je ne suis point d'accord avec vous sur cela.

AMBROISE.

Vous n'avez pas besoin de quelqu'un qui vous aide?

Mme ÉVRARD.

Moi! point du tout.

AMBROISE.

Si fait, et puis qui vous succède?...

Mme ÉVRARD.

Qui?...

AMBROISE.

Voulons-nous servir jusques à nos vieux jours?
Notre service est doux; mais nous servons toujours.

Mme ÉVRARD.

Vous voyez mal, Ambroise; il vaudroit mieux, peut-être,

ACTE II, SCÈNE VI.

Attendre... enfin, fermer les yeux de notre maître.

Mme ÉVRARD.

AMBROISE.

Mais cela peut durer encore très long-temps.
Monsieur n'a, voyez-vous, que soixante-cinq ans ;
Il est temps, croyez-moi, de faire une retraite :
Et pour la faire sûre, honorable et discrète,
Il faut laisser ici des gens honnêtes, doux,
Par nous-mêmes choisis, qui dépendent de nous,
Qui soient à nous, de nous qui lui parlent sans cesse.

Mme ÉVRARD.

S'ils alloient de monsieur captiver la tendresse ?...
Enfin, nous verrons...

AMBROISE.

Bon ! vous remettez toujours !

Mme ÉVRARD.

Eh ! moins d'impatience !

AMBROISE.

Et vous, moins de détours ;
Plus de délais : demain je veux une réponse.

Mme ÉVRARD.

(*à part, en s'en allant.*)

Demain, soit. Sur mon sort si monsieur ne prononce,
Que faire ? Allons, il faut le presser au plus tôt.

(*Elle sort.*)

AMBROISE.

A demain donc.

SCÈNE VII.

AMBROISE, *seul*.

Voilà la femme qu'il me faut.
D'abord, réunissant les deux sommes en une,
C'est un total; et puis, à quoi bon la fortune,
Quand on la mange seul? Monsieur sert de leçon :
C'est une triste chose, au fait, qu'un vieux garçon !
On se marie, on a des enfants; on amasse :
Et, si l'on meurt, du moins on sait où le bien passe...
Mais que veut cette fille ? A propos, c'est, je croi...
Déja?

SCÈNE VIII.

AMBROISE, LAURE.

AMBROISE, *d'un ton rude*.
Qu'est-ce?

LAURE, *tremblante*.
Monsieur... Ambroise?...

AMBROISE.
Eh bien! c'est moi.

LAURE.
Peut-être en ce moment, monsieur, je vous dérange...
C'est moi dont vous a pu parler monsieur La Grange.

AMBROISE.
C'est différent. J'entends; c'est vous qui souhaitez
Entrer ici?

LAURE.
Du moins, si vous le permettez.

ACTE II, SCÈNE VIII.

Voulez-vous bien jeter les yeux sur cette lettre?

AMBROISE, *s'asseyant.*

Vous tremblez!

LAURE.

Moi... pardon.

AMBROISE.

Tâchez de vous remettre...
Voyons... « Sage, bien née et docile »... Il suffit.
(*Regardant Laure très fixement.*)
Votre air s'accorde assez avec ce qu'on m'écrit.

LAURE.

Vous êtes trop honnête.

AMBROISE.

On vous appelle?

LAURE.

Laure.

AMBROISE.

Et votre âge... vingt ans?

LAURE.

Pas tout-à-fait encore.

AMBROISE.

Bon. — Avez-vous servi déja?

LAURE.

Qui, moi?... jamais.
Je ne servirai point ailleurs, je vous promets.

AMBROISE.

Vous n'êtes pas, je crois, mariée?

LAURE.

A mon âge,
Sans fortune, peut-on songer au mariage?

AMBROISE.

Plus je vous interroge, et plus je m'aperçois

(*se levant.*)
Que vous me convenez... Allons, je vous reçois.

LAURE.

Monsieur, c'est trop d'honneur que vous daignez me faire.

AMBROISE.

Oh! non; je vois cela, vous ferez mon affaire.
J'en préviendrai monsieur; car il est à propos
Qu'ensemble ce matin nous en disions deux mots :
Mais j'en réponds. Au reste, il est bon de vous dire
Où vous êtes, comment vous devez vous conduire.

LAURE.

J'écoute.

AMBROISE.

Vous saurez que vous avez ici
Plus d'un maître à servir.

LAURE.

On me l'a dit aussi.

AMBROISE.

Moi, le premier.

LAURE.

Oh! oui.

AMBROISE.

Puis, pour la gouvernante,
Madame Évrard, soyez docile et prévenante.
Monsieur la considère, et moi j'en fais grand cas :
Servez-la bien.

LAURE.

Monsieur, je n'y manquerai pas.

AMBROISE.

Enfin, il faut avoir pour monsieur Dubriage
Les égards et les soins que l'on doit à son âge :
C'est un homme de bien, respectable d'abord,

ACTE II, SCÈNE VIII.

Riche d'ailleurs, qui peut faire un jour votre sort.

LAURE.

Par un motif plus pur déja je le révère.

AMBROISE.

C'est tout simple : sur-tout souvenez-vous, ma chère,
Que c'est Ambroise seul qui vous a fait entrer.

LAURE.

Je n'oublierai jamais, j'ose vous l'assurer,
Que, si dans la maison j'occupe cette place,
C'est à vos soins, monsieur, que j'en dois rendre grace.

AMBROISE.

Pas mal. Allons, je crois que je serai content.

SCÈNE IX.

LAURE, AMBROISE, CHARLE.

CHARLE, *de loin, à part.*

L'aura-t-il agréée ?

AMBROISE.

Ah ! Charle, dans l'instant
J'arrête, je reçois cette jeune servante ;
Elle va soulager, servir la gouvernante,
Et dans l'occasion pourra vous seconder :
Avec elle tâchez de vous bien accorder.

CHARLE.

Oui, je l'espère.

AMBROISE, *à Laure.*

Bon. Allez payer votre hôte,
Et revenez ici dans deux heures sans faute.
Ne demandez que moi.

LAURE.

Non.

AMBROISE.

Pour quelques instants,
Je vais sortir. Allez, ne perdez point de temps ;
(à Charle.)
Ni vous non plus.

CHARLE.

Oh, non ! Croyez, je vous supplie,
Que toute ma journée est assez bien remplie.

(*Ambroise sort.*)

SCÈNE X.

CHARLE, LAURE.

CHARLE.

Te voilà donc entrée ! Ah !... nous verrons un peu
S'ils feront déguerpir la nièce et le neveu !

LAURE.

Je suis tremblante encor.

CHARLE.

Rassure-toi, ma chère.
Mon oncle va te voir ; il suffit, et j'espère.
Il entendra bientôt le son de cette voix
Qui sut toucher mon cœur dès la première fois...
Ah ! je voudrois déja qu'à loisir il t'eût vue !

LAURE.

Je desire à-la-fois, et crains cette entrevue ;
Cette madame Évrard, ô Dieu, que je la crains !

CHARLE.

Qu'elle est fausse et méchante !

ACTE II, SCÈNE X.

LAURE.

En ce cas, je la plains.

CHARLE.

Chère épouse! faut-il qu'à feindre de la sorte
Le destin nous réduise!

LAURE.

Eh! Charle, que m'importe?
Je serai près de toi : toi seul fais tout mon bien;
Tu me tiens lieu de tout; le reste ne m'est rien.
Mon ami, sans compter ce pénible voyage,
J'ai bien eu du chagrin depuis mon mariage;
Mais tu me consolois; nous mêlions nos douleurs :
Et ces deux ans, passés ensemble dans les pleurs,
Sont encor les moments les plus doux de ma vie.

CHARLE.

Va, mon sort, quel qu'il soit, est trop digne d'envie...

LAURE.

Mais adieu; car je crains...

CHARLE.

A peine pouvons-nous
Peindre nos sentiments.

LAURE.

Ils n'en sont que plus doux :
Adieu, Charle.

CHARLE.

Au revoir?

LAURE, *en sortant.*

Au revoir.

SCÈNE XI.

CHARLE, *seul.*

Quelle femme !
De l'esprit, de la grace, avec une belle ame !
Trop heureux ! Mon pauvre oncle a ses peines aussi,
Et n'a personne, hélas ! qui le console ainsi.
Je craignois son courroux : ah ! bien loin de le craindre,
C'est lui qui de nous trois est bien le plus à plaindre...
Mais que veut George ?

SCÈNE XII.

CHARLE, GEORGE.

CHARLE.
Eh bien ?
GEORGE.
Elle vient de partir,
Sans qu'on l'ait, grace au ciel, vue entrer ni sortir...
Mais vous ne savez pas !...
CHARLE.
Qu'as-tu donc à me dire ?
GEORGE.
Quelque chose, entre nous, qui vous fera peu rire.
J'ai là-bas cinq cousins, tous issus de germains,
Dont l'un même a déja ses papiers dans les mains :
Ils viennent par monsieur se faire reconnoître.
« Il est sorti », leur dis-je. « Il rentrera peut-être »,
Dit l'orateur. Enfin ils ont voulu rester.
Qu'en ferai-je, monsieur ?

CHARLE.

    Eh mais, fais-les monter.

GEORGE.

Songez donc que de près à mon parrain ils tiennent,
Et qu'ils pourroient fort bien...

CHARLE.

    Il n'importe; qu'ils viennent.

GEORGE.

Allons.

         (*Il sort.*)

SCÈNE XIII.

CHARLE, *seul.*

Ces chers cousins, je crois, se doutent peu
Qu'ils vont être reçus ici par un neveu.
Ils approchent, fort bien; sachons encore feindre.
Ils ne sont pas heureux : c'est à moi de les plaindre.

SCÈNE XIV.

CHARLE, LES CINQ COUSINS, *vétus assez modestement.*

(N. B. *Il ne faut pas que leur habillement tienne de la caricature.*)

LE GRAND COUSIN, *bas aux autres, de loin.*
Laissez-moi parler seul.

 (*haut à Charle, avec maintes révérences, que les autres imitent.*)

    Nous avons bien l'honneur,
Monsieur...

4.

CHARLE.

C'est moi qui suis votre humble serviteur.
Vous venez pour parler à monsieur Dubriage?

LE GRAND COUSIN.

Oui, monsieur; c'est l'objet de notre long voyage;
Car nous venons d'Arras pour le voir seulement.

CHARLE.

En vérité, j'admire un tel empressement;
Et je ne doute pas qu'à monsieur il ne plaise.

LE TROISIÈME COUSIN.

Le cousin de nous voir sera, je crois, bien aise.

CHARLE.

Le connoissez-vous?

LES QUATRE COUSINS.

Non.

LE GRAND COUSIN, *d'un air important.*

Ils ne l'ont jamais vu;
Mais mon air au cousin pourroit être connu.
Je l'allai voir, alors qu'il faisoit son commerce,
En... n'importe : il vendoit des étoffes de Perse!...
Dame aussi, le cousin est riche à millions;
Et nous sommes encor gueux comme nous étions.

CHARLE.

Êtes-vous frères, tous?

LE GRAND COUSIN.

Il ne s'en faut de guères.
Voici mon frère, à moi : les trois autres sont frères.
Mais nous sommes cousins, tous issus de germains,
Comme il est constaté par ces titres certains,

(*déployant ces papiers.*)

Sur-tout par ce tableau... Mon frère est géographe.

LE DEUXIÈME COUSIN, *avec force révérences.*
Pour vous servir : voici mon nom et mon paraphe.
(Déroulant l'arbre généalogique, et le faisant voir à Charle.)
Roch-Nicodême Armand (c'est notre aïeul commun,
La souche),
(Ils ôtent tous leurs chapeaux.)
   eut trois garçons ; mon grand-père en est un.
Sa fille, Jeanne Armand, contracta mariage,
Comme vous pouvez voir, avec Paul Dubriage,]
Le père du cousin.
CHARLE, *suivant des yeux sur l'arbre généalogique.*
   Arrêtez donc un peu.
Je vois plus près, tout seul, Pierre Armand, un neveu :
Il exclut les cousins ; la chose paroît claire.
LE DEUXIÈME COUSIN, *embarrassé.*
Oui ; mais... frère, dis donc...
LE GRAND COUSIN.
     Nous ne le craignons guère.
CHARLE.
Pourquoi ?
LE GRAND COUSIN.
   Par le cousin il est fort détesté,
Et vraisemblablement sera déshérité.
CHARLE.
Fort bien !
LE TROISIÈME COUSIN.
   Nous n'avons pas l'honneur de le connoître ;
Mais il nous gêne fort.
CHARLE.
    Il auroit droit peut-être
De vous dire à son tour : « C'est vous qui me gênez,

« Et c'est ma place enfin, messieurs, que vous prenez. »
LE GRAND COUSIN.
Bah! bah!
LE TROISIÈME COUSIN.
Cette maison, comme elle est belle et grande!
(à Charle.)
Est-elle à lui, monsieur?
LE GRAND COUSIN.
Parbleu, belle demande!
Je gage qu'il en a bien plus d'une autre encor.
LE QUATRIÈME COUSIN.
Quels meubles!
LE TROISIÈME COUSIN.
Les dedans, vous verrez, sont pleins d'or.
LE CINQUIÈME COUSIN.
De bijoux.
LE DEUXIÈME COUSIN, *d'un ton grave.*
De contrats.
LE GRAND COUSIN.
Et quand on peut se dire:
« Nous aurons tout cela », ma foi, cela fait rire.
TOUS LES COUSINS, *riant aux éclats.*
Oh! oui, rien n'est plus drôle.
CHARLE.
En effet, à présent,
Je trouve que la chose a son côté plaisant.
LE GRAND COUSIN.
Morbleu!...
CHARLE.
Paix, car on vient.
LE GRAND COUSIN.
Quelle est donc cette dame?

CHARLE, *bas aux cousins.*

C'est une gouvernante... Entre nous, cette femme
Sur l'esprit de monsieur a beaucoup d'ascendant :
Il faut la ménager.

LE GRAND COUSIN, *bas à Charle.*

Allez, je suis prudent,
Et sais ce qu'il faut dire à notre gouvernante.

SCÈNE XV.

CHARLE, LES CINQ COUSINS, Mme ÉVRARD.

LE GRAND COUSIN.

Madame, nous avons...

Mme ÉVRARD, *d'un air très inquiet.*

Je suis votre servante :
Messieurs, peut-on savoir ce que vous desirez ?

LE GRAND COUSIN.

Nous desirerions voir le cousin. Vous saurez...

LES QUATRE AUTRES COUSINS, *tous ensemble.*

Nous sommes les cousins de monsieur Dubriage.

LE GRAND COUSIN, *bas aux autres.*

Paix !

(*haut à madame Évrard.*)

Nous venons d'Arras, tout exprès...

Mme ÉVRARD.

C'est dommage :
Monsieur vient de sortir.

LE GRAND COUSIN.

C'est ce qu'on nous a dit.
Mais quoi, nous l'attendrons fort bien, sans contredit.
Le cousin va rentrer avant peu, je l'espère.

Mme ÉVRARD.

Non : il ne rentrera que très tard, au contraire.

LE GRAND COUSIN.

Demain nous reviendrons.

Mme ÉVRARD.

Ne venez pas demain :
Il part pour la campagne, et de très grand matin.

LES TROISIÈME ET QUATRIÈME COUSINS.

Après-demain ?

Mme ÉVRARD.

Sans doute... enfin dans la semaine.
Mais, je vous en préviens, souvent il se promène.
D'ailleurs, monsieur saura que vous êtes venus ;
C'est comme si par lui vous étiez reconnus.

TOUS LES COUSINS.

Oh, nous voulons le voir !

Mme ÉVRARD.

Très volontiers ; lui-même
Sera ravi de voir de bons parents qu'il aime.
Au revoir donc, messieurs ; car dans ce moment-ci...

LE GRAND COUSIN.

Madame...

LE TROISIÈME COUSIN, *bas au grand cousin.*

Je croyois qu'on dîneroit ici.

LE GRAND COUSIN.

(*bas au troisième cousin.*)
Paix donc !...

(*haut à madame Évrard.*)
Nous reviendrons.

Mme ÉVRARD.

Pardon, je vous supplie,
Si je vous laisse aller.

ACTE II, SCÈNE XV.

LE GRAND COUSIN.
Vous êtes trop polie.
CHARLE, *les reconduisant avec politesse.*
C'est à moi de fermer la porte à ces messieurs.
(*Il sort avec eux.*)

SCÈNE XVI.

Mme ÉVRARD, *seule.*

Qu'ils aillent présenter leur cousinage ailleurs...
Quel malheur, si monsieur eût vu cette recrue !
(*Prêtant l'oreille.*)
On ferme... Ah ! Dieu merci, les voilà dans la rue...
Au surplus, ces parents m'épouvantent fort peu,
Et je crains beaucoup moins dix cousins qu'un neveu...
Mais quoi, je perds le temps en de vaines paroles.
Les enfants du portier doivent savoir leurs rôles :
Faisons-les répéter ; oui, sachons avec art
Employer des enfants pour toucher un vieillard.

FIN DU SECOND ACTE.

ACTE TROISIÈME.

SCÈNE I.

Mme ÉVRARD, LES DEUX ENFANTS DE GEORGE.

Mme ÉVRARD.
Bon, mes petits amis, je suis très satisfaite.
JULIEN.
Aussi, depuis au moins deux heures, je répète.
Mme ÉVRARD.
Fort bien! Çà, mes enfants, je m'en vais vous laisser.
Vous, dès qu'il paroîtra, vous irez l'embrasser.
LES DEUX ENFANTS.
Oui, oui.
Mme ÉVRARD.
Comme papa, maman.
LES DEUX ENFANTS.
Ah! tout de même.
Mme ÉVRARD.
Appelez-le du nom de papa; car il l'aime.
JULIEN.
C'est bien vrai : moi, toujours je l'appelle *papa*.
LA SOEUR.
Moi, *bon ami*.
Mme ÉVRARD.
Sans doute il vous demandera
Si vous avez appris ce matin quelque chose.

LE VIEUX CÉLIBATAIRE. 59

Alors vous lui direz votre scène.

LA SOEUR.

Je n'ose.

Mme ÉVRARD.

Tu n'oses?... pauvre enfant.

LE FRÈRE.

Oh, moi, je ne crains rien.
Je sais par cœur mon rôle, et je le dirai bien.

Mme ÉVRARD.

Bon, Julien. Soyez donc tous les deux bien aimables;
Et, si jusqu'à demain vous êtes raisonnables,
Vous aurez... quelque chose.

LE FRÈRE.

Oui, moi, mais pas ma sœur;
Elle a peur, elle n'ose...

LA SOEUR.

Oh, non, je n'ai plus peur.

Mme ÉVRARD.

J'entends monsieur venir; adieu donc, bon courage!
(*à part en s'en allant.*)
Après, je reviendrai pour achever l'ouvrage.

SCÈNE II.

LES ENFANTS, M. DUBRIAGE, *qui s'avance
en rêvant, sans les voir.*

LA SOEUR.

Je ne pourrai jamais réciter tout cela.

LE FRÈRE.

(*bas.*)

Je te soufflerai, moi. Chut, ma sœur, le voilà!

LA SOEUR, *bas.*

Il ne nous voit pas.

LE FRÈRE, *bas.*

Non, il rêve.

LA SOEUR, *bas.*

Ah, que c'est drôle!

LE FRÈRE, *bas.*

Eh, paix donc!

LA SOEUR, *bas.*

On diroit qu'il répète son rôle.

(*Ils rient tous deux et se font des mines.*)

M. DUBRIAGE.

Qu'est-ce?

LE FRÈRE, *courant à lui.*

C'est nous, papa.

M. DUBRIAGE, *l'embrassant.*

C'est toi, petit Julien?

LA SOEUR, *allant aussi à M. Dubriage.*

Oui, bon ami.

M. DUBRIAGE, *l'embrassant aussi.*

Bonjour.

(*M. Dubriage s'assied.*)

LA SOEUR.

Comment ça va-t-il?

M. DUBRIAGE.

Bien.

Et vous?

LE FRÈRE.

Tu vois.

M. DUBRIAGE.

Cela se lit sur vos visages.
Dites-moi, mes enfants, êtes-vous toujours sages?

LE FRÈRE.

Oh! toujours! Ce matin, maman nous le disoit.

M. DUBRIAGE, *se tournant tour à tour vers chacun d'eux.*

Vraiment?

LA SOEUR.

Si tu savois comme elle nous baisoit!

LE FRÈRE.

Et papa! Tout exprès il quitte son ouvrage.

LA SOEUR.

Il prétend que cela lui donne du courage.

M. DUBRIAGE.

Et vous les aimez bien?

LA SOEUR.

Oui, comme nous t'aimons.

LE FRÈRE.

Papa cause la nuit, croyant que nous dormons.
Hier encor, ma sœur étoit bien endormie,
Moi pas; je l'entendois qui disoit: « Mon amie,
« Conviens que nous devons être tous deux contents,
« Et que nous avons là de bien jolis enfants?... »
Et maman répondoit: « C'est vrai, qu'ils sont aimables. »
« Dame, c'est qu'à leur mère ils sont tous deux semblables, »
Disoit papa. « Julien, soit, répondoit maman;
« Mais Suson te ressemble, à toi; là, conviens-en. »

M. DUBRIAGE.

Fort bien, mes bons amis; comment va la mémoire?
Savez-vous ce matin une fable, une histoire?

LE FRÈRE.

Tiens, papa, ce matin encor nous répétions
Un petit dialogue, à nous deux.

M. DUBRIAGE.

Ah, voyons!

LE FRÈRE.

Çà, commence, ma sœur.

Les enfants récitent chacun leur couplet comme une leçon.

LA SOEUR.

« Quel est le patriarche
« Qui prévit le déluge et construisit une arche ? »

LE FRÈRE.

« Noé, fils de Lamech, qui, comme vous savez,
« S'est échappé lui-même et nous a tous sauvés. »

LA SOEUR.

« On me l'avoit bien dit. Quoi, tous tant que nous sommes !...
« Comment ! un homme seul a sauvé tous les hommes ! »

LE FRÈRE.

« Oui, sans doute ; et voici comment cela s'est fait ;
« Noé n'eut que trois fils, Sem, Cham et puis Japhet.
« Sem en eut cinq : chacun eut au moins une épouse,
« Dont il eut maint enfant ; Jacob seul en eut douze.
« Ces enfants se sont vus pères d'enfants nombreux :
« C'est de là qu'est venu le peuple des Hébreux. »

LA SOEUR.

« Ah, ah ! »

LE FRÈRE.

« Je n'ai parlé que de Sem : ses deux frères
« Du reste des humains ont été les grands-pères.
« Dieu dit : *Multipliez et croissez à l'envi.*
« Nul précepte jamais n'a mieux été suivi ;
« Et l'on continuera sûrement de le suivre. »

M. DUBRIAGE.

Où donc avez-vous lu cela ?

LE FRÈRE.

     Dans un beau livre,

Dont on a fait présent à maman.

M. DUBRIAGE.

      C'est assez.

LA SOEUR.

J'ai quelque chose encore à dire.

M. DUBRIAGE.

      Finissez.

(*Il rêve; et pendant ce temps-là, les enfants se font des mines, et s'excitent l'un l'autre à parler à M. Dubriage.*)

LA SOEUR, *allant tout doucement à lui.*

Tiens, quelquefois à nous papa ne prend pas garde...

  (*Elle lui caresse la joue.*)

Je fais comme cela... Puis alors il regarde,

Me voit, rit, et m'embrasse enfin comme cela.

  (*Elle témoigne vouloir l'embrasser.*)

M. DUBRIAGE, *lui tendant les bras.*

Chère petite, viens.

LE FRÈRE.

   Et moi, mon bon papa?

M. DUBRIAGE.

Viens aussi.

  (*Il les tient tous deux serrés dans ses bras.*)

SCÈNE III.

M. DUBRIAGE, LES ENFANTS, Mme ÉVRARD.

Mme ÉVRARD, *de loin, sans être vue.*
Mes enfants s'en tirent à miracle :
Il est temps de parler, à mon tour.
(*haut, toujours d'un peu loin.*)
Doux spectacle !
Il m'enchante, d'honneur !
M. DUBRIAGE.
C'est vous, madame Évrard ?
Mme ÉVRARD.
Oui, monsieur ; du tableau je prends aussi ma part.
On croiroit voir un père au sein de sa famille.
LA SOEUR, *à madame Évrard.*
J'ai fort bien dit ma scène...
Mme ÉVRARD, *l'arrêtant.*
A merveille, ma fille !
Vous égayez monsieur : c'est bien fait, mes enfants.
Allez jouer tous deux : en restant plus long-temps,
Vous importuneriez ce bon papa, peut-être.
Allez.
LES ENFANTS, *en sortant.*
Adieu, papa.

SCÈNE IV.

M. DUBRIAGE, *assis*, Mme ÉVRARD.

Mme ÉVRARD, *à part*.
            Si je puis m'y connoître,
(*haut*.)
Il est ému. Vraiment, ces enfants sont gentils.
                M. DUBRIAGE.
Oui, tout-à-fait : pour moi, j'aime fort leurs babils.
                Mme ÉVRARD.
Et leurs caresses donc, naïves, enfantines !
Et puis, ils ont tous deux les plus charmantes mines !...
Une grace, un sourire ; enfin, je ne sais quoi...
Qui me plaît, m'attendrit.
                M. DUBRIAGE.
                        Il me touche aussi, moi.
Qui ne les aimeroit ? cela n'est pas possible.
                Mme ÉVRARD.
Je me dis quelquefois : « Monsieur est bon, sensible :
« S'il a tant d'amitié pour les enfants d'autrui,
« Qu'il auroit donc d'amour pour des enfants à lui ! »
                M. DUBRIAGE, *à demi-voix*.
Hélas !
                Mme ÉVRARD.
    Cette petite est le portrait du père.
                M. DUBRIAGE.
Oui, vraiment ! et Julien, il ressemble à sa mère !...
                Mme ÉVRARD.
A s'y tromper. Ces gens sont-ils assez heureux,
De voir ainsi courir et sauter autour d'eux

Leurs portraits, en un mot, comme d'autres eux-même!
M. DUBRIAGE.
J'y pensois : ce doit être une douceur extrême.
Mme ÉVRARD.
Je ressemblois aussi beaucoup, je m'en souvien,
A mon père... digne homme! il étoit assez bien...
Ayant moins de richesse, hélas! que de naissance...
On le félicitoit sur notre ressemblance :
Aussi m'aimoit-il plus que ses autres enfants...
(*finement.*)
Et puis, il m'avoit eue à plus de soixante ans.
Je flattois son orgueil autant que sa tendresse :
Il m'appeloit souvent l'enfant de sa vieillesse.
M. DUBRIAGE.
A plus de soixante ans!
Mme ÉVRARD.
Oui; c'est qu'il étoit frais!
Et même il a vécu vingt ans encore après.
Allons! vous retombez dans votre rêverie.
M. DUBRIAGE.
Il est vrai.
Mme ÉVRARD.
Je ne sais... excusez, je vous prie...
Mais vous semblez avoir quelque chose.
M. DUBRIAGE.
Non, rien.
Mme ÉVRARD.
Si fait : vous êtes triste; oh! je le vois fort bien...
Au surplus, chacun a ses embarras, ses peines...
Moi qui vous parle, eh bien, j'ai moi-même les miennes.
M. DUBRIAGE.
Qui? vous, madame Évrard!

ACTE III, SCÈNE IV.

Mme ÉVRARD.

Sans doute.

M. DUBRIAGE.

A quel propos?

Mme ÉVRARD.

Ambroise me tourmente : il desire, en deux mots,
Qu'avant peu, que demain, je devienne sa femme.

M. DUBRIAGE.

(*la faisant asseoir à côté de lui.*)

Ambroise, dites-vous?... Répétez donc, madame.

Mme ÉVRARD.

Je dis qu'Ambroise m'aime et me veut épouser.
Depuis plus de deux ans, je sais le refuser.
J'élude chaque jour une nouvelle instance,
Croyant que mes délais lasseront sa constance :
Non; loin de s'attiédir, son ardeur va croissant.
Mais aujourd'hui sur-tout, il devient plus pressant;
Il insiste; et, vraiment, je ne sais plus que faire :
Je viens vous demander conseil sur cette affaire.

M. DUBRIAGE.

Eh! mais, je ne sais trop quel conseil vous donner...
Car enfin ce parti n'est pas à dédaigner :
Ambroise est, après tout, un parfait honnête homme,
Homme d'honneur, de sens, excellent économe.

Mme ÉVRARD.

Oui, vous avez raison; et pour la probité,
Ambroise assurément sera toujours cité :
Mais il parle d'hymen; la chose est sérieuse :
Je crains, je l'avouerai, de n'être pas heureuse.

M. DUBRIAGE.

Et pourquoi?

5.

Mme ÉVRARD.

Je ne sais... tenez, c'est qu'entre nous,
On peut être honnête homme et fort mauvais époux.
Ambroise est quelquefois d'une rudesse extrême,
Vous le savez : souvent il vous parle à vous-même
D'un ton...!

M. DUBRIAGE.

Un peu dur, oui ; mais vous l'adoucirez :
Vous avez pour cela des moyens assurés.

Mme ÉVRARD.

Quelle tâche ! j'en suis d'avance intimidée...
Puis... j'avois de l'hymen une tout autre idée :
Car j'étois faite, moi, pour un lien si doux ;
Et..., sans l'attachement, monsieur, que j'ai pour vous,
A coup sûr, je serois déja remariée.
Dans mon premier hymen je fus contrariée ;
Et, lorsque l'on m'unit au bon monsieur Évrard,
A mon penchant, peut-être, on eut trop peu d'égard.
A prendre un tel époux bien qu'on m'eût su contraindre,
Vous savez cependant s'il eut lieu de se plaindre,
Si je manquai pour lui de soins, d'attention !

M. DUBRIAGE.

On vous eût crus unis par inclination.

Mme ÉVRARD.

Eh bien, en pareil cas, si je fus complaisante,
Jugez, monsieur, combien je serois douce, aimante,
Si j'avois un mari qui fût... là... de mon choix,
Dont l'humeur me convînt, en un mot !

M. DUBRIAGE.

Je le crois.

Mme ÉVRARD.

Et je ne parle pas d'un mari vain, volage...

Je n'aurois point voulu d'un jeune homme ; à cet âge
On ne sait pas aimer.

M. DUBRIAGE.

Je l'ai toujours pensé :
Ce que vous dites là, madame, est très sensé.

Mme ÉVRARD.

Pour mieux dire, tenez, monsieur, je le confesse,
Pourvu qu'il eût passé la première jeunesse,
Peu m'importe quel âge auroit eu mon époux :
Je parle sans détour ; car enfin, entre nous,
En me remariant, moi, s'il faut vous le dire,
Un, deux enfants, voilà tout ce que je desire...
Il me semble déja que j'ai là sous les yeux,
Que je vois mes enfants, le père au milieu d'eux,
Souriant à nous trois, allant de l'un à l'autre...
Oh ! quel ravissement seroit alors le nôtre !....

(*se reprenant.*)

J'entends le mien, celui du mari que j'aurois ;
Je parle en général, je n'ai point de regrets :
Auprès de vous mon sort est trop digne d'envie ;
Le ciel m'en est témoin, j'y veux passer ma vie :
Nul motif, nul pouvoir ne peut m'en arracher.

M. DUBRIAGE.

Qu'un tel attachement est fait pour me toucher !

Mme ÉVRARD.

Vous devez voir pour vous jusqu'où va ma tendresse,
Comme, au moindre signal, je vole, je m'empresse ;
Comme je mets au rang des plaisirs les plus doux
Celui de vous servir, d'avoir bien soin de vous.
Ce n'est point l'intérêt, le devoir qui me mène ;
C'est l'amitié, le cœur : cela se voit sans peine...
Enfin, sur le motif qui me faisoit agir

On s'est mépris... au point de me faire rougir.
Oui, monsieur, pour jamais, s'il faut que je le dise,
La médisance ici peut m'avoir compromise :
Je ne suis pas encor d'âge à la désarmer.
On me soupçonne, enfin...

M. DUBRIAGE.

De quoi?

Mme ÉVRARD.

De vous aimer,
De vous plaire... je dis d'avoir touché votre ame.
Charle, en entrant, a cru que j'étois votre femme.
Mon amitié pour vous me fait tout supporter :
C'est un plaisir de plus, et j'aime à le goûter...
Mais, je vous le demande, avec un cœur sensible,
Puis-je épouser?...

M. DUBRIAGE.

Non, non! cela n'est pas possible;
Ambroise, je le sens, est indigne de vous;
Le ciel ne l'a point fait pour être votre époux.

Mme ÉVRARD.

Le croyez-vous?

M. DUBRIAGE.

Oh! oui.

Mme ÉVRARD.

Peut-être je me flatte,
Et peut-être ai-je l'ame un peu trop délicate :
Lorsqu'en moi je descends, je ne sais... je me crois
Digne d'un meilleur sort. L'état où je me vois
M'humilie... Ah! j'ai tort... mais malgré moi j'en pleure.

M. DUBRIAGE, *plus ému.*

Chère madame Évrard!... chaque jour, à toute heure,
Oui, je découvre en vous, et je m'en sens frappé,

ACTE III, SCÈNE IV.

Mille dons enchanteurs qui m'avoient échappé.
Votre aimable entretien me touche, m'intéresse.

Mme ÉVRARD.

Qu'est-ce qu'un entretien, de grace?... Ah! que seroit-ce,
Si je pouvois, un jour, donner à mes transports
Un libre cours, monsieur! J'ose le dire : alors,
Combien de qualités vous pourriez reconnoître,
Que ma position empêche de paroître!

M. DUBRIAGE.

Ah! je les entrevois, et je devine assez
Tout ce que j'ai perdu... Mais vous me ravissez...
Ai-je pu jusqu'ici négliger tant de charmes?

Mme ÉVRARD.

Si vous saviez combien j'ai dévoré de larmes!
Combien j'ai soupiré, combattu cette ardeur
Qui me tourmente! Hélas! la crainte, la pudeur...

M. DUBRIAGE, *se levant, et hors de lui.*

Je n'y puis plus tenir : toute votre personne
Me charme... C'en est fait...

(*On sonne.*)

Mme ÉVRARD, *laissant échapper un cri.*

Ah, ciel!

M. DUBRIAGE.

Je crois qu'on sonne.

Mme ÉVRARD.

Eh bien donc, vous disiez?... Achevez en deux mots.

M. DUBRIAGE.

C'est Ambroise.

Mme ÉVRARD, *à part.*

Bon Dieu! qu'il vient mal à propos!

SCÈNE V.

M. DUBRIAGE, Mme ÉVRARD, AMBROISE, LAURE.

M. DUBRIAGE, *à Ambroise.*
Eh bien, qu'est-ce?

AMBROISE.
     Monsieur, c'est une jeune fille,
Sage, laborieuse et d'honnête famille,
Qu'en ce moment je viens vous présenter...

Mme ÉVRARD.
          Pourquoi?

AMBROISE.
Mais... pour vous soulager, madame Évrard.

Mme ÉVRARD.
         Qui, moi?
Oh! je n'ai point du tout besoin qu'on me soulage;
On ne craint point encor le travail à mon âge.

M. DUBRIAGE.
Oui, sans doute... je crois qu'on peut se dispenser
De prendre cette fille.

AMBROISE.
     On ne peut s'en passer;
Et dans cette maison, quoi qu'en dise madame,
Il faut absolument une seconde femme,
Pour plus d'une raison. Sans être fort âgés,
Tous deux avons besoin d'être un peu ménagés.
Madame Évrard, qui parle, en étoit prévenue.

Mme ÉVRARD.
Moi! jamais de ce point je ne suis convenue :

ACTE III, SCÈNE V.

Je vous ai toujours dit : « Attendons, il faut voir. »
Savois-je, par hasard, qu'elle viendroit ce soir ?

AMBROISE.

Comment l'aurois-je dit ? je l'ignorois moi-même.
La Grange m'a servi d'une vitesse extrême...
Mais qu'elle soit venue un peu plus tôt, plus tard,
   (*à M. Dubriage.*)
La voici. Vous aurez, j'espère, quelque égard,
Monsieur, pour un sujet qu'en ce logis j'arrête.
Quant à madame Évrard, je la crois trop honnête,
 (*en regardant fixement madame Évrard.*)
Pour me contrarier en cette occasion.
Si d'avance elle eût fait un peu réflexion...

Mme ÉVRARD.

Allons, puisqu'à vos vœux il faut toujours souscrire,
Pour l'amour de la paix, j'aime mieux ne rien dire.
 (*à M. Dubriage.*)
Ainsi, monsieur, voyez...

M. DUBRIAGE.

     En effet, je ne vois
Nul inconvénient... Allons, je la reçois.
 (*à part.*)
Je dois quelques égards à l'un ainsi qu'à l'autre.
 (*haut.*)
C'est mon affaire, au fond, beaucoup moins que la vôtre :
Elle est pour vous aider plus que pour me servir.
Je crois qu'elle vous peut seconder à ravir.

AMBROISE, *à Laure.*

Remerciez monsieur.

LAURE.

   Ah ! de toute mon ame.

AMBROISE.

Remerciez aussi madame Évrard.

LAURE.

Madame...

Mme ÉVRARD.

Je vous dispense, moi, de tout remerciement.

M. DUBRIAGE.

Cette fille paroît assez bien.

Mme ÉVRARD.

Ah, vraiment,
Dès qu'Ambroise la donne !...

M. DUBRIAGE.

Allons, allons, ma chère...
Instruisez-la tous deux de ce qu'elle doit faire ;
(*à part, à lui-même.*)
Et vivons en repos. Je suis tout hors de moi...
Cette madame Évrard !... en vérité, je croi..

(*Il sort en regardant avec intérêt madame Évrard, qui feint de n'y pas prendre garde.*) (1).

---

1 Je desire que l'acteur chargé du rôle de Dubriage se renferme exactement dans les termes de la note ci-dessus.. Tout ce qui va au-delà est exagéré, et, j'ose le dire, hors de toute convenance.

SCÈNE VI.

AMBROISE, Mme ÉVRARD, LAURE.

AMBROISE.
Eh mais, vit-on jamais refus aussi bizarre !
Je suis fort mécontent, et je vous le déclare.
Mme ÉVRARD.
(*à Ambroise.*) (*à Laure.*)
Paix donc !   Un peu plus loin.
LAURE, *à part, en s'éloignant.*
Allons, résignons-nous.
Mme ÉVRARD, *à Ambroise.*
Eh, j'ai bien plus le droit de me plaindre de vous !
Quelle obstination !

SCÈNE VII.

CHARLE, AMBROISE, Mme ÉVRARD, LAURE.

CHARLE, *de loin, à part.*
Je veux savoir l'issue...
AMBROISE, *à Charle.*
Que voulez-vous ?
CHARLE, *embarrassé.*
Je viens... je viens...
LAURE, *bas à Charle.*
Je suis reçue.
CHARLE, *bas.*
Bon.

AMBROISE.

Vous venez... pourquoi?

CHARLE.

J'ai cru qu'on m'appeloit.

AMBROISE.

Vous vous êtes trompé.

CHARLE.

Pardonnez, s'il vous plaît : Je me retire.

Mme ÉVRARD.

Au fond, ceci prouve son zèle.

(*à Charle.*)

Retournez vers monsieur, en serviteur fidèle.

CHARLE.

J'y vais.

Mme ÉVRARD, *de loin.*

N'oubliez pas ce que je vous ai dit.

CHARLE.

Non, madame.

(*bas à Laure, au fond du théâtre.*)
Courage!

(*Il sort.*)

SCÈNE VIII.

Mme ÉVRARD, AMBROISE; LAURE, *toujours au fond.*

Mme ÉVRARD.

Il est tout interdit.

AMBROISE.

Refuser un sujet que j'offre !

ACTE III, SCÈNE VIII.

Mme ÉVRARD.

Belle excuse !
Proposer à monsieur des gens que je refuse !
Je vous avois prié d'attendre.

AMBROISE.

Quel discours ?
En cela, comme en tout, vous remettez toujours.
Je ne veux plus attendre.

LAURE, *de loin, à part.*

O ciel, est-il possible !
Ma situation est-elle assez pénible !

Mme ÉVRARD.

Par trop d'empressement vous allez tout gâter.

AMBROISE.

Vous allez réussir à m'impatienter.

Mme ÉVRARD.

N'en parlons plus.

AMBROISE.

Je sors ; j'ai mainte chose à faire.
Il faut que j'aille voir des marchands, le notaire,
Demander de l'argent... Que sais-je ?... Oh, quel ennui !
Quoi ! s'occuper toujours des affaires d'autrui !

Mme ÉVRARD.

Eh, vous vous occupez en même temps des vôtres.

AMBROISE.

Rien n'est plus naturel... Mais dites donc *des nôtres*.

Mme ÉVRARD.

Des nôtres, soit.

AMBROISE, *à Laure.*

(*à part.*)
Je sors. Allons, j'ai réussi ;
J'ai si bien fait, qu'enfin cette fille est ici.

(*Il sort.*)

SCÈNE IX.

M#### me #### ÉVRARD, LAURE.

M#### me #### ÉVRARD, *à part.*

Oh, qu'elle me déplaît! Jeune et jolie encore!...
(*haut, d'un ton sec.*)
Eh bien, vous dites donc que vous vous nommez?...

LAURE.

Laure?

M#### me #### ÉVRARD.

Ah!... quel âge avez-vous?

LAURE.

Pas encor vingt ans.

M#### me #### ÉVRARD.

Non?
C'est dommage! Eh, trop jeune... oui, beaucoup trop!

LAURE.

Pardon:
Ce n'est pas ma faute...

M#### me #### ÉVRARD.

Ah, c'est la mienne!

LAURE.

Madame,
Je ne dis pas cela.

M#### me #### ÉVRARD.

Qu'êtes-vous? fille, femme?
Dites.

LAURE.

Qui, moi! jamais je ne me marierai.

ACTE III, SCÈNE IX.

Mme ÉVRARD.

Et vous ferez fort bien. Je dois savoir bon gré
A cet Ambroise ! Il vient, sans m'avoir prévenue,
Nous amener ici d'emblée une inconnue !

LAURE.

Je me ferai connoître.

Mme ÉVRARD.

Il sera temps alors !
Vous pourriez bien avant être mise dehors.

LAURE.

J'ose espérer que non.

Mme ÉVRARD.

Tenez, c'est que peut-être
Ambroise avec vous seule a pu faire le maître :
Mais il vous a trompée à coup sûr en ceci,
S'il ne vous a pas dit que je commande ici.

LAURE.

Je sais trop qu'en ces lieux vous êtes la maîtresse.

Mme ÉVRARD.

Pourquoi n'est-ce donc pas à moi qu'on vous adresse ?
Mais je verrai bientôt si vous me convenez :
Car enfin, c'est à moi que vous appartenez,
Et vous êtes vraiment entrée à mon service.

LAURE.

Soit.

Mme ÉVRARD.

Jamais au premier ; tenez-vous à l'office.

LAURE.

J'entends.

Mme ÉVRARD.

Ne faites rien sans ma permission.

LAURE.

Jamais.

Mme ÉVRARD.

Si l'on vous donne une commission,
Instruisez-m'en toujours avant que de la faire.

LAURE.

Toujours.

Mme ÉVRARD.

Que m'obéir soit votre unique affaire.
Allez m'attendre en bas.

LAURE.

Hélas !

Mme ÉVRARD.

Que dites-vous ?

LAURE.

J'y vais.

Mme ÉVRARD.

Vous raisonnez !... Sortez.

(*Laure sort.*)

SCÈNE X.

Mme ÉVRARD, *seule.*

Elle a l'air doux,
Et semble assez docile... Eh ! qui peut s'y connoître ?
La peste soit d'Ambroise ! Il fait ici le maître ;
Et cependant il faut encor le ménager.
Patience ! avant peu, tout cela va changer.
Si j'épouse une fois monsieur, me voilà forte :
Une heure après l'hymen, ils sont tous à la porte.

FIN DU TROISIÈME ACTE.

ACTE QUATRIÈME.

SCÈNE I.

M. DUBRIAGE, *seul, s'avance en rêvant.*

Cet entretien toujours me revient à l'esprit :
Je ferois bien, je crois... oui, cet hymen me rit.
Cette madame Évrard est tout-à-fait aimable ;
Elle est très fraîche encor ; sa taille est agréable :
Elle a les yeux fort beaux ; et ses soins caressants,
Tendres, réchaufferoient l'hiver de mes vieux ans.
Elle est d'ailleurs honnête et douce comme un ange...
Mais mon neveu ?... Ma foi, que mon neveu s'arrange !
Faudra-t-il consulter ses neveux ? Après tout,
Je puis l'abandonner, quand il me pousse à bout.
    (*rêvant de nouveau.*)
C'est qu'il est marié ; bientôt il sera père ;
Et ses nombreux enfants seront dans la misère...
C'est sa faute : pourquoi s'être ainsi marié !
D'ailleurs, par mon hymen sera-t-il dépouillé ?
Je puis faire à ma femme un honnête avantage...
Mais, à l'âge que j'ai, songer au mariage !
Dieu sait comme chacun va rire à mes dépens !
Que résoudre ? Je suis indécis, en suspens...
Voici Charle ; à propos le hasard me l'amène.

SCÈNE II.

M. DUBRIAGE, CHARLE.

M. DUBRIAGE.

Un mot, Charle.

CHARLE.

J'accours.

M. DUBRIAGE.

Tu me vois dans la peine.

CHARLE.

Vous, monsieur!

M. DUBRIAGE.

Oui, je suis dans un grand embarras,
Sur un point... qu'à coup sûr tu ne devines pas.

CHARLE.

Lequel?

M. DUBRIAGE.

Moi, qui jamais n'ai voulu prendre femme,
Croirois-tu qu'à présent, dans le fond de mon ame,
J'aurois quelque penchant à former ce lien?

CHARLE.

Pourquoi pas? Je crois, moi, que vous ferez fort bien.

M. DUBRIAGE.

Vraiment?

CHARLE.

Oui. Quoi de plus naturel, je vous prie,
Que de vous attacher une femme chérie,
Qui partage vos goûts, vos plaisirs, vos secrets?
Si cet hymen étoit l'objet de vos regrets,
Monsieur, que votre cœur enfin se satisfasse.

ACTE IV, SCÈNE II.

M. DUBRIAGE.

Tu ne me blâmes point?

CHARLE.

Eh, pourquoi donc, de grace?
Je ne desire, moi, que de vous voir heureux.

M. DUBRIAGE.

Bon Charle!... En vérité, je suis presque amoureux;
Non d'une jeune enfant, mais d'une femme faite,
Aimable encor pourtant, à mille égards parfaite,
Une compagne enfin, avec qui de mes jours
Tranquillement, vois-tu, j'achèverai le cours;
Madame Évrard...

CHARLE.

Eh quoi, madame Év...!

M. DUBRIAGE.

Elle-même.
Eh, d'où vient donc, mon cher, cette surprise extrême?

CHARLE.

Ma surprise?

M. DUBRIAGE.

Oui; j'ai vu ton soudain mouvement:
Tu m'as paru saisi d'un grand étonnement.
A ton avis, j'ai tort de l'épouser peut-être?

CHARLE.

Monsieur... assurément... vous en êtes le maître.

M. DUBRIAGE.

Non; tu viens de piquer ma curiosité:
Explique-toi.

CHARLE.

Qui, moi?

M. DUBRIAGE.

Toi-même.

6.

CHARLE.

En vérité,
Monsieur, tant de bonté ne sert qu'à me confondre :
Dans la place où je suis, je ne puis vous répondre.

M. DUBRIAGE.

Tu blâmes cet hymen; oh, oui, je le vois bien :
Tu veux dire par-là...

CHARLE.

Monsieur, je ne dis rien.

M. DUBRIAGE.

On en dit quelquefois beaucoup plus qu'on ne pense :
Ainsi de t'expliquer, Charle, je te dispense ;
Car moi-même aussi-bien je m'étois déja dit
Ce que tu me voudrois faire entendre. Il suffit :
N'en parlons plus. Tu peux me rendre un bon office.

CHARLE.

Trop heureux, monsieur! Charle est à votre service ;
Vous n'avez qu'à parler.

M. DUBRIAGE.

Je songe à ce neveu,
Ou plutôt à sa femme ; et, je t'en fais l'aveu,
Son sort me touche : elle est peut-être sans ressource.
Je n'ai que cent louis, comptés dans cette bourse :
Je voudrois, s'il se peut, les lui faire passer.
Ils habitent Colmar. Comment les adresser?
Car en tout ceci, moi, je ne veux point paroître.
Toi, Charle, par hasard, si tu pouvois connoître
A Colmar...

CHARLE.

J'y connois quelqu'un, précisément.

M. DUBRIAGE.

Cet ami pourra-t-il trouver la femme Armand?

ACTE IV, SCÈNE II.

Elle est si peu connue !
CHARLE.
Il le pourra, je pense.
M. DUBRIAGE.
Tiens, prends.
CHARLE.
Mais non : plutôt que de prendre d'avance,
Il vaut mieux m'informer de tout ceci, je croi :
Alors...
M. DUBRIAGE.
Soit. J'ai bien fait de m'adresser à toi.
CHARLE.
Oui.
M. DUBRIAGE.
Du fils de ma sœur, après tout, c'est la femme.
Lui-même je l'ai plaint dans le fond de mon ame :
Je le traite encor mieux qu'il ne l'eût mérité.
Je l'aurois mille fois déja déshérité,
Si j'eusse voulu croire à certaines personnes...
Que, sans te les nommer, peut-être tu soupçonnes.
CHARLE.
Oui, je crois...
M. DUBRIAGE.
Mais, malgré mes griefs contre Armand,
Je répugnai toujours à faire un testament :
Que l'on donne ses biens, soit ; alors on s'en prive :
Mais être généreux, lorsque la mort arrive ?...
On ouvre un testament ; ces premiers mots sont lus !
« Je veux... » On dit encor *je veux*, quand on n'est plus !
Ma fortune, dit-on, est le fruit de mes peines...
Mais ces peines... que sais-je ?... eussent été bien vaines,
Si mon oncle, en mourant, ne m'eût laissé ses biens.

A mon neveu de même il faut laisser les miens :
Qu'il les recueille donc ; et puis, s'il en abuse,
Tant pis pour lui : mais moi, je serois sans excuse,
Si j'allois l'en priver. Vivant, je l'ai puni ;
C'en est assez : je meurs ; mon courroux est fini.
N'est-ce pas ?

CHARLE.

Moi, monsieur, sur une telle affaire,
Je ne puis, je le sens, qu'écouter et me taire.

M. DUBRIAGE.

Ah çà, tu promets donc de faire comme il faut
Cette commission ?

CHARLE.

Oui, monsieur, et plus tôt
Que vous ne pouvez croire : et même je vous quitte,
Afin de m'en aller occuper tout de suite.

M. DUBRIAGE.

Bon enfant !

(*Charle sort.*)

SCÈNE III.

M. DUBRIAGE, LAURE.

M. DUBRIAGE, *seul.*

Ce garçon soulage mes ennuis :
C'est un besoin pour moi dans l'état où je suis.

LAURE, *de loin, à part, amenée par Charle qui se retire.*

Je tremble à son aspect... Dieu, fais que je lui plaise !
(*haut, en s'avançant.*)
Monsieur...

ACTE IV, SCÈNE III.

M. DUBRIAGE.

Ah, mon enfant, c'est vous! j'en suis bien aise...
Je ne suis pas fâché de causer avec vous.

LAURE.

Moi-même j'épiois un moment aussi doux.
Il est bien naturel que l'on cherche son maître,
Pour le voir, lui parler, se faire enfin connoître.

M. DUBRIAGE.

Vous ne pouvez, je crois, qu'y gagner.

LAURE.

Ah, monsieur!...

M. DUBRIAGE.

Non, c'est que vous avez le ton de la candeur,
L'air sage...

LAURE.

Ce n'est pas vertu chez une femme :
C'est devoir.

M. DUBRIAGE.

Il est vrai : j'aime à vous voir dans l'ame
Ces principes d'honneur, cette élévation.

LAURE.

C'est l'heureux fruit, monsieur, de l'éducation :
Je le garde avec soin ; c'est mon seul héritage.

M. DUBRIAGE.

Oui, c'est un vrai trésor qu'un pareil avantage.
Vous devez donc le jour à d'honnêtes parents?

LAURE.

Honnêtes? oui, monsieur ; mais non pas dans le sens
Que lui donnoit l'orgueil ; dans le sens véritable.
Mes père et mère étoient un couple respectable,
Placé dans cette classe où l'homme dédaigné
Mange à peine un pain noir de ses sueurs baigné;

Où, privé trop souvent d'un bien mince salaire,
Un ouvrier utile est nommé *mercenaire*,
Quand on devroit bénir ses travaux bienfaisants :
Mes parents, en un mot, étoient des artisans.

M. DUBRIAGE.

Artisans ! croyez-vous qu'un riche oisif les vaille ?
Le plus homme de bien est celui qui travaille.
Poursuivez.

LAURE.

Chaque soir, aux heures de loisirs,
A me former le cœur ils mettoient leurs plaisirs.
Leurs préceptes étoient simples comme leur ame.
«Crains Dieu, sers ton prochain et sois honnête femme...»
C'étoient là leurs seuls mots, qu'ils répétoient toujours.
Leur exemple parloit bien mieux que leurs discours.
Ils sembloient pressentir, hélas ! leur fin prochaine.
Depuis qu'ils ne sont plus, j'ai bien eu de la peine ;
Mais j'ai toujours trouvé dans l'occupation,
Subsistance à-la-fois et consolation.

M. DUBRIAGE.

Je vois que vos parents vous ont bien élevée.
Quoi ! de tous deux déja vous êtes donc privée ?

LAURE.

Un cruel accident tout-à-coup m'a ravi
Mon père ; et de bien près ma mère l'a suivi.

M. DUBRIAGE.

Perdre ainsi ses parents, de tels parents encore !...
Car, sans les avoir vus, tous deux je les honore...
Ma fille, je vous plains.

LAURE.

Quel excès de bonté,
Monsieur ! Le ciel pourtant ne m'a pas tout ôté ;

ACTE IV, SCÈNE III.

Il me reste un ami, mais un ami solide,
Qui m'a jusqu'à Paris daigné servir de guide.

M. DUBRIAGE.

Vous êtes de province?

LAURE.

Oui, de bien loin : aussi
J'ai mis dix jours entiers pour venir jusqu'ici.
(*On entend une voix du dehors, appelant.*)
« Laure ! Laure ! »

LAURE.

Je crois qu'on m'appelle.

M. DUBRIAGE.

N'importe.
Pour vous expatrier, mon enfant, de la sorte,
Sans doute vous aviez un motif, un objet?

LAURE.

Oh, oui, monsieur ! voici quel en est le sujet :
L'ami dont je parlois, le seul que j'aie au monde,
Et sur qui désormais tout mon bonheur se fonde,
A dans la capitale un très proche parent :
Il m'en parloit sans cesse, et toujours en pleurant :
« Oui, me dit-il un jour, vous êtes vertueuse,
« Jeune, douce, sur-tout vous êtes malheureuse ;
« Il doit vous secourir, et je vous le promets. »
Je le crus : mon ami ne me trompa jamais.
Je partis avec lui, croyant suivre mon frère,
Regrettant peu des lieux où n'étoit plus ma mère.
Après dix jours de marche, enfin nous arrivons.

M. DUBRIAGE.

Eh bien ?...

LAURE.

Mais quel accueil, ô ciel, nous éprouvons !

M. DUBRIAGE.

Il vous auroit reçue avec indifférence?

LAURE.

Ah, monsieur, nous aurions encor quelque espérance,
S'il avoit seulement voulu nous recevoir.

M. DUBRIAGE.

Quoi! ce proche parent?...

LAURE.

N'a pas daigné nous voir.

M. DUBRIAGE.

Que dites-vous? cet homme a donc un cœur de roche!...

LAURE.

Ce n'est pas le moment de lui faire un reproche.
Non, il n'est point cruel; il est humain et bon;
Et sans des étrangers maîtres de la maison...

M. DUBRIAGE.

Il est bon, dites-vous? Eh, c'est foiblesse pure!
Rien doit-il, rien peut-il étouffer la nature?
Je veux voir ce parent; ensemble nous irons :
Cet homme est inflexible, ou nous l'attendrirons.

LAURE.

Ah! monsieur, je commence à le croire possible;
Je me flatte, en effet, qu'il n'est point insensible;
Et, fût-il contre nous encore plus aigri,
Oui, nous l'attendrirons : je vous vois attendri!

M. DUBRIAGE, *voyant venir madame Évrard.*

Chut!

SCÈNE IV.

M. DUBRIAGE, LAURE, Mme ÉVRARD.

Mme ÉVRARD, *de loin, à part.*

Encor là !

M. DUBRIAGE, *un peu embarrassé, à madame Évrard.*

C'est vous ! quel sujet vous amène, Madame ?...

Mme ÉVRARD.

Je le vois, ma présence vous gêne.

M. DUBRIAGE.

Comment ?...

Mme ÉVRARD.

Que sais-je enfin ?... Mais c'est moi qui pourrois
Vous demander quels sont les importants secrets
Que vous confie encore ici mademoiselle.
Depuis une heure au moins, vous causez avec elle ;
Et ces mystères-là me surprennent un peu.

M. DUBRIAGE, *d'un ton foible.*

Pourquoi, madame Évrard ? Eh ! oui, j'en fais l'aveu,
J'aime à l'entretenir : ne suis-je pas le maître ?...
Et puis, j'étois bien aise enfin de la connoître :
Je ne m'en repens pas.

Mme ÉVRARD.

Oui, je vois que d'abord
Sa conversation vous intéresse fort.

M. DUBRIAGE.

J'en conviens ; et vraiment vous en seriez surprise.

Mme ÉVRARD.

Fort bien ; mais ce n'est pas pour causer qu'on l'a prise.

M. DUBRIAGE.

Soit. Elle me parloit de l'éducation...

Mme ÉVRARD.

Allons ! c'est bien cela dont il est question?
(*à Laure.*)
Descendez à l'instant.

LAURE.

Que faut-il que je fasse?

Mme ÉVRARD.

Marthe va vous le dire. Allez donc.

(*Laure sort.*)

SCÈNE V.

M. DUBRIAGE, Mme ÉVRARD.

M. DUBRIAGE.

Ah ! de grace, parlez-lui doucement : elle est timide.

Mme ÉVRARD.

Bon !

M. DUBRIAGE.

Elle paroît sensible.

Mme ÉVRARD.

Eh ! qui vous dit que non?...
(*se radoucissant.*)
D'ailleurs, à votre avis, suis-je donc si méchante?

M. DUBRIAGE.

Non... mais c'est que vraiment elle est intéressante ;
Elle a...

ACTE IV, SCÈNE V.

Mᵐᵉ ÉVRARD.

De la douceur peut-être, j'en convien...
Mais rappelons, monsieur, cet aimable entretien,
Ces mots charmants qu'alloit exprimer votre bouche....

M. DUBRIAGE.

Ce n'est pas seulement sa douceur qui me touche ;
C'est qu'elle a de la grace, un choix de termes purs,
Sur-tout de la sagesse et des principes sûrs.

Mᵐᵉ ÉVRARD.

Oui, je le crois... Tantôt, ou je me suis trompée,
Ou d'un grand mouvement votre ame étoit frappée.

M. DUBRIAGE.

Cette fille a vraiment un mérite accompli.

Mᵐᵉ ÉVRARD.

Vous ne parlez que d'elle, et semblez tout rempli....
Un moment vous a-t-il fait perdre la mémoire
Des discours de tantôt ?

M. DUBRIAGE.

Non : pourriez-vous le croire ?....
Je vous suis attaché... Mais quoi ! les mots touchants
De cette enfant...

Mᵐᵉ ÉVRARD.

Encor ! c'est se moquer des gens.

M. DUBRIAGE.

Vous avez de l'humeur.

Mᵐᵉ ÉVRARD.

Oui, je m'impatiente
De voir que vous parlez toujours d'une servante.

M. DUBRIAGE.

C'est qu'elle est au-dessus vraiment de son état ;
Elle a je ne sais quoi de doux, de délicat...

Mme ÉVRARD.

Oh, c'en est trop ! S'il faut dire ce que j'en pense,
Cette fille me blesse et me déplaît d'avance.

M. DUBRIAGE.

Eh pourquoi ?

Mme ÉVRARD.

Je ne sais... mais elle me déplaît :
Je vous dis nettement la chose comme elle est.
Elle n'est bonne à rien d'ailleurs, à rien qui vaille ;
Et je crois qu'il vaut mieux d'abord qu'elle s'en aille.

M. DUBRIAGE.

Qu'elle s'en aille ! Qui, Laure ?

Mme ÉVRARD.

Oui.

M. DUBRIAGE.

Vous plaisantez !

Mme ÉVRARD.

Moi, point du tout.

M. DUBRIAGE.

Comment !

Mme ÉVRARD.

Ainsi vous hésitez,
Et vous me préférez la première venue,
Qu'à peine en ce moment vous connoissez de vue !

M. DUBRIAGE.

Non. Mais quoi, je ne puis chasser ainsi...

Mme ÉVRARD.

Fort bien !
C'est votre dernier mot ?... Et moi, voici le mien :
Il faut que sur-le-champ l'une de nous deux sorte.

M. DUBRIAGE.

Eh ! quoi ? pouvez-vous bien me parler de la sorte ?

Mme ÉVRARD.
Vous-même, entre nous deux, pouvez-vous balancer?
M. DUBRIAGE.
Mais je puis vous chérir, et ne point la chasser.
Mme ÉVRARD.
Non, monsieur : chassez Laure, ou bien...
M. DUBRIAGE.
Quelle rudesse!
Mme ÉVRARD.
Qu'elle sorte, ou je sors.
M. DUBRIAGE, *en colère*.
Vous êtes la maîtresse;
Mais elle restera.
Mme ÉVRARD.
Plaît-il?
M. DUBRIAGE.
Oui, sur ce ton
Puisque vous le prenez, je la garde.
Mme ÉVRARD.
Pardon,
Monsieur! Mais...
M. DUBRIAGE.
Non. J'entends qu'ici Laure demeure.
Si cela vous déplaît, sortez... à la bonne heure :
Voilà mon dernier mot.

(*Il sort très en colère.*)

SCÈNE VI.

M#me# ÉVRARD, *seule*.

     L'ai-je bien entendu?
Est-ce donc là monsieur!... Comment; j'aurois perdu,
En ce fatal instant, le fruit de dix années,...
Quand je touche au moment de les voir couronnées?
   (*après un moment de repos.*)
Il m'a dit tout cela dans un premier transport
Qui pourra se calmer... N'importe, j'ai grand tort.
Menacer, m'emporter, quelle imprudence extrême!
J'en avertis Ambroise, et j'y tombe moi-même!
S'il en est temps encor, revenons sur nos pas.

SCÈNE VII.

M#me# ÉVRARD, CHARLE.

M#me# ÉVRARD.
Mon ami Charle!

CHARLE.
Eh bien?

M#me# ÉVRARD.
     Ah, vous ne savez pas!...
Avec monsieur je viens d'avoir une querelle...

CHARLE.
Quoi, vous! A quel propos, madame?

M#me# ÉVRARD.
     A propos d'elle,
De Laure.

ACTE IV, SCÈNE VII.

CHARLE.
Est-il possible!

Mme ÉVRARD.
Eh, sans doute : j'ai dit
Qu'il falloit qu'à l'instant l'une de nous sortît.
Mais point du tout ; monsieur, qui la protége et l'aime,
M'a dit... (le croiriez-vous?) Eh bien, sortez vous-même» ;
Et là-dessus, il est rentré fort en courroux.

CHARLE.
Vous m'étonnez! Aussi, comment le fâchez-vous?
Monsieur est bon maître, oui ; mais enfin c'est un maître.

Mme ÉVRARD.
J'en conviens, mon ami, j'ai quelque tort peut-être :
Mais cette fille-là me choque et me déplaît.

CHARLE.
Quel est son crime, au fond? Que vous a-t-elle fait?
Monsieur accepte Laure ; il paroît content d'elle :
Et vous le tourmentez pour une bagatelle!

Mme ÉVRARD.
Le mal est fait : voyons, comment le réparer?

CHARLE.
Aisément de ce pas vous saurez vous tirer.
Une fois de monsieur quand vous serez l'épouse,
De Laure assurément vous serez peu jalouse.

Mme ÉVRARD.
A cet hymen, tantôt, j'ai cru le disposer :
Mais voici que tout change. Avant de l'épouser,
Il faut bien qu'avec lui je me réconcilie.

CHARLE.
Oui, j'entends.

Mme ÉVRARD.
Aidez-moi, mon cher ; je vous supplie.

CHARLE.

Vous n'avez pas besoin du tout de mon secours ;
Et vous seule bientôt...

Mme ÉVRARD.

Secondez-moi toujours...

Il revient déja ! Bon.

CHARLE.

Il rêve, ce me semble.

Mme ÉVRARD.

Tant mieux. J'espère encor... Laissez-nous donc ensemble.
(*seule.*) (*Charle sort.*)
Voyons.
(*Elle se tient à l'écart, et s'assied accoudée sur une table.*)

SCÈNE VIII.

M. DUBRIAGE, Mme ÉVRARD.

M. DUBRIAGE, *se croyant seul.*

Personne ici !... Je suis bien malheureux !
Je suis bon à mes gens, et je fais tout pour eux ;
Je suis leur père... eh bien, voyez la récompense !
Madame Évrard aussi !... Cependant, quand j'y pense,
Moi, j'ai pris feu peut-être un peu légèrement.
(*Madame Évrard tire vite son mouchoir et s'en
couvre le visage, comme pour essuyer ses larmes.*)
Cette femme est sensible ; et véritablement,
C'est la première fois qu'elle s'est emportée...
Je le confesse, oh oui, je l'ai trop maltraitée.

Mme ÉVRARD, *éclatant en sanglots.*

Oui, sans doute.

ACTE IV, SCÈNE VIII.

M. DUBRIAGE.
　　　　Ah, c'est vous, bonne madame Évrard!

Mme ÉVRARD, *levée, sanglotant toujours.*
Moi-même, dont, hélas! sans pitié, sans égard,
Vous avez déchiré l'ame sensible et tendre.
A ce traitement-là j'étois loin de m'attendre;
Après dix ans de soins, de tendresse...

M. DUBRIAGE.
　　　　　　　　En effet,
Moi-même je ne sais comment cela s'est fait...

Mme ÉVRARD.
Après ce coup, je puis supporter tout au monde :
Et dans une retraite ignorée et profonde...

M. DUBRIAGE.
Quoi, vous songez encore à ce qui s'est passé?

Mme ÉVRARD.
Jamais le souvenir n'en peut être effacé.

M. DUBRIAGE.
Que dites-vous, madame! Oublions, je vous prie,
Cette petite scène, et plus de brouillerie.

Mme ÉVRARD.
Ah, monsieur, je vois bien que vous ne m'aimez plus :
Je ferois désormais des efforts superflus...

M. DUBRIAGE.
Eh, non, madame Évrard! Je suis toujours le même;
Toujours, plus que jamais, croyez que je vous aime.

Mme ÉVRARD.
Si vous m'aimiez un peu, pourriez-vous me chasser?

M. DUBRIAGE.
Avez-vous pu vous-même ainsi me menacer?
Nous sommes vifs tous deux... Allons, point de rancune,
De part et d'autre; moi, je n'en conserve aucune :

Vous non plus, n'est-ce pas?
Mme ÉVRARD.
Tenez, monsieur, je crains
Que Laure ne nous donne ici quelques chagrins.
M. DUBRIAGE.
Ah, pouvez-vous le craindre? Elle en est incapable :
Tout annonce qu'elle est, et douce et raisonnable.
Vous en serez contente, allez, je vous promets.
Mme ÉVRARD.
Vous tenez donc beaucoup à cette fille?
M. DUBRIAGE.
Eh mais...
Ambroise l'a donnée; et c'est lui faire injure
Que de la renvoyer : ainsi, je vous conjure,
N'en parlons plus; cessez d'insister sur ce point :
Sur-tout, madame Évrard, ne m'abandonnez point.
Mme ÉVRARD.
J'en avois fait le vœu; mais depuis cette affaire,
Je ne sais trop...
M. DUBRIAGE.
Comment, vous balancez, ma chère!
Je vous en prie.
Mme ÉVRARD.
Allons : c'en est fait; je me rends.
M. DUBRIAGE.
Charmante femme!

SCÈNE IX.

M. DUBRIAGE, Mme ÉVRARD, AMBROISE, LAURE.

AMBROISE.

Eh bien, qu'est-ce donc que j'apprends ?
Madame Évrard menace, et veut que Laure sorte !
Oh ! je déclare...

M. DUBRIAGE.

Allons, le voilà qui s'emporte,
Comme à son ordinaire !

Mme ÉVRARD.

Oui, nous sommes d'accord ;
Vous serez satisfait; et personne ne sort.

(*Elle sort.*)

SCÈNE X.

M. DUBRIAGE, AMBROISE, LAURE.

AMBROISE.

Elle rit. par hasard, seroit-ce moi qu'on joue ?

M. DUBRIAGE.

Eh, non ! nous avons eu tous deux; je te l'avoue,
Même au sujet de Laure, un petit démêlé ;

(*Il appuie sur ce mot.*)

Mais il n'y paroît plus. En maître j'ai parlé :
Laure nous reste.

AMBROISE.

Ah ! bon.

M. DUBRIAGE.

Moi, j'aime cette fille :
Je la garde.

LAURE.

Monsieur !...

AMBROISE.

Elle est douce et gentille,
N'est-ce pas ?

M. DUBRIAGE.

Mais elle est bien mieux que tout cela ;
On n'a pas plus d'esprit, de raison qu'elle en a.

AMBROISE.

Oh ! j'en étois bien sûr, quand je vous l'ai donnée ;
Sans quoi, je n'aurois pas...

M. DUBRIAGE.

C'est qu'elle est très bien née.
J'entends bien élevée. Il ne tiendra qu'à vous,
Laure, d'être long-temps... mais toujours avec nous.

LAURE.

Ah ! mon... monsieur, croyez que ma plus chère envie
Est de pouvoir ici passer toute ma vie.

AMBROISE.

Oh ! vous y resterez, en dépit qu'on en ait :
(*Il se reprend.*)
C'est moi qui vous... je dis, monsieur vous le promet.

(*Il sort.*)

SCÈNE XI.

M. DUBRIAGE, LAURE.

M. DUBRIAGE.
Oui, je vous le promets. Ne craignez rien, ma chère;
Mais à madame Évrard tâchez pourtant de plaire...
Je songe à ce parent; je voudrois voir aussi
Cet ami de province avec lequel ici
Vous êtes arrivée.

LAURE.
Ah! qu'il aura de joie,
Si vous daignez, monsieur, permettre qu'il vous voie!

M. DUBRIAGE.
J'en augure très bien, puisque vous l'estimez.
Est-il jeune?

LAURE.
Oui, monsieur...

M. DUBRIAGE.
Ah, jeune!... Vous l'aimez?

LAURE, *simplement*.
Oui, monsieur : en l'aimant, j'obéis à ma mère.
« Aime-la, lui dit-elle en mourant; sois son frère. »
Il le promit : depuis, il a tenu sa foi;
Père, ami, protecteur, guide, il est tout pour moi.

M. DUBRIAGE.
Ce jeune homme à mes yeux est vraiment respectable;
Et son cruel parent?...

LAURE.
Peut-être est excusable;
Car il ne connoît point mon ami; mais enfin

Il se fera connoître; et ce n'est pas en vain
Que nous serons venus du fond de notre Alsace...

M. DUBRIAGE.

D'Alsace! dites-vous... De quel endroit, de grace?

LAURE.

De Colmar.

M. DUBRIAGE.

De Colmar!

LAURE.

Oui, monsieur...

M. DUBRIAGE.

Dites-moi,
Vous avez à Colmar garnison, que je croi?

LAURE.

Oui, monsieur...

M. DUBRIAGE.

Je connois quelqu'un dans cette ville,
Un soldat : mais comment démêler entre mille?
Après tout, que sait-on...? Il se nommoit Armand...

LAURE.

Je le... connois.

M. DUBRIAGE.

Ah! ah! par quel hasard, comment?

LAURE.

Par un hasard, monsieur, qui jamais ne s'oublie
Ce jeune homme à mon père avoit sauvé la vie.
Jugez si le sauveur d'un père, d'un époux
Devoit avec transport être accueilli de nous!
L'estime se joignit à la reconnoissance.
Nous vîmes qu'il étoit d'une honnête naissance,
Plein de cœur et d'esprit, brave et zélé soldat,
Comme s'il eût par goût embrassé cet état;

Et pourtant doux, honnête...

M. DUBRIAGE, *à lui-même*.

Oh! oui... le bon apôtre!

(*à Laure.*)
C'est assez; je vois bien que vous parlez d'un autre.

LAURE.

Cet Armand-là, monsieur, n'est pas le même?...

M. DUBRIAGE.

Oh! non,
Le mien, qui ne ressemble au vôtre que de nom,
Est un mauvais sujet, sans raison, sans conduite.
Il s'enfuit un beau jour, et s'engage par suite,
Puis se marie, épouse une fille de rien,
Dont le moindre défaut fut de naître sans bien,
Qui menoit une vie avant son mariage!...

LAURE, *très vivement*.

Monsieur, rien n'est plus faux; je réponds qu'elle est sage.
Elle s'est, je l'avoue, éprise d'un soldat,
Mais estimable, honnête, ainsi que son état :
Elle le vit, l'aima du vivant de son père;
Il lui fut accordé par sa mourante mère :
Elle l'aime; il l'adore, et jusques aujourd'hui,
Elle a toujours vécu sagement avec lui.
Ce qu'on a pu vous dire est un mensonge infame :
Oui, l'épouse d'Armand est une honnête femme.

M. DUBRIAGE.

Mais vous la défendez!...

LAURE.

C'est moi que je défend.

M. DUBRIAGE.

C'est vous!...

LAURE, *toujours en colère.*

Eh! oui, je suis cette femme d'Armand.

M. DUBRIAGE.

Quoi! vous seriez?...

LAURE, *à part, et revenant à elle.*

O ciel! je me trahis moi-même.

M. DUBRIAGE.

Vous, ma nièce, bon Dieu!... Ma surprise est extrême.

LAURE, *aux genoux de M. Dubriage.*

Oui, monsieur, vous voyez cette triste moitié
D'un neveu malheureux, trop digne de pitié.
Moi-même à vos genoux je suis toute tremblante,
Et votre seul aspect me glace d'épouvante.

M. DUBRIAGE.

Relevez-vous, madame, et calmez vos esprits.
Tantôt, de votre air doux, de vos graces épris,
Je vous trouvois aimable, et vous l'êtes encore.
Repousser une nièce, ayant accueilli Laure!
Ce seroit à-la fois être injuste et cruel.
Votre époux à mes yeux n'est pas moins criminel.
Mais quoi! s'il m'a manqué, vous n'êtes point coupable,
Et votre sort déja n'est que trop déplorable,
D'être la femme d'un...

LAURE.

Ah! soyez généreux :
C'est mon époux; il est absent et malheureux.

SCÈNE XII.

M. DUBRIAGE, LAURE, CHARLE.

M. DUBRIAGE.
Ah! Charle, conçois-tu les transports de mon ame?
Voilà ma nièce.

CHARLE.
O ciel! se pourroit-il? Madame
Seroit?...

M. DUBRIAGE.
C'est au hasard que je dois cet aveu.
Ma nièce, te dis-je, oui, femme de ce neveu
Dont je parlois tantôt, qui m'a fait tant de peine!
Mais pour elle, après tout, je ne sens nulle haine;
Et d'abord sur ce point j'ai su la rassurer.

CHARLE, *se ranimant.*
Ah! monsieur, est-il vrai? je n'osois l'espérer...
Si vous saviez quelle est en ce moment ma joie!
Eh quoi! le ciel enfin permet donc que je voie
A vos côtés... quelqu'un qui vous touche de près...
Presque un enfant!... voilà ce que je desirois.

M. DUBRIAGE.
Charle, je suis sensible à ces marques de zèle.
(*à Laure.*)
C'est un digne garçon, un serviteur fidèle,
Qui m'aime tout-à-fait, qui me sert d'amitié.

CHARLE.
Dans vos chagrins, monsieur, si je fus de moitié,
J'ai droit de partager aussi votre allégresse;
Car vous avez, sans doute, en voyant une nièce,

Dû sentir une vive et douce émotion.
M. DUBRIAGE.
Je ne m'en défends point ; mais cette impression
Par d'amers souvenirs est bien empoisonnée.
Cette nièce, par qui m'a-t-elle été donnée ?
Par un ingrat, qui m'a mille fois outragé...
(*à Laure.*)
Je vous fais de la peine, et j'en suis affligé ;
Mais mon cœur ne se peut contenir davantage.
LAURE.
Hélas ! continuez, si cela vous soulage.
CHARLE.
Moi, je ne puis juger que par ce que je vois ;
Et je vois que du moins il a fait un bon choix.
M. DUBRIAGE.
De sa part, en effet, un tel choix est étrange.
LAURE.
Épargnez mon époux, ou trêve à la louange.
CHARLE.
Oui, ce discernement, monsieur, lui fait honneur,
Prouve qu'il est honnête, et qu'il a dans le cœur
Le goût de la vertu : c'est un grand point, sans doute.
M. DUBRIAGE.
C'est assez.
CHARLE.
Un seul mot encore.
M. DUBRIAGE.
Eh bien, j'écoute.
CHARLE.
Il ne m'appartient pas de le justifier ;
Mais, au moins, des rapports il faut se défier.
De ce pauvre neveu l'on vous peignoit la femme

ACTE IV, SCÈNE XII.

Sous d'affreuses couleurs; et vous voyez madame!

M. DUBRIAGE.

Oui, parlons de la nièce, et laissons le neveu.
(*se reprenant.*)
Mais j'ai fait devant Charle un indiscret aveu :
Du premier mouvement je n'ai point été maître;
Mon ami, gardez-vous de rien faire paroître...

CHARLE.

Ah! monsieur... cependant il faudra tôt ou tard...

M. DUBRIAGE.

Il n'importe, mon cher; avec madame Évrard
J'ai des ménagements à garder; et vous, Laure,
Rejoignez-la, sachez dissimuler encore.

LAURE.

Oui, mon oncle.

M. DUBRIAGE.

Fort bien!
(*avec tendresse, après une petite pause.*)
                      D'un malheureux neveu
Je vois, ma chère enfant, que vous me tiendrez lieu.

LAURE.

Cher oncle! ce neveu que votre haine accable...,
Pardonnez... à vos yeux il est donc bien coupable?

M. DUBRIAGE.

S'il l'est, l'ingrat!... Tenez... de grâce... sur ce point
Expliquons-nous d'avance, et ne nous trompons point.
Une fois reconnue, et même avec tendresse,
Peut-être espérez-vous, par vos soins, votre adresse,
Pour votre époux bientôt obtenir le pardon;
Vous vous trompez : je puis être juste, être bon
Pour vous, aimable, douce, en un mot, innocente;
Sans qu'à revoir Armand de mes jours je consente.

Vous m'entendez, ma nièce : ainsi donc, voulez-vous
Rester ici ? jamais un mot de votre époux ;
Pas un.

LAURE.

J'obéirai, monsieur, quoi qu'il m'en coûte.

M. DUBRIAGE.

Il en coûte à mon cœur pour vous blesser sans doute ;
Mais il le faut : je veux vivre et mourir en paix.
Me le promettez-vous ?

LAURE.

Oui, je vous le promets,
Mon cher oncle.

M. DUBRIAGE.

Fort bien ; mais descendez, vous dis-je.

LAURE.

J'y vais.

M. DUBRIAGE, *à part.*

C'est à regret, hélas ! que je l'afflige.
(*haut.*)
Suis-moi, Charle.

(*Il sort.*)

SCÈNE XIII.

LAURE, CHARLE.

CHARLE, *bas à Laure.*

Courage ! espérons tout du ciel :
Te voilà reconnue, et c'est l'essentiel.

(*Ils sortent, chacun de son côté.*)

FIN DU QUATRIÈME ACTE.

ACTE CINQUIÈME.

SCÈNE I.

CHARLE, GEORGE.

GEORGE.
Non, vous avez beau dire, et plus tôt que plus tard,
Il faut brouiller Ambroise avec madame Évrard :
Je vais donc le trouver, et lui faire connoître
Que sa future aspire à la main de son maître.
CHARLE.
C'est trahir un secret.
GEORGE.
　　　　　　Bon! il est bien permis
De chercher à brouiller entre eux ses ennemis.
Ambroise, à ce seul mot, va s'emporter contre elle.
Il en doit résulter une bonne querelle ;
Et tant mieux! j'aime à voir quereller les méchants :
C'est un repos du moins pour les honnêtes gens.
Laissez faire.

(*Il sort.*)

SCÈNE II.

CHARLE, *seul*.

　　Quel zèle à me rendre service !
Quel ami! Le méchant peut trouver un complice ;
Mais il n'est ici-bas, et le ciel l'a permis,
Que les honnêtes gens qui puissent être amis.

SCÈNE III.

M.me ÉVRARD, CHARLE.

M.me ÉVRARD.
Ah! Charle, ah! mon ami, savez-vous la nouvelle,
La découverte affreuse?...
CHARLE.
Affreuse! eh! quelle est-elle,
Madame?
M.me ÉVRARD.
Cette Laure est femme du neveu.
CHARLE.
Comment?
M.me ÉVRARD.
Eh! oui, l'on vient de m'en faire l'aveu,
A l'instant.
CHARLE.
Bon! Qui donc a pu?...
M.me ÉVRARD.
Monsieur lui-même;
Et ce n'a pas été sans une peine extrême.
Je l'ai vu tout-à-coup distrait, embarrassé;
Car j'ai le coup-d'œil sûr; et je l'ai tant pressé
(A cet âge, on n'a pas la force de se taire),
Qu'enfin j'ai pénétré cet horrible mystère.
CHARLE.
C'est la nièce!
M.me ÉVRARD.
Ah! l'instinct ne sauroit nous trahir:
Vous voyez si j'avois sujet de la haïr!

Quand je touche au moment d'être ici la maîtresse,
Quand je vais épouser, il faut qu'elle paroisse !
Car j'aurai fait en vain jouer mille ressorts ;
Si Laure reste ici, mon ami, moi, j'en sors.
CHARLE.
Eh, mais !...
Mme ÉVRARD.
Vous-même aussi ; nous sortons l'un et l'autre.
CHARLE.
Vous croyez ?
Mme ÉVRARD.
Oui, ma chute entraînera la vôtre :
La protectrice à bas, adieu le protégé.
CHARLE.
Je voudrois bien pourtant n'avoir pas mon congé.
Mme ÉVRARD.
Il n'en est qu'un moyen : arrangeons-nous de sorte
Qu'au lieu de nous, mon cher, ce soit elle qui sorte.
CHARLE.
Elle qui sorte ?
Mme ÉVRARD.
Eh ! oui.
CHARLE.
Mais vous n'y pensez pas.
Mme ÉVRARD.
C'est l'unique moyen de sortir d'embarras.
Il faudra soutenir qu'elle n'est pas la nièce,
Et même le prouver.
CHARLE.
Ah, Dieu ! quelle hardiesse !
Mais quels sont pour cela vos moyens ?

Mme ÉVRARD.

Tout est prêt.
Armand va nous servir...

CHARLE.

Et comment, s'il vous plaît?

Mme ÉVRARD.

Armand va, de Colmar, écrire que sa femme
Est là-bas près de lui.

CHARLE.

Qu'entends-je? ah ciel! madame!...
Contrefaire une lettre!

Mme ÉVRARD.

Oh, que non pas : d'abord,
Ce faux seroit, je pense, un trait un peu trop fort;
Ce seroit une vaine et grossière imposture;
Car monsieur du neveu connoît bien l'écriture :
Mais, comme vous savez, j'ai des lettres d'Armand,
Et j'en montre une.

CHARLE.

Bon!

Mme ÉVRARD.

Oui; Julien à l'instant
Va l'apporter.

CHARLE.

Eh! mais, la date?...

Mme ÉVRARD.

Je la change.
Ambroise, en paroissant venir de chez La Grange,
Va, par un faux récit, porter les premiers coups.
J'affecterai d'abord l'air incrédule et doux;
Mais j'appuie en effet, et je montre la lettre :
La nièce partira, j'ose bien le promettre.

ACTE V, SCÈNE III.

CHARLE.

Soit. Mais à des papiers, car elle en peut avoir,
Que répliquerez-vous ? je voudrois le savoir.

Mme ÉVRARD.

Il ne la verra point.

CHARLE.

En êtes-vous bien sûre ?

Mme ÉVRARD.

Oui, si vous nous aidez. Sachez, je vous conjure,
La retenir là-bas, tandis qu'Ambroise et moi
Nous nous chargeons ici de monsieur.

CHARLE.

Bien, ma foi !
Madame, j'aurai soin de ne pas quitter Laure.

Mme ÉVRARD.

Voici monsieur : je dois dissimuler encore ;
Allez.

CHARLE, *à part.*

Je vais... parer à ce coup imprévu.

(*Il sort.*)

SCÈNE IV.

Mme ÉVRARD, M. DUBRIAGE.

Mme ÉVRARD.

(*à part.*)   (*haut.*)
Ne désespérons pas... Vous semblez bien ému.

M. DUBRIAGE.

Mais mon émotion est assez naturelle.

Mme ÉVRARD.

Très naturelle, oh ! oui !... Madame, où donc est-elle ?

8.

M. DUBRIAGE.

Dans ma chambre; elle écrit. Elle est bien, entre nous,
Très bien.

Mme ÉVRARD.

Pour en juger, je m'en rapporte à vous.

M. DUBRIAGE.

Comme vous aviez pris le change sur son compte!
Convenez-en.

Mme ÉVRARD.

D'accord; oui, vraiment : j'en ai honte
Pour ceux qui m'ont trompée. On se prévient d'abord
Pour ou contre les gens, et souvent on a tort.

M. DUBRIAGE.

Si sur Armand lui-même, et pendant son absence,
Nous étions abusés?

Mme ÉVRARD.

Ah! quelle différence!
Nous ne sommes que trop instruits de ses excès.
Eh! n'avons-nous pas vu ses lettres?

M. DUBRIAGE.

Je le sais...
Des torts d'Armand, au reste, elle n'est pas coupable,
La pauvre enfant!

Mme ÉVRARD.

Oh! non. Vous êtes équitable,
Et ne confondez point le bon et le méchant.

M. DUBRIAGE.

Elle est bonne, en effet; elle a l'air si touchant!...

Mme ÉVRARD.

Oui, qui prévient pour elle; il faut que j'en convienne :
Et d'ailleurs, il suffit qu'elle vous appartienne
Pour m'être chère, à moi.

ACTE V, SCÈNE IV.

M. DUBRIAGE.

Voilà bien votre cœur!

Mme ÉVRARD.

Hélas! je ne veux rien, rien que votre bonheur.

M. DUBRIAGE.

Chère madame Évrard!... Mais Ambroise s'avance
Fort agité...

Mme ÉVRARD.

C'est là sa manière, je pense.

SCÈNE V.

M. DUBRIAGE, Mme ÉVRARD, AMBROISE.

M. DUBRIAGE.

Qu'avez-vous, Ambroise?

AMBROISE.

Ah!... j'étouffe de courroux!
On m'a trompé... que dis-je? on nous a trompés tous.
Cette Laure, qu'ici l'on me fait introduire...

Mme ÉVRARD.

Eh! mon Dieu, nous savons ce que vous voulez dire.

AMBROISE.

Vous sauriez déja?

Mme ÉVRARD.

Tout; et ce n'est pas, je croi,
De quoi tant se fâcher, Ambroise.

AMBROISE.

Pas de quoi!
Comment! lorsque j'apprends?...

Mme ÉVRARD.

Oui, que madame Laure

Est nièce de monsieur...
AMBROISE.
Vous vous trompez encore ;
Elle n'est point sa nièce.
M. DUBRIAGE.
Elle n'est pas ?...
AMBROISE.
Eh ! non.
Je sors de chez La Grange ; il m'a tout dit.
Mme ÉVRARD.
Quoi donc ?
AMBROISE.
Il m'a dit que d'Armand Laure n'est point la femme,
Mais une aventurière.
Mme ÉVRARD.
Allons !
AMBROISE.
Paix donc, madame !
Mme ÉVRARD.
Mais comment écouter des contes ?
AMBROISE.
Un moment.
Elle est bien de Colmar ; elle connoît Armand.
Sans peine, elle aura su qu'à Paris ce jeune homme
Avoit un oncle riche ; elle entend qu'on le nomme :
Elle écoute, s'informe, et recueille avec soin
Tous les renseignements dont elle aura besoin :
Elle part ; de Paris elle fait le voyage,
Et s'offre comme nièce à monsieur Dubriage.
M. DUBRIAGE.
O ciel ! qu'entends-je ? eh ! mais...

ACTE V, SCÈNE V.

Mme ÉVRARD.
Il se pourroit, monsieur?...

M. DUBRIAGE.
Non, Ambroise se trompe, et l'air seul de candeur...

AMBROISE.
De candeur! c'est encor ce que m'a dit La Grange...
Elle connoît son monde, et là-dessus s'arrange :
Elle sait que monsieur est un homme de bien,
Un sage ; elle a dès-lors composé son maintien,
Et vient jouer ici la vertu, l'innocence.

Mme ÉVRARD.
Quoi ! ce seroit un jeu que cet air de décence ?
Il est vrai que d'Armand elle parle fort peu.

M. DUBRIAGE.
J'ai défendu qu'on dit un seul mot du neveu.

AMBROISE.
Si c'étoit son époux, vous obéiroit-elle ?

Mme ÉVRARD.
A semblable promesse on n'est pas très fidèle.
Où donc est ce neveu ?

AMBROISE.
Preuve encor que cela :
Si Laure étoit sa femme, il seroit bientôt là.

Mme ÉVRARD.
En effet, il devroit...

M. DUBRIAGE.
Il n'oseroit, madame.

AMBROISE.
Il eût osé déja, si Laure étoit sa femme.

M. DUBRIAGE.
Mais quel fut son espoir ? car pour moi je m'y perd...
Ce secret, tôt ou tard, se seroit découvert.

AMBROISE.

Elle eût, en attendant, su vous tirer, peut-être,
Quelques louis, et puis, un beau jour disparoître.

M#me# ÉVRARD.

Ce ne sont encor là que des présomptions.

M. DUBRIAGE.

C'est un point qu'il est bon que nous éclaircissions :
Il faudroit...

AMBROISE.

La chasser.

M#me# ÉVRARD.

Oh! non; il faut attendre :
On ne condamne point les gens sans les entendre :
(à M. Dubriage.)
N'est-il pas vrai, monsieur?

M. DUBRIAGE.

Sans doute... Appelons-la :
Nous allons voir du moins ce qu'elle répondra.

M#me# ÉVRARD.

Fort bien! j'entends quelqu'un... Que viens-tu me remettre,
Petit Julien?

JULIEN.

Madame, eh mais, c'est une lettre.

M#me# ÉVRARD.

(Il sort.)
Donne donc... Ah! je vois le timbre de Colmar.

M. DUBRIAGE.

De Colmar, dites-vous?... Seroit-ce, par hasard,
Une lettre d'Armand?... Enfin, il s'en avise!...
Eh! que peut-il m'écrire?

M#me# ÉVRARD.

Encor quelque sottise!

ACTE V, SCÈNE V.

A votre place, moi, je ne la lirois pas.

M. DUBRIAGE.

Cette lettre pourra me tirer d'embarras.
Lisez.

Mme ÉVRARD.

Lisez vous-même.

M. DUBRIAGE, *lit.*

Ah! j'ai peine à comprendre...

Mme ÉVRARD.

Quoi?

M. DUBRIAGE.

Cette lettre va vous-même vous surprendre.
Tenez, vous allez voir : écoutez un moment.
(*lisant.*)
« Mon cher oncle. » Ah! cher oncle! il est bien temps, vraiment!
« Pour la vingtième fois j'ose encor vous écrire... »
(*s'interrompant.*)
Madame, que dit-il? pour la vingtième fois!...
Vingt lettres!

Mme ÉVRARD.

Je ne sais : je n'en ai vu que trois...
Mais quoi! voulez-vous bien continuer de lire,
Monsieur?

M. DUBRIAGE, *continuant de lire.*

« En ce moment Laure est à mes côtés ;
« Elle veut que j'implore encore vos bontés.
« Aisément, je l'avoue, elle me persuade...
« Trop chère épouse! hélas! Elle est un peu malade ;
« Mais quoi! c'est le chagrin d'être ainsi loin de vous!
« Quand pourrons-nous tous deux embrasser vos genoux,
« Mon oncle! quels transports seroient alors les nôtres!...»

(*fermant la lettre.*)
Mais cette lettre-là n'est pas du ton des autres.

Mme ÉVRARD.

Qu'importe? Je ne vois qu'une chose en ceci :
Si Laure est à Colmar, elle n'est pas ici.

AMBROISE.

Parbleu! je disois bien que ce n'étoit pas elle.
Vous voyez si j'ai fait un rapport infidèle!

M. DUBRIAGE.

Je ne le vois que trop. Je demeure frappé
Comme d'un coup de foudre... Elle m'auroit trompé!

Mme ÉVRARD.

Rien ne paroît plus clair... Mais, ô ciel! quelle trame!

AMBROISE.

Affreuse! Allons, je vais renvoyer cette femme.

M. DUBRIAGE.

Non, non; je veux la voir, moi-même la chasser...

Mme ÉVRARD.

Comment! vous?

M. DUBRIAGE.

Oui, je veux lui faire confesser...

Mme ÉVRARD.

Vous ne la verrez pas, monsieur, c'est impossible;
Non, cela vous tueroit; vous êtes trop sensible :
Eh! j'ai moi-même ici peine à me contenir.
J'étois d'abord pour elle, il faut en convenir;
Mais cet horrible trait me révolte et m'indigne...
Et vous la verriez! Non. Que cette fourbe insigne
Sans retour disparoisse. Ambroise, avant la nuit,
Faites-la déloger sans scandale et sans bruit.

AMBROISE.

A l'instant je m'en charge, et de la bonne sorte.

M. DUBRIAGE.

Ne la maltraitez pas.

Mme ÉVRARD.

Il suffit qu'elle sorte.

AMBROISE.

Oui, Laure va sortir... tout-à-l'heure...

SCÈNE VI.

CHARLE, M. DUBRIAGE, Mme ÉVRARD, AMBROISE.

CHARLE.

Arrêtez :
Ne renvoyons personne.

Mme ÉVRARD.

Et quoi donc ?...

CHARLE.

Écoutez...
(à M. Dubriage.)
De madame, je sais le fond de ce mystère :
Il faut que je me mêle un peu de cette affaire.

Mme ÉVRARD.

Que veut dire ceci ? Charle est-il contre nous ?

CHARLE.

Si Charle avoit lui-même à se plaindre de vous !

Mme ÉVRARD.

Ah ! je vois ce que c'est : Laure est jeune et gentille :
Charle l'aime, et dès-lors il soutient cette fille.

AMBROISE.

Oui, sans doute ; en deux mots, voilà tout le secret.

M. DUBRIAGE.

Non ; Charle est honnête homme.

CHARLE.

(à madame Évrard.)
Ah ! je le suis. Au fait :
Répondez...

Mme ÉVRARD.

De quel droit ?...

CHARLE.

Voulez-vous bien permettre ?...
Vous dites donc qu'Armand vient d'écrire une lettre ?

Mme ÉVRARD.

Eh ! oui.

CHARLE.

J'en suis fâché pour vous, madame Évrard ;
Mais cet Armand, qu'on fait écrire de Colmar,
Est ici, chez son oncle ; et c'est lui qui vous parle :
Je suis Armand.

Mme ÉVRARD.

Ah ! ciel !

AMBROISE.

Se peut-il ?...

M. DUBRIAGE.

Eh quoi ! Charle
Seroit !...

CHARLE.

Ils m'ont réduit à ce déguisement ;
Mais, sous le nom de Charle, enfin, je suis Armand.

AMBROISE.

Allons donc !

CHARLE.

Un seul mot va leur fermer la bouche :

J'ai servi, mon cher oncle, et voici ma cartouche.
Par-là jugez du reste. Auprès de vous, ainsi,
Ils m'ont, pendant dix ans, calomnié, noirci.
Mais de mon père, hélas! cet extrait mortuaire,
*(présentant successivement à M. Dubriage
toutes les pièces qu'il annonce.)*
Mon extrait de baptême, et celui de ma mère,
Qui, mourant, de mon sort sur vous se reposa,
(montrant madame Évrard.)
Et dix lettres... que sais-je?... où cette femme osa
Me défendre d'écrire, et sur-tout de paroître;
Tout parle en ma faveur, tout me fait reconnoître :
Tout vous dit que je suis Armand, votre neveu,
Le fils de votre sœur, votre sang.

M. DUBRIAGE.

Juste Dieu!
Tu serois?...

SCÈNE VII.

GEORGE, CHARLE, M. DUBRIAGE, M*me* ÉVRARD, AMBROISE.

GEORGE.

Armand, oui ; croyez mon témoignage;
La vérité n'est qu'une, et n'a qu'un seul langage;
La vérité se peint dans mes simples discours...
(voyant arriver Laure.)
Ah! madame, venez, venez à mon secours :
Armand est reconnu.

SCÈNE VIII.

LAURE, GEORGE, AMBROISE, CHARLE, M. DUBRIAGE, Mme ÉVRARD.

LAURE, *se jetant aux pieds de son oncle.*)
  Monsieur, faites-lui grace !
Qu'il reste auprès de vous, ou bien que l'on me chasse !
  M. DUBRIAGE.
Non, non ; tous vos discours, et je le sens trop bien,
Partent du fond du cœur, et vont jusques au mien.
Ah ! je vous crois, amis : j'ai besoin de vous croire ;
Et je perce à-la-fois plus d'une trame noire.
  (*se tournant vers madame Évrard et Ambroise.*)
Vous sentez bien qu'ici vous ne pouvez rester.
  Mme ÉVRARD.
Je n'en ai pas envie... Eh ! qui peut m'arrêter ?
J'ai voulu, j'en conviens, devenir votre épouse :
De les servir tous deux me croyez-vous jalouse ?
Allez, au fond du cœur vous me regretterez,
Et peut-être, avant peu, vous me rappellerez :
Il n'en sera plus temps. Adieu.
  (*Elle sort avec Ambroise.*)

SCÈNE IX.

M. DUBRIAGE, CHARLE, LAURE, GEORGE.

GEORGE.

Les bons l'emportent :
C'est nous qui demeurons, et les voilà qui sortent.

M. DUBRIAGE.

Eh! voilà donc les gens que j'ai crus si long-temps!
Ce sont eux qui m'ont fait bannir, pendant dix ans,
Un neveu plein pour moi de respect, de tendresse.
 (*à Armand.*)
Me pardonneras-tu cette longue détresse?

CHARLE.

Ah! ne rappelons point tous mes chagrins passés;
Par cet instant de joie ils sont tous effacés.

M. DUBRIAGE.

Est-il vrai?

LAURE.

Je le sens, qu'aisément tout s'oublie,
Quand avec son cher oncle on se réconcilie.

M. DUBRIAGE.

De l'effort que j'ai fait je suis tout étonné.
 (*à Charle.*)
Il faut que ta présence ici m'ait redonné
Un peu de l'énergie, oui, de ce caractère
Que j'avois autrefois : car, je ne puis le taire,
En m'isolant ainsi, je sens que j'ai perdu
Plus d'une jouissance et plus d'une vertu.
Trop juste châtiment! Quiconque fut rebelle

Aux lois de la nature, en est puni par elle.

CHARLE.

Mais, à propos, d'Arras cinq cousins sont venus.

M. DUBRIAGE.

Les Armands? Eh! pourquoi ne les ai-je pas vus?

CHARLE.

Madame Évrard les a congédiés sur l'heure;
Mais j'irai les chercher : ils m'ont dit leur demeure.
Mon oncle, vous ferez un sort à chacun d'eux,
N'est-ce pas?

M. DUBRIAGE.

Sûrement, mon ami : trop heureux
D'assister des parents restés dans la misère !
Ah! cela vaut bien mieux que ce que j'allois faire.
Me mariant si tard, comme tant d'autres font,
Pour réparer un tort, j'en avois un second.
Cela ne sied qu'à vous, jeunes gens que vous êtes!
C'est toi, mon cher Armand, qui vas payer mes dettes.

CHARLE.

Oui, mon oncle.

M. DUBRIAGE.

Plus d'oncle; oui, je vous le défends:
Dites *mon père;* moi, je dis bien mes enfants.

CHARLE.

Oui, mon père!

LAURE.

Mon père!

M. DUBRIAGE.

Allons donc! Cette image
De la réalité console et dédommage.

LAURE ET CHARLE.

Mon père!

ACTE V, SCÈNE IX.

GEORGE.

Cher parrain !

M. DUBRIAGE.

Douce et touchante erreur !

(*soupirant.*)
Si quelque chose manque encore à mon bonheur,
C'est ma faute : du moins, mes regrets salutaires
Seront une leçon pour les célibataires.

FIN DU VIEUX CÉLIBATAIRE.

MONSIEUR DE CRAC

DANS SON PETIT CASTEL,

COMÉDIE

EN UN ACTE ET EN VERS,

AVEC UN DIVERTISSEMENT,

Représentée pour la première fois par les comédiens françois, le 4 mars 1791.

PERSONNAGES.

M. DE CRAC (le baron de).
Mlle DE CRAC, sa fille.
M. D'IRLAC, sous le nom de Saint-Brice, fils de M. de Crac.
M. FRANCHEVAL, amant de mademoiselle de Crac.
M. VERDAC, parasite.
THOMAS, laquais, jardinier et garde.
JACK, page de M. de Crac.
Le Magister du village.
Tout le village.

La scène est au château de Crac, assez près de la Garonne.

MONSIEUR DE CRAC

DANS SON PETIT CASTEL,

COMÉDIE EN UN ACTE.

SCÈNE I.

SAINT-BRICE, *seul.*

Oui, des événements j'admire le caprice :
Moi, d'Irlac, fils de Crac, passe ici pour Saint-Brice !
Après quinze ans d'absence, à la fin revenu
Dans mon pays natal, je m'y vois méconnu.
Des mains de trois chasseurs, le soir, je débarrasse
Un homme ; et c'étoit... qui ? Crac, mon père ; il m'embrasse
Sans me connoître encore : en son petit château,
Où j'allois, il m'emmène, et j'entre *incognito*.
Je suis fort bien reçu de la jeune Lucile ;
Le papa me retient : moi, je suis si facile !
Il est brave homme au fond, spirituel et gai ;
Il n'a, ces quatre jours, pas dit un mot de vrai,
Cependant : le terroir peut lui servir d'excuse.
A renchérir sur lui, voyons, que je m'amuse.
Si j'ai perdu l'accent, pour habler... que sait-on ?
Un voyageur vaut bien pour le moins un Gascon.
Parlons peu, mais tranchons : l'air aisé, le ton ferme,
Du front ; gardons sur-tout d'hésiter sur le terme.
Le papa près de moi ne sera qu'un enfant ;

S'il me parle d'un loup, je cite un éléphant.
Peut-être est-ce manquer de respect au cher père ;
Mais le cœur paternel fera grace, j'espère :
Puis, on pardonne tout aux jours de carnaval ;
Oh, oui ! voici ma sœur : mais elle n'est pas mal.

SCÈNE II.

SAINT-BRICE, Mlle DE CRAC.

SAINT-BRICE.

Ah ! je vous vois d'abord : c'est un heureux présage.
Déja levée !

Mlle DE CRAC, *avec l'accent.*

Eh mais, c'est assez mon usage.
Ici, grace à l'emploi qué l'on fait dé ses jours,
Plus tôt on les commence, et plus ils semblent courts.

SAINT-BRICE.

Je pense bien ainsi, sur-tout en ces demeures ;
Les jours coulent, je crois, plus vite que des heures.

Mlle DE CRAC.

Ah ! dé grace...

SAINT-BRICE.

Oui, croyez qu'en des instants si doux,
Je regrette le temps que j'ai passé sans vous.

Mlle DE CRAC.

Toujours à cé ton-là jé mé trouve étrangère,
Bien qu'en cetté maison, parfois on ésagère.

SAINT-BRICE.

En effet, le papa ne s'en tire pas mal.
Il nous fit, hier soir, un conte sans égal.

SCÈNE II.

Mlle DE CRAC.

Jé l'avouerai, mon père assez souvent s'amuse,
Mais sans dessein pourtant... non pas qué jé l'excuse;
Car moi, jé n'aime rien qué la sincérité.

SAINT-BRICE.

Ni moi; pardon... j'ai cru, je me suis trop flatté,
Trouver entre nos goûts un peu de ressemblance.

Mlle DE CRAC.

Monsieur... si j'ose ici diré cé qué jé pense,
Entré nos traits, jé crois, il est quelqué rapport.

SAINT-BRICE.

Hé bien, je vous l'avoue, il m'a frappé d'abord.

Mlle DE CRAC.

Oui, vous mé rappelez lé souvenir d'un frère,
Qué j'aimois tendrement, à qui j'étois bien chère :
Il séroit dé votre age... Ah! régrets superflus!
Cé frère si chéri, probablement n'est plus;
Dès long-temps nous n'avons dé lui nullé nouvelle.

SAINT-BRICE.

Se peut-il? Que sait-on pourtant, mademoiselle?
Des frères qu'on crut morts... ressuscitent souvent.
Peut-être un jour...

Mlle DE CRAC.

Eh mais, si lé mien est vivant,
Il m'oublie; et cé coup né m'est pas moins sensible.

SAINT-BRICE.

Vous oublier? Oh non, cela n'est pas possible.

Mlle DE CRAC.

Monsieur, c'est l'un ou l'autre.

SAINT-BRICE.

En un mot, espérez;
Car j'ai dans l'idée, oui, que vous le reverrez.

Mlle DE CRAC.

Jé né m'en flatte plus.

SAINT-BRICE.

De l'absence d'un frère,
En tout cas, un amant console et sait distraire.

Mlle DE CRAC.

Un amant, dités-vous?

SAINT-BRICE.

Eh oui... vous rougissez!

Mlle DE CRAC.

Qui? moi, monsieur?

SAINT-BRICE.

Vous-même; et c'est en dire assez.
Au fait, s'il est heureux, il est digne de l'être;
Et j'aurois grand plaisir... on vient; c'est lui peut-être.

Mlle DE CRAC, *vivement.*

Lui-même.

SAINT-BRICE.

Alors, je vais troubler votre entretien :
Je crains d'être importun.

Mlle DE CRAC.

Monsieur, né craignez rien.

SAINT-BRICE.

(*à part.*)

Vous permettez? je reste. Il me prend fantaisie
De donner à l'amant un peu de jalousie.

SCÈNE III.

Les précédents, M. FRANCHEVAL.

FRANCHEVAL, *avec l'accent et le ton vif.*
(*de loin, à part.*)
Quel contré-temps ! encore avec cet étranger !
(*haut.*)
Pardon, mademoiselle, on peut vous déranger.
Mlle DE CRAC, *à Francheval.*
Eh ! pourquoi donc, monsieur, cetté cérémonie ?
FRANCHEVAL.
Jé né vous savois pas sitôt en compagnie ;
Sans quoi... l'on m'avoit dit qu'avec votré papa,
Dès lé matin, monsieur chassoit...
Mlle DE CRAC.
On vous trompa.
FRANCHEVAL.
Eh mais, jé lé vois bien.
SAINT-BRICE, *froidement.*
Moi, je ne chasse guère :
Un aimable entretien sait beaucoup mieux me plaire.
FRANCHEVAL.
C'est cé qui mé paroît ; et même j'ai trouvé
L'entretien des plus vifs, quand jé suis arrivé.
SAINT-BRICE.
Oui, car j'entretenois de vous mademoiselle.
FRANCHEVAL.
Jé vous suis obligé dé cet ecès dé zéle ;
Mais dé votré discours fus-jé seul lé sujet ?

SAINT-BRICE.

Vous êtes curieux, monsieur.

FRANCHEVAL.

Et vous, discret.

Mlle DE CRAC.

Et vous toujours trop vif, comme à votre ordinaire.
Mais j'aperçois Verdac, et jé né l'aime guère,
Vous permettez, messieurs? jé vous laisse avec lui.

SAINT-BRICE.

Je vous suis. Le Verdac me cause de l'ennui;
    (*mademoiselle de Crac sort.*)
Et moi-même à monsieur je vais céder la place :
Vous pardonnez, j'espère?

FRANCHEVAL.

Au moins, un mot, dé grace.
Quand pourra-t-on, monsieur, vous voir seul un instant?

SAINT-BRICE.

Quand vous voudrez, tantôt.

FRANCHEVAL.

J'y compte.

SAINT-BRICE.

Et moi, j'entend.
(*Il sort.*)

SCÈNE IV.

M. FRANCHEVAL, M. VERDAC.

VERDAC.

Jé crois qué l'on mé fuit : la pétite personne
Ne m'aime pas beaucoup, du moins jé lé soupçonne.

FRANCHEVAL, *de mauvaise humeur.*

Elle a pour les flatteurs peu d'inclination.

SCÈNE IV.

VERDAC.

D'autres n'ont pas pour eux la même aversion :
En flatteurs caressés cet univers abonde.
L'art dé flatter, mon cher, èst vieux commé lé monde.
Ève a péché, pourquoi? parcéqu'on la flatta ;
Esemple qué dépuis mainté femme imita.
C'est un poison si doux, qu'il chatouillé les ames...
Qué d'hommes, en cé point, dé tout temps furent femmes!
Mon varon l'est sur-tout : or, c'est l'essentiel.
Si la fille mé hait, mon poison, grace au ciel,
Dans lé cœur du papa sé glisse à la sourdine ;
Il m'aime enfin ; et c'est chez lé papa qu'on dîne.

FRANCHEVAL.

Comment pour un répas blesser la vérité !

VERDAC.

Un bon répas, jamais fut-il trop acheté ?
Et qué m'en coûté-t-il? un peu dé complaisance.
Je n'ai pas avec lui besoin de médisance.
Il suffit dé lé croire : il hable à chaque mot,
C'est sa manie : hé donc, jé serois un grand sot
D'aller lé démentir sur uné vagatelle.

FRANCHEVAL.

Mais la délicatesse enfin nous permet-elle?...

VERDAC.

Votré délicatesse est bien peu dé saison :
Quand on a bonné table, on a toujours raison,
Aussi jé crois d'avance à tout cé qu'il va dire.
S'il parle, j'applaudis ; jé ris dès qu'il veut rire.
Jé né suis pas sa dupe, et m'amuse *in petto* ;
Par-là jé m'établis dans son pétit chateau,
Chateau qui n'est au fond qu'uné gentilhommière :
Qué dis-je ! cé seroit uné simple chaumière ;

On y dîne, mon cher, on y soupe; il suffit :
Crac en a lé plaisir, et j'en ai lé profit.
        FRANCHEVAL (*on entend un cor*).
A merveille, monsieur; mais j'entends grand tapage;
Ah! c'est notré chasseur avec son équipage.
            VERDAC.
Son équipage? Oh, oui! lequel est composé
D'un jardinier bonace, en garde déguisé,
D'un page, pétit pauvre, errant dans la contrée,
Qué dé Crac affubla d'un morceau dé livrée.
Jack est essentiel. En cé pétit garçon
On voit lé dindonnier, lé page et l'échanson.
Il s'acquitte assez bien sur-tout du dernier role.
Mais voici tout lé train; il n'est rien dé plus drole.
         (*On entend le cor de plus près.*)

SCÈNE V.

LES MÊMES, M. DE CRAC, THOMAS, JACK.
(*Quatre petits garçons, paysans, armés de bâtons.*)

        M. DE CRAC, *gravement*.
Enfants, pétits laquais qué jé né loge pas,
Jé suis content : allez, jé paierai vos papas.
On né mé vit jamais prodigué dé louanges,
Mais ils ont rabattu comme des pétits anges.
         (*Les petits garçons sortent.*)

SCÈNE VI.

M. FRANCHEVAL, M. DE CRAC, VERDAC, THOMAS, JACK.

M. DE CRAC.

Bonjour, messieurs.

VERDAC.

Salut à monsieur lé varon.

FRANCHEVAL.

Serviteur.

VERDAC.

Et la chasse?

M. DE CRAC.

On n'est point fanfaron.
Jé mé suis amusé comme un roi; mais du reste,
Démandez à mes gens.

VERDAC.

Vous êtes trop modeste.

M. DE CRAC.

Point du tout.

FRANCHEVAL.

Vous aviez un beau temps.

M. DE CRAC.

En effet.
Jé n'en suis pas moins las; car j'ai couru, Dieu sait!
Moi, jé né chasse point comme vos pétits maîtres.

(*Il s'assied.*)

Page, mets bas ton cor, et viens m'oter mes guêtres.

JACK, *avec l'accent.*

Oui, monsieur lé varon.

M. DE CRAC.
Il est bien jeune encor.
VERDAC.
Lé compère déja donné fort bien du cor.
M. DE CRAC.
Oh! jé lé formerai. Songé bien à ma meute.
JACK.
A votre?... Monseigneur, jé n'ai point vu d'émeute.
M. DE CRAC.
Jé veux dire mes chiens.
JACK.
La chienne et lé pétit?
J'entends.
M. DE CRAC.
Mes chiens enfin. Faites cé qu'on vous dit.
(*Jack sort.*)

SCÈNE VII.

M. DE CRAC, M. FRANCHEVAL, M. VERDAC,
THOMAS.

M. DE CRAC.
Pourquoi t'es-tu là-bas si long-temps fait attendre,
Thomas? Quel est lé bruit qui sé faisoit entendre?
THOMAS, *sans accent.*
C'est celui d'un soufflet que là-bas j'ai reçu.
M. DE CRAC.
Un soufflet?
THOMAS.
Oui, vraiment.

SCÈNE VII.

M. DE CRAC.
Ah! si jé l'avois su!
Et dé qui donc?

THOMAS.
De qui? mais de monsieur de Trape,
En personne.

M. DE CRAC.
A cé point lé jeune hommé s'échappe?

THOMAS.
C'est vous qui bien plutôt vous êtes échappé :
Vous menacez de loin, de près je suis frappé.

M. DE CRAC.
Mais on né vit jamais brutalité pareille.
(*Il fait mine de sortir.*)
Cadédis! jé m'en vais lui parler à l'oreille.
(*Il revient.*)
Oui, l'un dé ces matins, jé lui dirai deux mots.

THOMAS.
Parcequ'il part demain!

VERDAC.
Eh! mais à quel propos
Cé démelé? pourquoi?

M. DE CRAC.
Pour uné vagatelle,
Qui né mérite pas qué jé vous la rappelle.
Cé jeune homme prétend qué jé tire chez lui :
Suis-jé dans lé cas, moi, d'avoir bésoin d'autrui?

THOMAS.
Vous risquez de tirer sur la terre d'un autre,
Quand vous n'ajustez pas du milieu de la vôtre.

M. DE CRAC.
Lé faquin est surpris qué l'on ait des voisins.

M. DE CRAC.
Au fait, lé comte et moi, né sommes pas cousins.
Nous avons eu jadis uné certaine affaire,
Dont lé pétit monsieur sé souviendra, j'espère.

VERDAC.
Jé lé crois.

FRANCHEVAL.
Dé céci jé n'ai rien su, ma foi.

M. DE CRAC.
La chosé s'est passée entré lé comte et moi.
Jé né sais cé qué c'est dé prendre la trompette :
Mais jé vous l'ai méné, messieurs, jé lé répète.

THOMAS.
Ma foi, cette fois-ci, vous fûtes plus prudent.

M. DE CRAC.
Quoi, toujours mé commettre avec un impudent !
Dieu m'en garde ! mais quoi, laissons céla, dé grace.
Jé suis on né peut plus satisfait dé ma chasse.
J'avois tué lévreaux et perdreaux, Dieu merci,
Aucun dé la façon dont j'ai tué ceux-ci.

THOMAS.
Quand avez-vous tué tout cela, de bon compte?

M. DE CRAC.
Eh ! quand tu récévois un bon soufflet du comte.

THOMAS.
Il n'est plus de gibier; ces messieurs sont témoins...

M. DE CRAC.
Verdac sait si j'en tue uné pièce de moins !

FRANCHEVAL.
Dé lièvres cépendant la terre est dépourvue.

VERDAC.
Moi, j'en rencontre encor.

THOMAS.

C'est avoir bonne vue.

VERDAC, *à M. de Crac.*

Votre histoire.

M. DE CRAC.

(*à Thomas.*)
Écoutez, jé... Qué fais-tu là, toi?

THOMAS.

Moi, j'écoute.

M. DE CRAC.

A quoi bon, l'ayant vu commé moi?

THOMAS.

Pour voir si monseigneur racontera de même.

M. DE CRAC.

Eh! sors.

(*Thomas sort.*)

SCÈNE VIII.

M. DE CRAC, M. FRANCHEVAL, M. VERDAC.

M. DE CRAC.

Tous cés gens-là sont d'une audace extreme.

FRANCHEVAL, *à part.*

Comme il va s'en donner!

M. DE CRAC.

Lé fait est tres certain;
Mais vous en doutérez; car tel est mon déstin.

FRANCHEVAL.

Vous permettez qu'on doute?

M. DE CRAC.

Il n'est rien dé plus drole.

J'allois tranquillément, mon fusil sur l'épaule.
Zeste, un lièvre part.

VERDAC.
Bon.

M. DE CRAC.
Oh! rien n'est plus commun :
Il né m'arrivé pas d'en manquer jamais un.
Jé prends donc mon fusil : à tirer jé m'apprete ;
Frrrr un perdreau s'envole au-dessus dé ma tete.

FRANCHEVAL.
Qué faire ?

M. DE CRAC.
Un autre alors sé séroit contenté
Dé tirer l'un des deux.

VERDAC.
Oh! oui, j'aurois opté,
J'en conviens.

M. DE CRAC.
Hé bien, moi, qui suis un bon apotre,
J'ai trouvé plus plaisant dé tirer l'un et l'autre.
L'un s'arrete tout court ; l'autre, la tête en bas,
Descend...

VERDAC.
Oh! jé lé vois.

M. DE CRAC.
Mais vous né voyez pas
Lé perdreau justément tomber dessus lé lièvre,
Qui respiroit encore...

VERDAC, *riant beaucoup*.
Et dut avoir la fièvre.

M. DE CRAC.
Dé façon qué dé loin sur lé pauvre animal

SCÈNE VII.

Lé perdreau, sans mentir, sembloit etre à chéval,
Et fût resté long-temps dans la meme posture,
Si mon chien n'avoit pris cavalier et monture.
Hé donc? qu'en dites-vous?

FRANCHEVAL.

Monsieur... en vérité...

VERDAC.

Rien dé plus curieux, sur-tout dé mieux conté,
D'honneur!

M. DE CRAC.

Dans mon carnier, ils sont encore ensemble;
Et jé prétends qu'un jour la broché les rassemble;
Qué, dans un meme plat, tous les deux soient servis.

VERDAC.

D'uné telle union les yeux seront ravis.
Quel jour est-ce?

M. DE CRAC.

Verdac, vous lé saurez sans doute.
(*à Francheval.*)
Mais, vous né dites rien, jeune homme!

FRANCHEVAL.

Moi, j'écoute.
L'étranger né vient point.

M. DE CRAC.

Où donc est-il, vraiment?

FRANCHEVAL.

Avec madémoiselle il cause apparemment.

M. DE CRAC.

Bon. Jé lui dois la vie, il faut qué j'en convienne.

FRANCHEVAL.

En pareil cas, monsieur, qui n'eût donné la sienne?

M. DE CRAC.

Il étoit temps. Déja j'en avois fait fuir dix;
Et quand Saint-Brice vint, ils étoient encor six.

VERDAC.

La peste!

FRANCHEVAL.

On disoit trois.

M. DE CRAC.

Jé vous dis six. Dans l'ombre,
Saint-Brice a pu né voir qué la moitié du nombre.
Lé nombre n'y fait rien : ils auroient été cent...
Mais enfin jé perdois mes forces et mon sang.
Il m'a sauvé.

FRANCHEVAL.

Son sort est trop digne d'envie.

VERDAC, *serrant M. de Crac dans ses bras.*

En défendant vos jours, il m'a sauvé la vie.
Mais jé vois arriver notre aimable inconnu :
Quel air noble!

SCÈNE IX.

LES MÊMES; SAINT-BRICE, *toujours froid
et calme.*

M. DE CRAC, *à Saint-Brice.*

Avec moi qué n'etes-vous vénu,
Monsieur!

SAINT-BRICE.

Vous avez fait la chasse la plus belle!...

M. DE CRAC.

Qui vous a dit céla?

SCÈNE IX.

SAINT-BRICE.

Du jour c'est la nouvelle.

M. DE CRAC.

Non, j'ai tué fort peu; tout au plus trois lévreaux,
Autant de cailles, oui, peut-etre dix perdreaux;
Au lieu que très souvent j'en rapporte cinquante.

VERDAC.

Monsieur nous racontoit une histoire piquante
D'un lièvre et d'un perdreau tués en même temps,
L'un sur l'autre tombés.

M. DE CRAC, *à Saint-Brice.*

Vous l'entendez?

SAINT-BRICE.

J'entends.
Ce fait est, après tout, le plus simple du monde.
Un jour, le temps se couvre et le tonnerre gronde:
Il éclate enfin, tombe...

VERDAC.

Où?

SAINT-BRICE, *froidement.*

Dans mon bassinet;
Le fusil part, et tue un lièvre qui passoit.

FRANCHEVAL.

Cette aventure-ci mé semble encor plus rare.

VERDAC.

Mais l'autre est plus plaisante; et puis le varon narre
Avec certaine grace, avec un goût, un tact...
Connu dé peu dé gens.

M. DE CRAC, *un peu piqué.*

Sur-tout jé suis exact.

VERDAC.

Voilà lé mot : Gésar, d'étonnanté mémoire,
Dieu mé damne! n'a pas mieux conté son histoire.

M. DE CRAC.

Peut-etre riez-vous ; mais j'ai dessein, mon cher,
Dé mettré par écrit la mienne, cet hiver.

VERDAC.

D'avance jé souscris.

M. DE CRAC.

Mais les races futures
Pourront-elles jamais croire à mes aventures ?
Il m'en est arrivé dé bizarres, par-tout,
Dans ma terre, en voyage, à la guerré sur-tout.

SAINT-BRICE.

Ah ! vous avez servi ?

M. DE CRAC.

Sans doute ; un gentilhomme
Doit servir, et sur-tout quand dé Crac il sé nomme.

FRANCHEVAL.

Toujours en cé château jé vous vis confiné.

VERDAC.

Monsieur parle d'un temps où vous n'étiez pas né.

M. DE CRAC.

Oui, j'ai servi très jeune, et jé puis bien vous dire
Qué jé savois mé battre avant dé savoir lire.

SAINT-BRICE.

Ah ! je le crois. Piqué de son air de hauteur,
A dix ans, je me bats contre mon précepteur ;
Je le tue.

VERDAC.

A dix ans ? Moi, jé fus moins précoce.

SCÈNE IX.

M. DE CRAC, *s'animant.*

La bataille, pour moi... c'étoit un jour dé noce.
J'ai vu plus d'uné guerre; allez, jé vous promets
Qué jé n'ai pas servi, messieurs, en temps dé paix.
Avec Saxe j'ai fait les guerres d'Allemagne,
Et jé né couchai point dé toute uné campagne;
Trois fois, dans un combat, jé changeai dé chéval,
Et j'ai sauvé la vie à notré général.
Il est réconnoissant, il faut qué j'en convienne.

SAINT-BRICE.

Votre histoire, monsieur, me rappelle la mienne :
J'ai pris seul, en Turquie, une ville d'assaut.

VERDAC.

Tout seul?

SAINT-BRICE.

Oui.

M. DE CRAC, *à part.*

Cé monsieur n'est jamais en défaut.

FRANCHEVAL.

Il n'étoit donc, monsieur, pas un chat dans la place?

SAINT-BRICE, *à M. de Crac.*

Les guerres d'Amérique, en fûtes-vous, de grace?

M. DE CRAC.

Ah! jé brûlois d'en etre : eh! mais, voyez un peu!
Moi qui traversérois un océan dé feu,
Jé crains l'eau... non dé peur; mais elle m'incommode :
J'ai manqué pour céla lé beau siége dé Rhode.

SAINT-BRICE.

Hé bien, moi, j'en étois. J'aime un combat naval.

M. DE CRAC.

J'eus l'un dé mes aïeux fameux vice-amiral.
Au combat dé Lépante, on comptoit bien lé prendre;

Mais il sé fit sauter, plutôt qué dé sé rendre.
SAINT-BRICE.
En un cas tout pareil je fis le même saut ;
Et me voilà.
VERDAC, à M. de Crac.
Cé saut ressemble à son assaut.
SAINT-BRICE.
Sur la frégate angloise, au milieu du pont même,
J'allai tomber debout, tout armé, moi cinquième.
VERDAC.
L'équipagé, monsieur, dut bien etre étonné.
SAINT-BRICE.
Ils se rendirent tous, et je les enchaînai.
M. DE CRAC.
Dé plus fort en plus fort. Allons nous mettre à table.
VERDAC.
Cetté transition, d'honneur, est admirable.
M. DE CRAC.
Jé mé sens appétit, comme un chasseur, enfin.
VERDAC.
Moi, sans avoir chassé, d'un chasseur j'ai la faim.
M. DE CRAC.
Pour moi, lé déjeuner est lé répas qué j'aime.
VERDAC.
C'est mon meilleur aussi.
FRANCHEVAL.
Mais vous dînez dé même.
VERDAC.
Tout est si bon ici, meme à tous les répas !
M. DE CRAC.
Jé donne peu dé mets, mais ils sont délicats.

SCÈNE IX.

VERDAC.

Qui lé sait mieux qué moi? Votré vin dé Gascogne...
Soi-disant, vaut bien mieux qué les vins dé Bourgogne.

SAINT-BRICE.

Est-ce qu'il n'en est pas? pour moi, je l'aurois cru.

M. DE CRAC, *souriant.*

Eh! non, mon cher monsieur, c'est du vin dé mon cru.
Vous croyez qué jé raille?

SAINT-BRICE.

Eh! mais...

M. DE CRAC, *à l'oreille de Saint-Brice.*

Oui, vin dé Beaune.

SAINT-BRICE, *bas à M. de Crac.*

(*haut.*)

Je m'en doutois. Chacun aime son vin, le prône.
Dans mon parc, une source a le goût du vin blanc,
Et même la couleur, mais d'un vin excellent.

FRANCHEVAL.

C'est uné cave, au fond, qu'uné source pareille.

VERDAC.

Jé conseille à monsieur dé la mettre en bouteille.
Qu'en dites-vous, varon?

M. DE CRAC, *très gravement.*

Qué lé trait est fort gai;
Mais, comme a dit quelqu'un, *rien dé beau qué lé vrai.*
Voilà cé qué jé dis.

VERDAC.

Hai... la réplique est vive.

M. DE CRAC.

Mais allons déjeuner, et qui m'aime mé suive.

VERDAC.
(*aux autres.*)
Ah ! jé vous aime. Allons.
SAINT-BRICE.
Oh ! j'ai déjeuné, moi.
VERDAC, *à Francheval.*
Et vous, mon cher ?
FRANCHEVAL.
Jé n'ai nul appétit, ma foi.
VERDAC.
Jé mangerai pour trois. Adieu.
(*Il sort.*)
FRANCHEVAL, *retenant Saint-Brice.*
Deux mots, dé grace.
SAINT-BRICE.
Je reste.

SCÈNE X.

SAINT-BRICE, FRANCHEVAL.

FRANCHEVAL, *très vivement toujours.*
Permettez qué, sans nulle préface,
J'aille d'abord au fait.
SAINT-BRICE.
Monsieur, très volontiers.
FRANCHEVAL.
J'aime en cetté maison, dépuis quatre ans entiers.
SAINT-BRICE.
C'est être bien constant ; mais la chose est possible.
FRANCHEVAL.
Il est possible aussi qu'un autre soit sensible

SCÈNE X.

Aux charmes dé Lucile.

SAINT-BRICE.

Oui, cela se pourroit.

FRANCHEVAL.

Si c'étoit vous, monsieur?

SAINT-BRICE.

Si c'étoit mon secret?

FRANCHEVAL.

Est-cé vous?

SAINT-BRICE.

La demande est un peu familière.

FRANCHEVAL.

La suite en est... qué sais-je? encor plus cavalière.
Si vous l'aimiez, monsieur, jé lé prendrois fort mal :
Jé né suis pas d'humeur à souffrir un rival.

SAINT-BRICE.

Eh! mais, vous êtes vif, monsieur.

FRANCHEVAL.

Céla peut etre.
Prénez lé meme ton, vous en etes lé maître.

SAINT-BRICE.

Mais...

FRANCHEVAL.

L'aimez-vous ou non?

SAINT-BRICE.

Hé bien, si je l'aimois?

FRANCHEVAL.

Jé vous prierois, alors, de quitter à jamais
La maison, lé pays.

SAINT-BRICE.

Ah! c'est une autre affaire.

FRANCHEVAL.

Jé suis, dans tous les cas, pret à vous satisfaire.

SAINT-BRICE.

Est-ce un défi? déja le prendre sur ce ton!
Vous offrez de vous battre, et vous êtes Gascon!

FRANCHEVAL.

Lé pays n'y fait rien : quoi qu'on dise du notre,
Un Gascon, s'il lé faut, sé bat tout comme un autre.

SAINT-BRICE.

J'aime fort la franchise, et sur-tout la valeur;
Mais calmez un moment cette aimable chaleur.
Je vous ferai raison, et rien n'est plus facile.
Je vous déclare ici que j'aime fort Lucile,
Au moins autant que vous; de plus, je l'avouerai,
Je ne puis me résoudre à m'en voir séparé,
Et vous demandez trop.

FRANCHEVAL.

Jé n'en puis rien ravattre :
Laissez-moi lé champ libre, ou bien allons nous vattre.

SAINT-BRICE.

Nous nous battrons, sans doute, et je vous l'ai promis;
Mais souffrez qu'à demain le combat soit remis.

FRANCHEVAL.

Jé né suis pas du tout en humeur dé remettre.

SAINT-BRICE.

Il le faudra pourtant, si vous voulez permettre.

FRANCHEVAL.

Vous voulez m'échapper?

SAINT-BRICE.

Non, je ne fuirai pas.
Demain, vous dis-je.

SCÈNE X.

FRANCHEVAL.

Mais...

SAINT-BRICE, *bas.*

Eh! parlez donc plus bas,
Et feignons d'être amis; car j'aperçois Lucile.

SCÈNE XI.

Les mêmes, Mlle DE CRAC.

Mlle DE CRAC.

En vain vous affetez dé prendre un air tranquille,
Messieurs; jé lé vois trop, vous avez quérellé.
Mon abord a fait treve à quelqué démelé.

SAINT-BRICE.

Nous querellions, d'accord, sur une bagatelle.

Mlle DE CRAC.

Votré sang-froid mé cause uné frayeur mortelle.
Ah! né mé trompez pas.

(*à Francheval.*)

Jé gagé qué c'est vous
Qui fatiguez monsieur par vos transports jaloux.

FRANCHEVAL.

Eh! quand céla séroit, ma crainte est-elle vaine?
Vous verrez qué céci n'en valoit pas la peine!

Mlle DE CRAC.

Non, monsieur, et tout haut j'ose vous défier...
Mais jé suis bonne ici dé mé justifier.
Quoi! dé mes actions né suis-jé pas maîtresse?
Et quand pour moi monsieur auroit dé la tendresse,
Qué vous importe à vous?

FRANCHEVAL.

    Cé qu'il m'importe?

Mlle DE CRAC.

         Eh! quoi!
Né sauroit-on m'aimer sans etre aimé dé moi?

FRANCHEVAL.

Eh! non; jé lé sais bien, j'éprouve lé contraire.

Mlle DE CRAC.

Vous m'offensez, monsieur, par cé mot téméraire.

FRANCHEVAL.

C'est mon peu dé mérite, hélas! qui mé fait peur.

Mlle DE CRAC.

Qui craint qu'on né lé trompe, est lui-meme un trompeur.

FRANCHEVAL.

Toujours une amé tendre est tant soit peu jalouse;
Et pour moi jé craindrai jusqu'à cé qué j'épouse.

Mlle DE CRAC.

Suis-jé forcée, enfin, moi, dé vous épouser?
Et n'ai-je pas encor lé droit dé réfuser?

FRANCHEVAL.

Jé lé sais trop.

Mlle DE CRAC.

    J'admire aussi ma complaisance;
Oui, monsieur, à l'instant, sortez dé ma présence.

FRANCHEVAL.

Soit.

Mlle DE CRAC.

  Né révénez pas sans ma permission.

FRANCHEVAL.

Non, certes.

Mlle DE CRAC.

    Et sur-tout dé la discrétion

SCÈNE XI.

Avec monsieur; jamais né lui cherchez quérelle.

FRANCHEVAL.

Vous mé poussez à bout, aussi, mademoiselle.
Jamais on n'a tant vu dé partialité;
Et votre affetion est touté d'un côté.

Mlle DE CRAC, *vivement*.

Eh! oui, sans doute, ingrat! mais sortez, je l'esige.

FRANCHEVAL.

Quoi! vous né voulez pas qué jé?...

Mlle DE CRAC.

Sortez, vous dis-je.

FRANCHEVAL.

A la bonne heure; mais...

Mlle DE CRAC.

Qué veut dire cé *mais*...?

FRANCHEVAL.

On veut qué jé m'en aille; hé bien...

Mlle DE CRAC.

Quoi?

FRANCHEVAL.

Jé m'en vais.

(*bas à Saint-Brice.*)
Au révoir.

SAINT-BRICE.

A demain. (*Francheval sort*)
(*à part.*)

Si je n'étois le frère,
Le joli rôle, ici, que l'on me verroit faire!

SCÈNE XII.

Mlle DE CRAC, SAINT-BRICE.

SAINT-BRICE.

Il est au désespoir.

Mlle DE CRAC.

Plaignez-le, en vérité !

SAINT-BRICE.

Il me semble pourtant que vous l'avez traité...
Bien mal.

Mlle DE CRAC.

Eh lui, comment mé traité-t-il moi-meme?]
Mé souçonner d'abord, quand il sait qué jé l'aime !
Mérité-t-il qu'on ait pour lui dé l'amitié?

SAINT-BRICE.

Il faut pour un amant avoir de la pitié.

Mlle DE CRAC, *souriant.*

Dans lé fond dé mon ame, aussi, jé lui pardonne,
Jé vous assure.

SAINT-BRICE.

Oh! oui; car vous êtes si bonne !

Mlle DE CRAC.

Pardonnez-lui dé meme.

SAINT-BRICE.

Ah! je vous le promets.

Mlle DE CRAC.

Et ne soyez plus seul avec moi.

SAINT-BRICE.

Non, jamais.

Mlle DE CRAC.

Vous allez mé trouver malhonnete, sans doute;

Mais dès demain, monsieur, poursuivez votré route :
La quérelle pourroit tot ou tard éclater.
SAINT-BRICE.
J'en suis fâché; mais quoi! je ne puis vous quitter.
Mlle DE CRAC.
Vous avez tort. Pour moi, jé n'ai plus rien à dire :
Permettez qué, du moins, monsieur, jé mé rétire.

SCÈNE XIII.

SAINT-BRICE, seul.

D'un amour si naïf un tiers seroit jaloux;
Mais il n'est point pour moi de spectacle plus doux.
Il faut absolument faire ce mariage.
Le papa vient : jouons un autre personnage.
En vain, nouveau Prothée, il voudra m'échapper;
Le plus trompeur souvent est facile à tromper.

SCÈNE XIV.

SAINT-BRICE, M. DE CRAC.

M. DE CRAC, *avec un autre habit.*
Ami, qué jé vous conte uné chanson à boire,
Qué j'ai faite impromptu, commé vous pouvez croire.
Verdac qui l'entendoit en rioit comme un fou.
(*Il chante.*)

J'aimé beaucoup les femmes blanches,
Mais j'aime encor mieux le vin blanc;
Jé n'ai point vu de femmes franches,
Et j'ai bu souvent du vin franc.

Lé sexe né m'est rien quand jé flute;
Et dans céla commé dans tout,
Chacun a son goût;
Point dé dispute,
Chacun a son goût (1).

SAINT-BRICE.

La chanson est jolie. Eh mais, je ne sais où,
Mais quelque part ailleurs je l'ai vue imprimée.

M. DE CRAC.

Il sé peut; dé mes vers, oui, la France est sémée.

SAINT-BRICE.

Elle a paru, je crois, sous le nom de Collé.

M. DE CRAC.

Ah! cé n'est pas lé seul couplet qu'il m'ait volé.
Dé mon absence il a profité, le compère.
Jé l'aimois fort au reste; il m'appeloit son père.
Mais dépuis qu'en ces lieux jé mé vois confiné,
Lé Parnasse, mon cher, est bien abandonné.
Qué vous dirai-je enfin? les Muses esilées,
Dans quelqué coin obscur, plaintives, désolées...
Jé né puis y penser, sans répandre des pleurs.

SCÈNE XV.

M. DE CRAC, SAINT-BRICE, VERDAC.

VERDAC, *un peu échauffé du repas.*

Jé viens, mon cher varon, partager vos douleurs.

M. DE CRAC.

Mais où donc étiez-vous?

1 Ce couplet est de Collé, *Théâtre de Société.*

SCÈNE XV.

VERDAC.

Qui? moi? j'étois à table.
Sandis! j'avois encore un appétit dé diable.
Jé né sais... Vous mangez si vite qué jamais,
D'honneur! jé n'ai lé temps dé gouter chaque mets;
Et tous assurément méritent qu'on les goute.
Il faut faire à loisir cé qué l'on fait.

SAINT-BRICE.

Sans doute.
Mieux vaut ne pas manger que manger à demi.

VERDAC.

Au révoir.

M. DE CRAC.

Quoi, sitot vous partez, mon ami?

VERDAC.

Jé lé fais à régret : pardon si jé vous quitte :
D'une visite ou deux il faut qué jé m'acquitte.
Chacun dé son affaire il sé faut occuper.
Né vous dérangez pas : jé réviendrai souper.

SCÈNE XVI.

M. DE CRAC, SAINT-BRICE.

SAINT-BRICE.

Vous avez pour voisins des gens pleins de mérite.

M. DE CRAC.

La peste! jé lé crois : du pays c'est l'élite.
Gentilshommes, Dieu sait! tous deux sont mes vassaux.
Vous voyez qué pourtant jé les traite en égaux.
Mais quoi! pour m'amuser, j'aime bien mieux descendre.
Et jé n'ai point l'orgueil dé cé jeune Alesandre,

M. DE CRAC.

Qui pour rivaux, dit-on, né vouloit que des rois;
Comme dé vrais amis nous vivons tous les trois.

SAINT-BRICE.

Le plus jeune des deux me paroît fort aimable.

M. DE CRAC.

Verdac est d'une humeur encor plus agréable.
Il vous écoute, au moins.

SAINT-BRICE.

Et sur-tout il vous croit.

M. DE CRAC.

Au lieu qué Franchéval est souvent distrait, froid.

SAINT-BRICE.

Il paroît empressé près de mademoiselle.

M. DE CRAC.

C'est bien gratuitement qu'il soupiré pour elle.
Ma fille né veut pas du tout sé marier.

SAINT-BRICE.

Est-il possible?

M. DE CRAC.

Eh! oui; rien n'est plus singulier:
Lucile a réfusé vingt partis d'importance;
  (*à l'oreille.*)
Lé fils du gouverneur. Là-dessus, jé la tance:
Jé né puis davantage; et l'honneur mé défend
Dé faire violence au cœur dé mon enfant.

SAINT-BRICE.

Elle est d'ailleurs charmante.

M. DE CRAC.

Il faut qué jé l'avoue.
Jé né puis la louer; mais j'aime qu'on la loue.

SAINT-BRICE.

C'est qu'elle a tout, monsieur: elle est belle, d'abord;

SCÈNE XVI.

Elle a les plus beaux yeux !

M. DE CRAC.

Oui, j'en tombe d'accord.
Verdac, pétit flatteur, dit qu'ellé mé ressemble.

SAINT-BRICE.

Il a raison : elle a de vos traits...

M. DE CRAC.

Oui, l'ensemble.
Sa mère étoit aussi d'uné raré beauté.
Vous jugez si ma femme étoit dé qualité !
Ses aïeux rémontoient aux comtes dé Bigorre.
Dans cet essaim d'amants qu'elle avoit fait éclore,
Les Gaston, les dé Foix, sur-tout les d'Armagnac,
  (*Il s'attendrit.*)
Clotilde démela lé chévalier dé Crac.
Mais tous, l'un après l'autre, il mé fallut les vattre,
Et conquérir mon bien, commé fit Henri quatre.
Si j'avois un trésor, il m'avoit bien coûté.

SAINT-BRICE.

Celui-là ne pouvoit trop cher être acheté,
Si de la mère, au moins, je juge par la fille.
Lucile est, je le vois, toute votre famille ?

M. DE CRAC.

Eh non, vraiment, monsieur ; j'ai dé plus lé bonheur
D'avoir un fils, un fils qui mé fait grand honneur.

SAINT-BRICE.

Bon ! il est donc absent ?

M. DE CRAC.

Il sert contré lé Russe ;
Mais il sert tout dé bon. Ah ! lé feu roi dé Prusse
Savoit l'apprécier ; et lé grand Frédéric,
En fait d'opinion, valoit tout un public.

Il admiroit mon fils : j'en ai plus d'uné marque ;
Et j'ai, sans vanité, réçu dé cé monarque
Des lettres... qué jamais personne né verra.
Il m'écrivoit un jour : « Votré cher fils séra
« Lé plus grand général qu'ait jamais eu l'Europe. »
Jé pensé qué l'on peut croire à cet horoscope.

SAINT-BRICE.

Oui, sans doute.

M. DE CRAC.

Il commence à sé vérifier.
A mon fils, dépuis peu, l'on vient dé confier
Un beau, mais en revanche un très périlleux poste.

SAINT-BRICE.

(*à part.*)
Ah ! le papa ment bien : il faut que je riposte.
(*haut.*)
On le nomme ?

M. DE CRAC.

Son nom dé famille est dé Crac :
Mais dans touté l'Europe on lé nommé d'Irlac.

SAINT-BRICE.

Ah ! c'est mon ami.

M. DE CRAC.

Quoi !...

SAINT-BRICE.

Ma surprise est extrême.
D'Irlac votre fils ?

M. DE CRAC.

Oui.

SAINT-BRICE.

C'est un autre moi-même.
J'en faisois très grand cas. Jeune encore, il servoit

SCÈNE XVI.

Dans mes gardes.

M. DE CRAC.

Dans vos?...

SAINT-BRICE, *feignant de se reprendre.*

Par-tout il me suivoit.

M. DE CRAC, *remarque cela.*

Il sé pourroit?

SAINT-BRICE.

Hélas! pauvre d'Irlac! sans doute
Vous savez... pour servir voilà ce qu'il en coûte!

M. DE CRAC.

Quoi?...

SAINT-BRICE.

Vous l'ignorez?

M. DE CRAC.

Oui.

SAINT-BRICE, *très mystérieusement.*

Contre son colonel
Il vient dernièrement de se battre en duel.

M. DE CRAC.

Jé réconnois les Crac à cé coup téméraire.
A-t-il été blessé?

SAINT-BRICE.

Non, monsieur; au contraire,
Le colonel est mort.

M. DE CRAC.

Hélas! j'en suis fâché.
Et mon fils?

SAINT-BRICE.

Aussitôt votre fils s'est caché.

M. DE CRAC.

Quoi, mon fils sé cacher! Pour mon nom quellé tache!

C'est la prémièré fois, sandis! qu'un Crac sé cache.

SAINT-BRICE.

On le découvre.

M. DE CRAC.

O ciel!

SAINT-BRICE.

On lui fait son procès.
Vous savez la rigueur des lois.

M. DE CRAC.

Oui, jé lé sais.

SAINT-BRICE.

On le condamne...

M. DE CRAC.

A quoi?

SAINT-BRICE.

Mais... à perdre la tête.

M. DE CRAC.

Ah! malheureux enfant!

SAINT-BRICE.

Le supplice s'apprête.
Il charme heureusement la fille du geolier.

M. DE CRAC.

Hai, lé gaillard doit etre un joli cavalier.
Hé bien?

SAINT-BRICE.

Elle et d'Irlac prennent tous deux la fuite.

M. DE CRAC.

Ah! jé respire.

SAINT-BRICE.

Oui; mais on court à leur poursuite.
Ils étoient à cheval comme les fils Aymon.

SCÈNE XVI.

M. DE CRAC.

O ciel! on les poursuit! Et les attrapé-t-on?

SAINT-BRICE.

La fille étoit en croupe, et sans peine on l'attrape:
D'Irlac croit la tenir encore, et seul s'échappe.

M. DE CRAC.

Lé jeune homme est subtil.

SAINT-BRICE.

C'est un autre Annibal.

M. DE CRAC.

Il sé sauve?

SAINT-BRICE.

En courant il tombe de cheval,
Et se casse la jambe.

M. DE CRAC.

Ah! jé meurs: et laquelle?

SAINT-BRICE.

La gauche.

M. DE CRAC.

Sur mes deux moi-memé jé chancelle.

SAINT-BRICE.

Vous n'avez donc pas eu des nouvelles de lui?
Autrement vous sauriez...

M. DE CRAC.

J'en attends aujourd'hui.

(*Il appelle.*)

Thomas! Thomas! fut-il accident plus funeste?

SAINT-BRICE.

Heureusement d'Irlac se porte bien du reste.

SCÈNE XVII.

Les mêmes, THOMAS.

M. DE CRAC, *à Thomas.*

Mes lettres.

THOMAS.

Eh! monsieur, vous demandez toujours
Vos lettres; je n'en vois pas une en quinze jours.

M. DE CRAC.

Mais jé né conçois pas cé contré-têmps bizarre.
Il faut assurément qué lé courrier s'égare.

THOMAS.

Il s'égare souvent.

M. DE CRAC, *bas à Thomas.*

Veux-tu té conténir,
Vabillard?

THOMAS.

Non, ma foi, je n'y peux plus tenir;
Et c'est par trop aussi charger ma conscience.
Donnez-moi mon congé; car je perds patience.

M. DE CRAC.

Comment?

THOMAS.

Eh oui, morbleu! prenez quelque garçon
Qui soit de ce pays. je ne suis point Gascon.
Graces au ciel, monsieur, ma province est la Beauce.
Là, jamais on ne dit une nouvelle fausse;
Et jamais *oui* pour *non*.

M. DE CRAC.

Hé bien, rétourne-s-y.

SCÈNE XVII.

Jé té dois?

THOMAS.

Dix écus.

M. DE CRAC, *mettant la main à la poche.*

Tiens, drole, les voici.

THOMAS.

Je ne suis point un drôle, et je suis honnête homme.

M. DE CRAC.

Voyez un peu! sur moi jé n'ai pas cetté somme.
Jé pourrois dé cé pas l'aller chercher là-haut.
Mais jé veux mé défaire à l'instant du maraud.
 (*à Saint-Brice.*)
Pretez-moi dix écus.

SAINT-BRICE.

S'il faut que je le dise,
Ma bourse est demeurée au fond de ma valise :
Je n'ai que dix-huit francs, monsieur.

M. DE CRAC.

Donnez-les-moi.
(*Il reçoit les dix-huit francs.*)(*à Thomas, en le payant.*)
J'ai lé reste.   Tiens, pars.

THOMAS.

Et de bon cœur, ma foi.

M. DE CRAC, *d'un ton tragique.*

Gardé qu'ici démain lé jour né té surprenne.

THOMAS.

N'ayez pas peur. Voici les clefs de la garenne,
Du jardin, de la cave, et même du grenier.
Le garde, le laquais, sur-tout le jardinier,
Sont bien vos serviteurs, et sans cérémonie,
Monsieur, vont s'en aller tous trois de compagnie.

SCÈNE XVIII.

M. DE CRAC, SAINT-BRICE.

M. DE CRAC, *courant après Thomas.* (*Saint-Brice le retient.*)

Insolent! pour jamais fuyez dé mon aspect.
Jé crois qué lé coquin m'a manqué dé respect.

SAINT-BRICE.

Je le trouve, en effet, fort brusque en ses manières.

M. DE CRAC.

Uné fatalité, mais des plus singulières,
Fait qué dé dix laquais, il né m'en reste aucun;
Mécontent dé mes gens, et n'en réténant qu'un,
L'un dé ces jours passés, j'en mis neuf à la porte.

SAINT-BRICE.

Quoi, neuf?

M. DE CRAC.

J'eus pour lé faire uné raison très forte.
Enfin à cet éclat jé m'étois décidé.
Thomas étoit fidéle, et jé l'avois gardé.
Céci mé contrarie un peu plus qu'on né pense.

SAINT-BRICE.

Je sens cela.

M. DE CRAC.

Ma terre est d'un détail immense.

SAINT-BRICE.

Elle paroît superbe.

M. DE CRAC.

Ah, vraiment jé lé crois!
Deux mille arpents dé terre, et lé double dé bois.

SCÈNE XVIII.

SAINT-BRICE.

Cette terre sans doute est une baronie ?

M. DE CRAC.

D'où rélève, entré nous, mainté chatellenie.
J'ai bien les plus beaux droits ! — Un autre assurément
S'en targuéroit ; mais moi, j'en usé rarément.

SAINT-BRICE.

Je le crois.

M. DE CRAC.

Mais, mon cher, il faut qué jé lé dise ;
Lé plus beau dé mes droits est d'avoir pour dévisé,
Ces trois mots seuls : JE VINS, JE VIS, ET JE VAINQUIS.

SAINT-BRICE.

Ce titre est précieux.

M. DE CRAC.

Et sur-tout bien acquis.
Voici lé fait : peut-etre il n'est pas dans l'histoire ;
Mais il est sûr. PAUL CRAC, surnommé BARBE-NOIRE.

(*Il montre son portrait.*)

Dans cé chateau soutint un siége dé deux mois
Contre Jules-César... c'est tout dire, jé crois.

SAINT-BRICE.

Bon !

M. DE CRAC.

Il né sé rendit encor qué par famine.
César en fit grand cas, comme on sé l'imagine,
Et lui permit dès-lors dé mettré ces trois mots.
Il prit dans cé chateau quelques jours dé repos.
On voit encor pendue au plafond son épée,
L'épée avec laquelle il a tué Pompée.

SAINT-BRICE.

Pompée ? il n'est pas mort de la main de César.

M. DE CRAC.

Vous croyez? Jé pourrois mé tromper par hasard :
Jé soumets, en tout cas, mes lumières aux vôtres.
S'il né tua Pompée, il en tua bien d'autres.
Vous occupez sa chambre.

SAINT-BRICE.

Ah!

M. DE CRAC.

L'on n'est pas faché
Dé sé dire : « Jé couche où César a couché. »
Monsieur sourit; peut-etre il croit qué jé mé moque.

SAINT-BRICE.

Non. Mais ceci va faire une seconde époque.
(*Il feint de se reprendre.*)
(*à mi-voix.*)
Qu'ai-je dit?

M. DE CRAC.

Plaît-il?

SAINT-BRICE.

(*à mi-voix.*)
Rien. Que je suis indiscret!

M. DE CRAC.

Vous voulez, jé lé vois, mé cacher un sécret.

SAINT-BRICE.

Non.

M. DE CRAC.

Tout-à-l'heure encor vous avez, par mégarde,
Et cé mot m'a frappé, parlé dé votre garde.

SAINT-BRICE.

Moi! j'ai dit?...

M. DE CRAC.

Oui, voyez! vous en etés faché!

SCÈNE XVIII.

Mais il n'est pas moins vrai qué lé mot est laché.
Et puis, d'ailleurs, ténez, j'ai la vue assez fine.
J'entrevois... Oui, votre air et votre haute mine,
Tout m'annonce...

SAINT-BRICE.

Monsieur, ne me devinez pas.

M. DE CRAC.

Vous avez peur. Hé donc, jé vous dirai tout bas
Qu'en vain vous déguisez lé sang qui vous fit naître.
Et qué dépuis long-temps j'ai su vous reconnoître.

SAINT-BRICE.

Moi?

M. DE CRAC.

Vous-meme.

SAINT-BRICE.

Hé bien... non.

M. DE CRAC.

Achevez.

SAINT-BRICE.

Je ne puis.
Je ne saurois vous dire encore qui je suis,
L'honneur, pour quelque temps, me condamne au silence;
Pardon, avec regret je me fais violence,
Vous serez bien surpris tantôt, en vérité :
Je vais prendre un peu l'air.

(*Il sort.*)

SCÈNE XIX.

M. DE CRAC, seul.

Jé m'en étois douté.
Oui, jé vais parier qué c'est quelqué grand prince,
Qui court *incognito* dé province en province.
Dé ma fille en sécret jé lé crois amoureux.
S'il pouvoit l'épouser, qué jé serois heureux!
J'ai toujours éludé les amants dé Lucile.
Marier uné fille est chose difficile.
Car dé mé dénuer, jé né suis pas si sot.
L'inconnu, s'il est prince, épouseroit sans dot.
Il faut qu'à cet hymen un peu jé la prépare;
Car j'aime ma Lucile, et né suis point barbare.
Jack... Elle aime, jé crois, cé monsieur Franchéval,
Mais il né tiendra pas contre un pareil rival.
Jack!...

SCÈNE XX.

M. DE CRAC, JACK.

JACK.
Monsieur lé varon!
M. DE CRAC.
Eh! venez donc; du zéle.
JACK.
Mais jé suis accouru.
M. DE CRAC.
Dis à mademoiselle

SCÈNE XX.

Dé vénir à l'instant.

JACK.

Mais... monsieur lé varon.

M. DE CRAC.

Hé bien, qu'est-ce?

JACK.

C'est qué... c'est qué...

M. DE CRAC, *l'imitant.*

C'est qué...

JACK.

Pardon, Madémoiselle est bien occupée.

M. DE CRAC.

A quoi faire?

JACK.

Mais...

M. DE CRAC.

Voyons, qué fait-elle?

JACK.

Elle est fort en colère; Ellé gronde beaucoup.

M. DE CRAC.

Qui?

JACK.

Monsieur Franchéval.

M. DE CRAC.

Il séroit?

JACK.

A ses pieds, prêt à sé trouver mal. Il démandé pardon.

M. DE CRAC.

Comment?

JACK.

Mademoiselle
Lui disoit qu'il n'avoit nulle estime pour elle;
Et monsieur Franchéval disoit qu'il l'adoroit,
Qu'il l'aiméroit toujours. Dame c'est qu'il pleuroit !
Il mé faisoit pitié, vraiment !...

M. DE CRAC.

Hé bien, ensuite?

JACK.

Vous m'avez appélé, jé suis vénu bien vite.

M. DE CRAC.

Rétourné vite; va, Jack.

JACK.

Où faut-il aller?

M. DE CRAC.

Va dire à Franchéval qué jé veux lui parler.

JACK.

J'y cours.

M. DE CRAC.

Ah! jé m'en vais lé traiter, Dieu sait comme!
Non, j'aimé mieux parler à la fille qu'à l'homme :
Franchéval est bouillant, et l'on connoît les Crac.
Fais-moi venir ma fille.

JACK.

Eh! mais...

M. DE CRAC.

Allez donc, Jack.

JACK.

Mais monsieur Franchéval...

M. DE CRAC.

Hé bien?

SCÈNE XX.

JACK.

Il vient lui-meme.

M. DE CRAC.

Quoi?... Jé suis étonné dé cette audace estreme.

JACK.

Qu'avez-vous donc, monsieur lé varon? vous semblez...
Jé né sais... on diroit vraiment qué vous tremblez.

M. DE CRAC.

Non, c'est qué jé frémis. Lé pauvre enfant! jé tremble!
Mais lé voici. Va, Jack, et laisse-nous ensemble.

(*Jack sort.*)

SCÈNE XXI.

M. DE CRAC, FRANCHEVAL.

M. DE CRAC, *à part.*

Jé lé croyois bien loin, et jé l'eusse aimé mieux.
   (*haut.*)
Quoi, monsieur, vous osez vous montrer à mes yeux,
Après cé qué jé sais?

FRANCHEVAL.

Eh! oui, monsieur, jé l'ose.
J'ose plus, et jé viens pour vous dire uné chose:
J'adoré votré fille.

M. DE CRAC.

Et vous lé répétez?

FRANCHEVAL.

Sans doute; et pourquoi pas?

M. DE CRAC.

Ainsi, vous m'insultez!
C'est peu qué l'on vous trouve aux génoux dé Lucile...

M. DE CRAC.
Mais vous mé prénez donc pour un père imbécile!
FRANCHEVAL.
Moi, monsieur, point du tout.
M. DE CRAC.
Vous mé manquez, monsieur.
FRANCHEVAL.
En quoi? mais au surplus, jé suis homme d'honneur.
Vous mé voyez ici pret à vous satisfaire,
Si j'ai pu vous manquer.
M. DE CRAC.
Oh! c'est une autre affaire.
Dé quel droit, jé vous prie, osez-vous, en cé jour,
Parler seul à ma fille et lui parler d'amour?
FRANCHEVAL.
Eh! mais vous lé savez. C'est parcéqué jé l'aime,
Qué j'aspire à sa main, qúé vous m'avez vous-meme
Permis de l'espérer.
M. DE CRAC.
J'ai changé dé dessein.
Dé ma fille à présent n'attendez plus la main.
Quelqu'un... qui vous vaut bien, va dévénir mon gendre.
Ainsi...
FRANCHEVAL.
Croirai-jé bien cé qué jé viens d'entendre?
Un autré?... pourriez-vous à cé point mé jouer?
M. DE CRAC.
La demande est plaisante, il lé faut avouer.
Ma fille est à moi.
FRANCHEVAL.
Non. S'il faut qué jé lé dise,
Elle n'est plus à vous. Vous mé l'avez promise:
Vous mé la rétirez; c'est uné trahison:

SCÈNE XXI.

Et vous mé permettrez d'en démander raison.

M. DE CRAC.

A moi?

FRANCHEVAL.

Vous n'êtes plus à présent mon beau-père,
Et voudrez bien vous vattre avec moi, jé l'espère;
Vous hésitez?

M. DE CRAC.

J'hésite, et suis dé bonné foi.

FRANCHEVAL.

Auriez-vous peur?

M. DE CRAC.

Jé crains, mais cé n'est pas pour moi.
Oui, jé plains, Franchéval, votre jeunesse estreme,
Et j'ai quelque régret... Dans lé fond jé vous aime.

FRANCHEVAL.

Jé vous suis obligé.

M. DE CRAC, *à part*.

Bon. Saint-Brice paroît.

(*haut.*)

Oui, oui, nous nous vattrons, à l'instant, s'il vous plaît.

(*plus haut.*)

Jack, descends mon épée.

SCÈNE XXII.

Les mêmes, SAINT-BRICE.

SAINT-BRICE.

Eh! qu'en voulez-vous faire,
Mon cher hôte?

M. DE CRAC.

Mé vattre avec cé téméraire,
Qu'aux génoux dé ma fille un valet a trouvé!

SAINT-BRICE.

Monsieur, votre courage est assez éprouvé.
Vous allez vous commettre avec un tel jeune homme?
(*à Francheval.*)
Et vous, cher Francheval, que par-tout on renomme,
(*bas.*)
Quoi, c'est contre un vieillard qu'ici vous vous armez!
(*haut.*)
Contre le père enfin de ce que vous aimez!
(*déclamant.*)
Songez que l'offenseur est père de Chimène.

FRANCHEVAL.

Ah! cé mot a suffi pour éteindre ma haine.
(*à M. de Crac.*)
Pardonnez-moi, monsieur, cet aveugle transport.

M. DE CRAC.

Dé tout mon cœur: moi-meme, après tout, j'avois tort.
Cé combat inégal pouvoit mé compromettre.

SAINT-BRICE.

Je me battrai pour vous, si vous voulez permettre.
Aussi-bien à monsieur j'ai promis ce plaisir.

SCÈNE XXII.
M. DE CRAC.
Quel champion plus brave aurois-je pu choisir ?
FRANCHEVAL.
Il faut bien, en effet, qué Lucile vous coûte
Quelque combat au moins ; car vous êtes sans doute
Cé rival préféré.
SAINT-BRICE.
Peut-être ; au fait, mes droits
Sur son cœur valent bien les vôtres, je le crois.
FRANCHEVAL.
C'est cé qué l'on va voir.
SAINT-BRICE.
Avant que de nous battre,
Messieurs, il est un point qu'il est bon de débattre.
Lucile apparemment est le prix du vainqueur ?
M. DE CRAC, *bas à Saint-Brice.*
Mon prince, si c'est vous, j'y consens dé bon cœur.
SAINT-BRICE.
Si c'est monsieur, de même ; et l'équité l'exige.
M. DE CRAC.
Jé n'y puis consentir.
SAINT-BRICE.
Consentez-y, vous dis-je.
Pour moi, je ne me bats qu'à ces conditions.
FRANCHEVAL, *bas à Saint-Brice.*
Il eût toujours fallu qué nous nous vattissions.
SAINT-BRICE.
(*à M. de Crac.*)
Sans doute. S'il me tue, il doit avoir la pomme.
(*bas à M. de Crac.*)
Je suis, en me battant, sûr de tuer mon homme.

M. DE CRAC, *bas à Saint-Brice.*

Lé gaillard sé bat bien ; puis l'amour rend adroit :
Il est bouillant.

SAINT-BRICE, *bas à M. de Crac.*

Tant mieux : moi je suis calme et froid.

FRANCHEVAL.

Soyez impartial, commé doit être un juge.

M. DE CRAC, *à part.*

Après tout, jé saurai trouver un subterfuge.
(*haut à Saint-Brice.*)
Hé bien donc, jé consens qué Lucile aujourd'hui
Épousé lé vainqueur, qué cé soit vous ou lui.
J'en serai lé témoin.

SAINT-BRICE.

Vous serez juge d'armes.

M. DE CRAC.

Bon. D'un combat pour moi la vue a millé charmes.

FRANCHEVAL.

Oui, commé quand on voit un naufragé du port.

SAINT-BRICE, *déclamant.*

Mais je suis désarmé. Voulez-vous bien d'abord
Dans mon appartement aller chercher l'épée...
Avec laquelle un jour César tua Pompée ?

M. DE CRAC.

Oui, j'aurai grand plaisir à vous la confier.

(*Il sort.*)

SCÈNE XXIII.

SAINT-BRICE, FRANCHEVAL.

SAINT-BRICE.

Çà, mon cher, il est temps de me justifier.
Je vous semble un rival, et suis tout le contraire.
De Lucile voyez, non l'amant, mais le frère.

FRANCHEVAL.

Est-il possible, ô ciel!...

SAINT-BRICE.

D'honneur! rien n'est plus vrai.
Vous voyez qu'entre nous le combat sera gai.
Mais les moments sont chers; reconnoissons la carte :
Poussez toujours en tierce, et moi toujours en quarte.

(*Il lève l'épée de Francheval en l'air.*)

Et d'après ce signal, je serai désarmé.
D'être battu par vous, vous me verrez charmé.
Mais ne me tuez pas; car ce seroit dommage
Que je ne visse point votre heureux mariage.

FRANCHEVAL.

Plutôt mourir cent fois. Jé vois, aimable ami,
Qué vous né savez point obliger à demi.

SAINT-BRICE, *voyant M. de Crac.*

Chut !

SCÈNE XXIV.

Les mêmes, M. DE CRAC.

M. DE CRAC.
La voici : peut-etre est-elle un peu rouillée.
SAINT-BRICE.
Bientôt d'un sang plus frais vous la verrez mouillée.
Allons, monsieur, en garde.
FRANCHEVAL.
Oui, monsieur, m'y voilà.
(*Ils se battent.*)
M. DE CRAC.
Ma fille! ô ciel!
FRANCHEVAL, *tout en se battant.*
Monsieur, dé grace, écartez-la.

SCÈNE XXV.

Les mêmes, Mlle DE CRAC.

Mlle DE CRAC.
Ciel, qué vois-je, mon père?
M. DE CRAC.
Éloignez-vous, Lucile;
Sortez.
Mlle DE CRAC.
Ah! cé n'est pas lé cas d'etre docile.
(*Elle court aux combattants.*)
Cruels, séparez-vous, ou tuez-moi tous deux.

SCÈNE XXV.

M. DE CRAC.

Insensée, allez-vous vous mettre au milieu d'eux !

Mlle DE CRAC.

Jé mé murs.

(*Elle s'évanouit.*)

FRANCHEVAL.

Quel objet pour ma vivé tendresse !
(*Saint-Brice se laisse désarmer.*)
Cher Crac, pansez monsieur : jé vole à ma maitresse.

M. DE CRAC, *à Saint-Brice.*

Vous vous vantiez si fort ; et vous voilà vattu !

SAINT-BRICE.

C'est la première fois.

Mlle DE CRAC, *revenant à elle.*

Cher Franchéval, vis-tu ?

FRANCHEVAL.

Oui, jé vis pour t'aimer, pour t'adorer... qué sais-je ?
Pour etre ton époux.

M. DE CRAC, *à part.*

Comment éluderai-je ?

SAINT-BRICE.

C'est un point arrêté.

Mlle DE CRAC.

Mon père, est-il bien vrai ?

M. DE CRAC.

(*à part.*)

Ma fille, j'en conviens. Bon ! jé trouve un délai,
(*haut.*)
Il survient un ostacle.

FRANCHEVAL.

Et léquel, jé vous prie ?

M. DE CRAC.

Mon fils ; il né veut pas qué, sa sœur sé marie.

Mlle DE CRAC.

Quoi ?...

M. DE CRAC.

Dé lui, jé reçois uné lettré, à l'instant..
Il mé mande, en effet, son facheux accident.
Mais sa jambé va bien ; il a bonne espérance ;
Et nous lé réverrons lé mois prochain en France.
Sa dernière victoire a tout calmé là-bas.

SAINT-BRICE.

Ah !...

M. DE CRAC. (*Il feint de lire, mais se tient à l'écart.*)
« Sur-tout, cher papa, m'écrit-il, n'allez pas
« Vous hater d'établir ma sur dans la province ;
« Jé l'ai presqué promise au fils d'un très grand prince. »
On sent qu'un tel hymen, et sur-tout qu'un tel fils,
Méritent quelque égard.

SAINT-BRICE.

C'est aussi mon avis.
Expliquons-nous pourtant ici, je vous conjure.
De renchérir sur vous j'avois fait la gageure,
Et j'espérois gagner. Ce nouvel incident
M'étonne, mais j'espère en sortir cependant.
Monsieur d'Irlac enfin (et c'est mon coup de maître),
Vous le faites écrire ; et je le fais paroître.

M. DE CRAC.

Qué voulez-vous dire ?

SAINT-BRICE.

Oui, ce fils, ce frère...

M. DE CRAC.

Hé quoi ?

SCÈNE XXV.

SAINT-BRICE, *gasconnant un peu.*
Vous né dévinez pas, cher papa, qué c'est moi!
Mlle DE CRAC.
Ciel! mon frère!
M. DE CRAC.
Mon fils? il s'est cassé la jambe,
Dis-tu?
SAINT-BRICE, *gasconnant dans le premier vers.*
Jé lé croyois, il rédévient ingambe.
Quoi, vous n'avez pas eu quelques pressentiments?
Comment! depuis au moins dix heures que je mens,
(*gasconnant encore.*)
Vous n'avez pas connu votre sang, mon cher père?
M. DE CRAC.
Lé coquin! qu'il a bien tout l'esprit dé sa mère!
SAINT-BRICE.
Sans doute vous tiendrez la promesse?
M. DE CRAC.
Oui, mon fils.
SAINT-BRICE.
Et la petite sœur? elle est de notre avis!
Mlle DE CRAC.
Ou vous êtes du mien.
M. DE CRAC.
Jé né mé sens pas d'aise.
Mais vous etés pourtant, mon fils, né vous déplaise,
Lé plus hardi havleur!...
SAINT-BRICE.
Pardon, cent fois pardon.
Mais quoi, le carnaval, et même que sait-on?...
Votre exemple, peut-être, enfin la circonstance;
Tout cela sollicite un peu votre indulgence.

M. DE CRAC.
J'ai bien lé temps ici dé mé facher, vraiment !
Jé suis tout au plaisir d'embrasser mon enfant.

SCÈNE XXVI.

Les mêmes, VERDAC.

M. DE CRAC, *à Verdac.*

Verdac, voilà mon fils.

VERDAC, *à part.*

Surcroît dé bonné chère,

(*haut.*)

Est-il vrai? Qué pour moi cetté nouvelle est chère !
C'est là monseu d'Irlac !

SAINT-BRICE.

Oui, monsieur, enchanté
De...

VERDAC.

Qué jé vous embrasse, enfant si régretté !
Lé ciel enfin permet qu'ici l'on vous révoie !

M. DE CRAC.

Par vos ravissements jugez donc dé ma joie !

VERDAC.

Oh ! oui ; quand votre fils révole dans vos bras,
Vous allez sûrement nous tuer le veau gras ?
Dieu sait, si j'aimé moi, les répas dé famille !

M. DE CRAC.

Cé n'est pas tout, jé viens dé marier ma fille
Avec Franchéval.

VERDAC, *à part.*

Bon ! encor nouveau festin.

SCÈNE XXVI.

(*haut.*)
Né mé trompez-vous pas?

M. DE CRAC.

Non, rien n'est plus certain.

VERDAC, *à Francheval.*

Ah! mon cher Franchéval, quel bonheur est lé votre!
(*à part.*)
Ces deux répas pourtant sont trop près l'un dé l'autre.

SAINT-BRICE.

Mais de cette union je suis tout occupé.
Venez, mon père.

VERDAC.

Allons-en causer à soupé.

SCÈNE XXVII.

Les mêmes, JACK.

JACK, *accourant.*

Monsieur lé varon!...

M. DE CRAC.

Quoi?

JACK.

Voici tout lé village.

M. DE CRAC.

Eh mais, qué mé veut-il?

JACK.

Vous rendre son hommage.
On vient dé touté part pour voir monseu d'Irlac.
(*à Saint-Brice.*)
Veut-il bien agréer l'humblé salut dé Jack?

SAINT-BRICE, *lui donnant une petite tape.*

Bonjour, pétit ami.

M. DE CRAC.
Lé village est honnete :
Mon bonheur fut toujours uné publique fete.

SCÈNE XXVIII.

Les mêmes; LE MAGISTER, *à la tête du village.*

LE MAGISTER *chante* (1), *toujours avec l'accent.*

Nous révoyons un Télémaque
Sous les traits dé monsieur d'Irlac.
Et qu'étoit la chétive Itaque,
Auprès du beau château dé Crac?
Ah! si l'on aimé sa patrie,
Fût-on Iroquois ou Lapon;
Combien doit-elle étré chérie,
Dé célui qui naquit Gascon !

M. DE CRAC.
Magister ! vous chantez moins clair qué dé coutume.
LE MAGISTER.
Lé village, en criant, vient dé gagner un rhume.

SAINT-BRICE.
Qu'à mes pieds la Gascogne tombe.
Mon père me céde, il rougit.
Que je meure, et que sur ma tombe
Il grave lui-même : « Ci-gît
« Mon fils, mon maître en l'art suprême
« Où d'exceller nous nous piquons ;
« Qui me battit enfin moi-même,
« Moi qui battois tous les Gascons. »

Mlle DE CRAC, *à Francheval.*
J'admire uné tellé victoire :
Mais né va point la disputer.

1 On peut chanter ces couplets sur l'air du *Petit Matelot.*

SCÈNE XXVIII.

Né mé fais jamais rien accroire;
Né viens pas meme mé flatter.
Qué l'amant parfois esagère,
C'est assez l'usage, dit-on :
Mais avec moi, du moins, j'espère;
L'époux né séra point Gascon.

FRANCHEVAL.

Né crains pas dé moi pareil piège :
J'en tirerois peu dé profit.
A quel propos té flattérois-je,
Puisqué la vérité suffit?
Non, non, jé né suis point l'esclave
D'un sot préjugé, d'un vain nom.
On peut etre Gascon et brave;
On peut etre franc et Gascon.

VERDAC.

O l'invention délectable
Qué celle d'un beau carnaval !
Si l'on étoit toujours à table,
On né féroit jamais dé mal.
Moi, jé né suis point ridicule :
Peu m'importe l'état, lé nom.
Jé mangérois, sans nul scrupule,
Chez lé grand-turc, foi dé Gascon!

JACK, *commence à chanter*.

Donner déja du cor en maitre...

M. DE CRAC.

Eh quoi! lé pétit Jack sé donne la licence!...

SAINT-BRICE.

Ah! c'est le carnaval : un peu de complaisance.

M. DE CRAC, *souriant à Jack*.

Allons.

JACK.

Donner déja du cor en maitre;
Verser à boire à mons Verdac,

Méner encor les dindons paitre,
Tel est lé triple emploi dé Jack :
Mes dignités né sont pas minces :
Jé suis pétit; mais qué sait-on?...
Un homme des autres provinces
Né vaut pas un enfant gascon.

  M. DE CRAC, *au public*.

On sé fait là-bas uné fete
Dé savoir lé sort dé céci.
En tout cas, ma réponse est prete :
Jé dirai qué j'ai réussi.
Mon sort séroit digné d'envie,
Si vous né disiez pas qué non.
Alors, uné fois dans ma vie,
J'aurois dit vrai, quoique Gascon.

DIVERTISSEMENT.

FIN DE M. DE CRAC.

LES ARTISTES,

COMÉDIE

EN TROIS ACTES ET EN VERS,

Représentée pour la première fois, à Paris, le 9 novembre 1796.

« Qui, de la vie humaine égayant le chemin,
« Marchoient tous à la gloire, en se donnant la main. »
LES ARTISTES, acte II, scène VIII.

PERSONNAGES.

M. ARMAND père, cultivateur.
ARMAND fils, peintre.
DORLIS, poëte,
SINCLAIR, compositeur, } amis du peintre.
ÉMILIE, jeune veuve,
Mme ALIX, } voisines d'Armand fils.
MONLEAN, graveur.
FLORIMEL, frère d'Émilie, élève du peintre.
DEUX PORTEURS.

La scène est à Paris, dans l'atelier du peintre.

LES ARTISTES,

COMÉDIE

EN TROIS ACTES ET EN VERS.

La scène représente, pendant la pièce, un salon.

ACTE PREMIER.

SCÈNE I.

LE PEINTRE, L'ÉLÈVE.

(Le peintre rêve profondément; à quelques pas de lui, derrière, l'élève dessine; celui-ci s'interrompt et observe son maître.

L'ÉLÈVE.

Comme mon bon ami rêve profondément !
C'est quelque belle idée, oh ! oui : ce cher Armand !
Ne le dérangeons point ; ce seroit bien dommage.
(*Il se remet à travailler, puis jette le crayon.*)
Je ne peux plus avoir les yeux sur mon ouvrage :
Mais patience ; un jour, ainsi je rêverai,
Et serai... ce qu'Armand appelle être inspiré.
Il s'éveille.

LE PEINTRE, *encore dans l'enthousiasme, et se croyant seul.*

Oui, je vois se peindre en traits de flamme,
Ce que, depuis long-temps, je sentois dans mon ame.
Ce groupe sera fier, et plein de passion;
C'est l'amour des beaux-arts, bien mis en action;
Cette idée à-la-fois est touchante et sublime:
Et, comme je la sens, si mon pinceau l'exprime,
Je pourrai faire un jour un assez bon tableau.

L'ÉLÈVE.

Si?... je répondrois bien alors qu'il sera beau.

LE PEINTRE.

Ah! c'est toi!

L'ÉLÈVE.

Je regarde, et j'écoute: ô mon maître!
Vous semblez bien content.

LE PEINTRE.

Oui, j'ai sujet de l'être.
Tu vois ici, tu vois le plus heureux mortel!
C'est une invention!... Et toi, cher Florimel?
Qu'est-ce?

L'ÉLÈVE.

Oh! moi, je n'ai point d'invention pareille.
Tout mon plaisir se borne à finir mon oreille.

LE PEINTRE.

Prélude nécessaire.

L'ÉLÈVE.

Oui, mais fort ennuyeux.
Je fais toujours des nez, des oreilles, des yeux:
Eh! quand pourrai-je donc faire tout un visage!

LE PEINTRE.

Chaque état veut, mon cher, un long apprentissage.

ACTE I, SCÈNE I.

Par le commencement nous devons commencer.
Comme avant que l'on parle il faut savoir penser,
Dessine donc long-temps, long-temps avant de peindre :
Tu me remercieras un jour, loin de te plaindre.

L'ÉLÈVE.

Combien avez-vous donc dessiné, bon ami ?

LE PEINTRE.

Dix ans.

L'ÉLÈVE.

Allons, j'en ai pour neuf ans et demi.

LE PEINTRE.

Que dis-je ? eh ! mais, j'en garde encore l'habitude.
La vie est courte, hélas ! pour cette longue étude.
Mais l'étude elle-même est un plaisir aussi :
Et quel bonheur sur-tout quand on a réussi !
C'est alors, mon enfant, qu'on jouit, qu'on existe,
Et que l'on sent combien il est beau d'être artiste.

L'ÉLÈVE.

Artiste ! ah ! je veux l'être, Armand ; je le serai.

LE PEINTRE, *souriant*.

Mais il faut dessiner.

L'ÉLÈVE.

Oui, je dessinerai.
Mon cher maître ! de vous chaque mot me ranime :
Qu'avec raison ma sœur vous chérit, vous estime !
Et qu'en ces sentiments je suis bien de moitié !

LE PEINTRE.

Ta chère sœur... a donc pour moi quelque amitié ?

L'ÉLÈVE.

Quelque amitié ! sans doute, et même une bien tendre ;
Et sa voisine aussi ; car j'aime à les entendre.
Ah ! si vous écoutiez la conversation,

L'éloge!...

LE PEINTRE.

C'est l'effet de leur prévention.

L'ÉLÈVE.

Oh! non.

LE PEINTRE.

Et... lorsque seul avec ta sœur tu causes...
Que te dit-elle alors?...

L'ÉLÈVE.

Eh! mais, tout plein de choses;
Que je suis trop heureux d'être guidé par vous;
Qu'il faut être attentif, bien docile, bien doux,
Sur-tout reconnoissant;... et moi, je vous demande,
Armand, si j'ai besoin qu'on me le recommande!

LE PEINTRE, *fort ému.*

Je n'ai qu'à me louer de ton bon naturel.

L'ÉLÈVE.

Pourtant, ma sœur me cause un grand chagrin.

LE PEINTRE.

Lequel?

L'ÉLÈVE.

Avec moi, voyez-vous? elle est d'une réserve,
D'un mystère!... Tenez, depuis un temps, j'observe
Qu'elle fait un secret de tous ses pas; d'abord,
Chaque matin, sans faute, en tout temps, elle sort,
Sans me dire...

LE PEINTRE.

Comment?... elle sort?...

(*se reprenant.*)

Mais qu'importe,
Mon ami, que ta sœur aille et vienne, entre, sorte?...

ACTE I, SCÈNE I.

L'ÉLÈVE.

Oui, mais ce n'est pas tout : vous là voyez après
Qui rentre dans sa chambre ; et là, nouveaux secrets.

LE PEINTRE.

Puisqu'elle ne veut pas, après tout, que l'on sache...

L'ÉLÈVE.

Il est bien dur de voir que d'un frère on se cache.

LE PEINTRE.

Frère ou non, ne cherchons jamais à pénétrer
Les secrets de personne, et sachons ignorer.
Ta curiosité me paroît indiscrète.
Mais on vient.

L'ÉLÈVE.

C'est, je crois, votre ami le poëte.
Je l'aime tout-à-fait.

LE PEINTRE.

C'est m'aimer doublement.

SCÈNE II.

Les mêmes, LE POETE.

LE POETE.

(*Il entre vivement, et serre la main du peintre.*)
Bonjour.

LE PEINTRE.

De tout mon cœur.

LE POETE.

Et la peinture, Armand ?

LE PEINTRE.

Mais, comme l'amitié, Dorlis, c'est pour la vie.

LE POETE.

Oui.

L'ÉLÈVE.

D'être amis, tous deux, vous faites bien envie.

LE POETE.

Cher petit Florimel! il est toujours gentil.
Hé bien, quoi? le dessin, comment cela va-t-il?

L'ÉLÈVE.

Eh! mais... ce n'est pas moi qu'il faut qu'on interroge :
J'aurois mauvaise grace à faire mon éloge.

LE PEINTRE.

Moi, je puis le louer; du moins, je le louerois,
S'il n'étoit là : je suis content de ses progrès.

LE POETE.

(*à l'élève.*) (*au peintre.*)
Courage : imite bien Armand. Sur ma parole,
Il fera quelque jour honneur à ton école.

LE PEINTRE.

(*souriant.*) (*à son élève.*)
Mon école! Mais trêve, au moins quelques instants :
Il ne faut pas qu'un arc soit tendu trop long-temps.
Va donc te dissiper.

L'ÉLÈVE.

Allons...

LE POETE.

Mais il me semble
Qu'il s'éloigne à regret.

L'ÉLÈVE, *se retournant.*

Ah! oui, vous voir ensemble,
Vous écouter, voilà ma récréation.

LE PEINTRE.

Cher enfant! va.

(*L'élève sort.*)

SCÈNE III.

LE PEINTRE, LE POETE.

LE POETE.
Quel zèle et quelle affection !
LE PEINTRE.
Oui, ce petit bon homme ira très loin, je gage.
LE POETE.
Je le crois ; mais causons : laisse donc ton ouvrage.
LE PEINTRE, *toujours à son chevalet.*
Je cause en travaillant.
LE POETE.
Il se peut ; mais enfin,
Prends haleine ; toujours les pinceaux à la main !
LE PEINTRE.
Oui. « Nul jour sans un trait (1) ». Cette maxime antique
Est d'Apelle, dit-on : je la mets en pratique.
LE POETE.
Je t'en fais compliment.
LE PEINTRE.
Eh ! ne dis-tu pas, toi,
« Nul jour sans un vers ? »
LE POETE.
Non ; je ne dis rien, ma foi.
Je ne veux point de gêne ; oh ! liberté plénière.
Quelquefois je travaille une semaine entière,
De verve, la nuit même ; et puis, une autre fois,
Je ne fais pas un vers pendant tout un grand mois.

---

1 *Nulla dies sine lineâ.*

LE PEINTRE.

A merveille !

LE POETE.

J'ai fait ce pacte avec ma muse :
Le plaisir avant tout ; il faut que je m'amuse.
Je ris, je chante et bois ; j'aime, sans contredit ;
Je rime en me jouant, et quand le cœur m'en dit ;
Voilà ma vie : enfin, tu prends pour guide Apelle ;
Et mon patron, à moi, c'est le joyeux Chapelle.

LE PEINTRE.

Fort bien ! et, comme lui, va, cours au cabaret...

LE POETE.

Je regrette le temps où gaiement s'enivroit
Tout ce que nous avions de plus charmants poëtes ;
Où Phébus, les Neuf Sœurs, tous étoient en goguettes ;
Où mon patron, toujours fidèle au jus divin,
Grisoit ce Despréaux prêchant contre le vin.
C'étoit là le bon temps.

LE PEINTRE.

Es-tu fou ?

LE POETE.

Je m'en vante.

LE PEINTRE.

Ah ! si tu soutenois cette verve charmante
Par un peu de raison et de maturité,
Quel poëte, Dorlis, n'aurois-tu pas été !

LE POETE.

Bon ! en vaudrois-je mieux, avec tant de sagesse ?
Homère fut-il donc un des sages de Grèce ?
Horace, grâce au ciel, ne fut point un Caton :
Tu ne l'étois pas toi, gentil Anacréon !
C'eût été bien dommage : avec moins de méthode,

ACTE I, SCÈNE III.

On en a plus de verve, et... tu verras mon ode.

LE PEINTRE.

Elle est faite?

LE POETE.

Oui, d'un jet, et n'en vaudra que mieux.

LE PEINTRE.

Ton premier jet, sans doute, est naturel, heureux:
Mais suffit-il? Il faut, avec un soin extrême,
Corriger, expier sa facilité même;
Retoucher, en un mot...

LE POETE.

Eh! oui, pour tout gâter.
Dieu m'en garde! un moment suffit pour enfanter
Les plus beaux vers, Armand, le trait le plus sublime.
Est-ce à force d'étude, est-ce à grands coups de lime,
Que Corneille trouva son *Qu'il mourût?*

LE PEINTRE.

D'accord;
Un très beau vers peut naître, inspiré, sans effort:
Mais c'est le travail seul qui produit les chefs-d'œuvre.

LE POETE.

Un poëte, à tes yeux, n'est qu'un simple manœuvre!

LE PEINTRE.

Non; mais vois-tu, Dorlis? j'applique à mon tableau
Ce que disoit des vers votre maître Boileau:
« Vingt fois *au chevalet* remettez votre ouvrage. »

LE POETE.

J'admire assurément ce patient courage.
Mais c'est un grand défaut que de trop retoucher.
Tu sais que Protogène, à force de lécher,
De finir ses portraits, leur ôtoit de la grace.
Tu m'as cité Boileau; moi, je te cite Horace:

Il a dit en latin : « de la mesure en tout (1). »

LE PEINTRE.

Mot très juste.

LE POETE.

A propos, et de grace et de goût,
Comment vont les amours?

LE PEINTRE.

Quoi?....

LE POETE.

Va, je te devine :
Tu brûles en secret pour la jeune voisine.

LE PEINTRE.

Tu me soupçonnerois?...

LE POETE.

Quelle injustice! ô Dieu!
Comment? toi, qui sais peindre, et peindre en traits de feu,
Amour, Desir, Espoir; tu serois insensible!
Non, non; heureusement, cela n'est pas possible.
Qui se mêle de peindre, et n'a jamais aimé,
Ne fera qu'un tableau froid, sec, inanimé :
Mais ce malheur, pour toi je suis loin de le craindre.

LE PEINTRE.

Qui peut te faire croire?...

LE POETE.

Allons!... cesse de feindre.
Avec mon air léger, je suis fidéle ami.
Ainsi, ne sois donc pas confiant à demi.

LE PEINTRE.

Hé bien, mon cher Dorlis, il est trop vrai que j'aime;
Que cet amour m'éléve au-dessus de moi-même,
Charme mes longs travaux, me tient lieu de plaisirs,

1 *Est modus in rebus.*

Épure ma pensée, et jusqu'à mes desirs.
LE POETE.
Amour digne d'Armand, et digne d'Émilie!
Sans doute, elle le sait? Toute femme jolie
Le devine avant nous.
LE PEINTRE.
Je n'ai pas dit un mot.
LE POETE.
Quoi?
LE PEINTRE.
Je suis, tu le sais, timide.
LE POETE.
Oui, beaucoup trôp.
Que crains-tu? pour parler, que peux-tu donc attendre?
Dis.
LE PEINTRE.
J'attends qu'à sa main je puisse enfin prétendre.
J'ignore, mon ami, quel sort m'est réservé:
Tu me crois du talent; mais rien ne l'a prouvé.
LE POETE, *lui montrant ses tableaux.*
Rien? tout cela n'est rien!
LE PEINTRE.
Non.
LE POETE.
Non? ta modestie...
Par tel événement peut se voir démentie,
Et, sans parler du reste, Armand, je te prédis
Que ce charmant tableau qu'au salon...
LE PEINTRE.
Ah! Dorlis!
Sur ce tableau, d'abord, je m'aveuglai moi-même.
Je le trouve à présent d'une foiblesse extrême:

J'y vois mille défauts : oh ! oui, j'ai trop osé :
Je regrette, en un mot, de l'avoir exposé.

LE POETE.

Console-toi ; pour moi, j'en ai meilleure idée.
Mon espérance enfin n'est pas très mal fondée ;
Et j'ose te promettre...

LE PEINTRE.

Oh ! toujours tu promets !

LE POETE.

Tu crains toujours.

LE PEINTRE.

Et toi, tu ne doutes jamais.
Mais je me rends justice, et dois me taire encore...
Voici Sinclair ; sur-tout, mon ami, qu'il ignore
Cet amour.

LE POETE.

Pourquoi donc ?

LE PEINTRE.

Oui, changeons de sujet.

LE POETE.

Soit.

(*Élevant la voix.*)

Il n'est rien de tel, Armand, qu'un premier jet,
Et tiens, voilà Sinclair : à lui je m'en rapporte.

SCÈNE IV.

Les mêmes, SINCLAIR.

(*Sinclair est vêtu plus élégamment.*)

SINCLAIR, *de loin.*

Vous disputez encore !

LE POETE.

Au travail il m'exhorte.
Et je desire, moi, qu'il travaille un peu moins.

LE PEINTRE.

Qu'en dis-tu ?

SINCLAIR.

Que tous deux vous y perdrez vos soins.
(*au poëte.*)
Armand sera toujours laborieux et sage ;
Et toujours tu seras, toi, dissipé, volage,
Mauvais sujet charmant.

LE POETE.

Eh ! oui, je l'avouerai,
Peut-être plus heureux.

LE PEINTRE.

Chacun l'est à son gré.

SINCLAIR.

Pour moi, je suis charmé de vous trouver ensemble.

LE POETE.

Trois jours entiers sans voir ses amis ! c'est affreux !

LE PEINTRE.

Eh ! mais, oui.

SINCLAIR.

Grondez-moi ! vous êtes bien heureux.

Vous êtes libres, vous : oui, vous pouvez sans peine
Vous voir, causer ensemble; aucun soin ne vous gêne.
Moi, c'est tout le contraire; et je me vois jeté
Dans ce vain tourbillon de la société.
J'ai passé tristement hier une soirée
Qui devoit bien plutôt vous être consacrée.
C'est à la dérobée enfin que je vous vois.
Ne me blâmez donc pas, mes amis, plaignez-moi.

LE POETE, *souriant.*

Aussi pourquoi, mon cher, es-tu riche?

SINCLAIR.

Peut-être
Ris-tu; mais quelquefois je suis fâché de l'être.
Encor si du fardeau vous m'aviez soulagé!
Par vos refus, tous deux, vous m'avez affligé;
Et c'est bien tout au plus si je vous le pardonne.

LE PEINTRE.

Cependant, j'ai pour toi fait plus que pour personne.
J'ai reçu de ta main, tu veux bien l'oublier,
Des cadeaux, qui jamais n'ont pu m'humilier.
Il est doux d'accepter de celui que l'on aime,
Et c'est moins recevoir que donner à soi-même.

LE POETE.

Et moi! ces instruments, et ces livres divers,
Ces cartes!

SINCLAIR.

Tout cela vaut-il un de tes vers?
Dorlis, j'ai mis en chant ton ode à la peinture.
Le chantre, le sujet, tout est d'un bon augure.

LE PEINTRE.

(à *Sinclair.*) (*au poëte.*)
Ta musique, tes vers, mon art!... ah! mes amis,

ACTE I, SCÈNE IV.

Quel délice ! peut-on être mieux réunis !

SINCLAIR.

Oui, si l'air que j'ai fait répondoit aux paroles.

LE POETE.

Mes vers sont bons : tous trois, nous jouons bien nos rôles.

SINCLAIR.

Vous, d'accord ; mais pour moi, disons la vérité,
J'apporte peu de chose à la communauté.
Je suis honteux, vraiment, de cette vie oisive ;
Et j'ai l'air du frelon dans une ruche active.

LE PEINTRE.

Quelles expressions ! oisif ? tu ne l'es pas.
Tu sèmes chaque jour mille fleurs sur nos pas.
Tu charmes nos loisirs. D'une trop longue veille
Sommes-nous fatigués ; ta harpe nous réveille.

LE POETE.

Oui.

SINCLAIR.

Nous verrons demain si tu m'applaudiras.
Vous viendrez tous deux ?

LE POETE.

Moi, je n'y manquerai pas.

LE PEINTRE.

Ni moi : je ferai mieux ; j'y mènerai mon père.

SINCLAIR.

Ton père est à Paris ?

LE PEINTRE.

Il y sera, j'espère,

Dans deux heures...

LE POETE.

Ah ! Dieu ! ton père ?... Cher Armand !
Tu ne le disois pas : reçois mon compliment.

SINCLAIR.

Et le mien donc!

LE PEINTRE.

Pour moi quel doux moment s'apprête!
Mes voisines se font toutes deux une fête
De recevoir, fêter ce bon père.

LE POETE.

Oui, je croi :
Elles ont toutes deux tant d'estime pour toi!

LE PEINTRE.

L'une et l'autre est si bonne!

SINCLAIR.

Oui, sur-tout Émilie ;
Ah! cette jeune dame est vraiment accomplie.

LE PEINTRE.

En effet.

SINCLAIR.

On le voit à ses moindres discours.

LE POETE.

La lecture, ce soir, a toujours lieu?

LE PEINTRE.

Toujours.
Je me fais de t'entendre un plaisir délectable.

SCÈNE V.

Les mêmes, ÉMILIE, Mme ALIX.

Mme ALIX, *de loin.*

Il est donc arrivé ce père respectable!

LE PEINTRE.

Non, pas encor, madame.

ÉMILIE.

Alors, mille pardons :
Nous le croyions ici.

Mme ALIX.

C'est que nous l'attendons
Avec impatience ; on est sur le *qui vive* :
Je ne respire pas, jusqu'à ce qu'il arrive.

LE PEINTRE.

Bonne madame Alix !

ÉMILIE.

Rien de plus naturel :
Mais quoi ! l'on vous dérange en ce moment...

SINCLAIR.

Ah ! ciel !
Vous nous jugeriez mal ; croyez, je vous conjure...

LE POETE.

Qui, vous ! nous déranger ? ah ! c'est nous faire injure.

LE PEINTRE.

J'en réponds ; jugez d'eux par moi.

Mme ALIX.

Sans contredit :
Tous deux sont vos amis, et cela nous suffit.

SINCLAIR, *toujours s'adressant à Émilie.*

Son amitié, sans doute, ainsi que votre estime,
Nous honore tous deux.

LE POETE.

Même esprit nous anime :
Mais il vaut mieux que nous, que moi, du moins ; Armand
Est la sagesse même.

LE PEINTRE.

Ah !

Mme ALIX.

Sage, assurément;
Et toujours occupé! moi, fussé-je indiscrète,
Je viens le visiter souvent dans sa retraite.

LE PEINTRE.

Je vous en remercie.

Mme ALIX.

Eh! mais, vous même aussi,
Ma chère, vous venez avec plaisir ici.

ÉMILIE.

Je l'avouerai; dussé-je, à mon tour, le distraire,
Quelquefois, en effet, j'accompagne mon frère :
J'écoute et je profite.

LE PEINTRE.

Ah! c'est trop m'honorer.

SINCLAIR, *à Émilie, avec feu.*

Je le crois; et combien vous devez l'inspirer!
Que je serois heureux, si, lorsque je compose,
J'avois à mes côtés!...

LE POETE.

Pour nous, c'est autre chose;
Et nous ne savons pas rimer devant témoin.
Suis-je en verve? dès-lors je sens que j'ai besoin
De l'ombrage, des bois et de la solitude.

LE PEINTRE.

Sans doute; et trop heureux! Libre dans ton étude,
Tous les lieux te sont bons, Dorlis, pour travailler :
Le poëte avec lui porte son atelier.
Mais je dois me priver d'une vue aussi chère,
Mesdames; car je vais au-devant de mon père.

Mme ALIX.

Allez donc: quel plaisir nous aurons à le voir!

ACTE I, SCÈNE V.

ÉMILIE.

Aussi, nous tâcherons de le bien recevoir.

SINCLAIR, *à Émilie.*

Nous vous seconderons dans un soin aussi tendre.

Mme ALIX, *au peintre.*

Mais, en ce cas, ici nous allons vous attendre.

ÉMILIE.

Vous permettez?

LE PEINTRE.

Qui? moi? trop heureux, sûrement!...

SINCLAIR.

Ah! oui.

LE PEINTRE, *aux dames.*

Sans adieu donc.

SINCLAIR, *à mi-voix.*

Je vais te suivre, Armand;
Car je veux te parler d'un point qui m'intéresse.

LE PEINTRE.

Volontiers.

LE POETE.

Je vais, moi, dans une douce ivresse,
Rêver, chemin faisant, achever quelques vers.

SINCLAIR.

Bravo!

ÉMILIE, *au peintre.*

Vous méritiez des amis aussi chers.

LE PEINTRE.

Mon père arrive : alors, mon bonheur est extrême :
Je m'en vais réunir ici tout ce que j'aime.

(*Il sort avec ses amis.*)

SCÈNE VI.

ÉMILIE, Mme ALIX.

ÉMILIE.

Ces fidèles amis intéressent, vraiment.

Mme ALIX.

Oui ; mais le plus aimable encore, c'est Armand.

ÉMILIE.

Il est certain...

Mme ALIX.

Faut-il qu'il n'ait point de fortune !

ÉMILIE.

De fortune ? Croyez qu'Armand en possède une,
C'est son rare talent.

Mme ALIX.

Soit ; mais un peu de bien
Viendroit fort à propos, et ne gâteroit rien.

ÉMILIE.

Ah ! richesses jamais ne seroient mieux placées.

Mme ALIX.

Mais nous seules avons de ces bonnes pensées,
Quand nous ne pouvons rien ; et tel qui le pourra,
Le riche enfin, jamais ne s'en avisera.

ÉMILIE.

Hélas ! non.

Mme ALIX.

Mais peut-être, un jour... Et la gravure ?
Cela va-t-il ?

ÉMILIE.

Ah ! ciel ! plus bas, je vous conjure.

ACTE I, SCÈNE VI.

Mme ALIX.

Bon Dieu ! vous avez peur, ma chère ; il sembleroit
Que c'est un crime !

ÉMILIE.

Non ; mais c'est un grand secret.

Mme ALIX.

Vous avez fait, vraiment, des progrès bien rapides.

ÉMILIE.

Allons donc ! vantez moins des ébauches timides.

Mme ALIX.

Quoi ? vous n'aviez jamais manié le burin ?

ÉMILIE.

J'eus, dès mes jeunes ans, du goût pour le dessin.

Mme ALIX.

Oui, mais vous n'aviez point gravé ?

ÉMILIE.

Jamais, ma chère.

Mme ALIX.

C'est un début, alors, bien extraordinaire.

ÉMILIE.

Ah !... de notre voisin quand je vis le tableau,
Ce Tobie, à-la-fois et si simple et si beau ;
De mon peu de talent sans être intimidée,
J'osai de le graver former la douce idée,
Pour étudier mieux cet ouvrage charmant :
Je pris un maître habile ; et seule, et lentement,
M'exerçant chaque jour, le temps, la patience,
Je ne sais quel attrait me tint lieu de science.

Mme ALIX.

Oui, l'ouvrage et le peintre ont dû vous inspirer.
Vous avez un talent à vous faire adorer.
Ce cher Armand ! pour lui quelle surprise extrême,

Quand il reconnoîtra que c'est son tableau même !...
ÉMILIE.
Il ne le verra pas..., de quelque temps au moins.
Mme ALIX.
Comment ?
ÉMILIE.
De mon travail je jouis sans témoins :
Armand me sert d'exemple ; à ses leçons fidèle,
Je veux être modeste, ainsi que mon modèle.
Mme ALIX.
Allons, je me tairai ; mais on vient...
(*On entend la voix de Florimel sans le voir.*)
Par ici, Monsieur.

SCÈNE VII.

Les mêmes, FLORIMEL.

L'ÉLÈVE, *de loin.*
Madame Alix ! chère sœur ! le voici.
ÉMILIE.
Qui ?
L'ÉLÈVE.
Le père d'Armand.
Mme ALIX.
Ah ! qu'il entre, qu'il vienne.
C'est donc lui. quelle joie !
ÉMILIE.
Et jugez de la mienne !

SCÈNE VIII.

Les mêmes, M. ARMAND père.

L'ÉLÈVE.

Entrez, entrez.

Mme ALIX, *allant au-devant de lui.*
      Oui, oui, soyez le bienvenu.
M. ARMAND.
Mesdames, pardonnez si, n'étant point connu...
ÉMILIE.
Ah! vous l'êtes d'avance.
Mme ALIX.
         Asseyez-vous, de grace :
Tenez..., il faut d'abord que, moi, je vous embrasse.
M. ARMAND.
Ah! oui; que de bontés!
ÉMILIE.
        Monsieur... assurément...
Rien de plus naturel pour le père d'Armand.
Mme ALIX.
Et vous voyez en nous ses fidèles amies,
Ses voisines de cœur, toutes les deux unies
Pour avoir soin du fils, comme pour bien fêter
Le père tendre et cher qui vient le visiter.
L'ÉLÈVE.
Je le dois bien sur-tout, et par reconnoissance,
Moi, pour qui votre fils a tant de complaisance!
M. ARMAND, *assis.*
D'un si touchant accueil que je me sens comblé!

Oui, c'est vous, dont mon fils m'a si souvent parlé!
Je vois madame Alix et l'aimable Émilie;
Car de ces deux noms-là chaque lettre est remplie.

ÉMILIE.

Ah! croyez que par-tout votre estimable fils
Par son bon naturel se fera des amis.

M. ARMAND.

Oui... Mais où donc est-il?

Mme ALIX.

Eh! mais, à vous attendre:
Voici l'heure où bientôt le coche va descendre.

M. ARMAND.

Ah!...

ÉMILIE.

Vous aviez écrit à notre bon voisin...

M. ARMAND.

Il est vrai; mais depuis, j'ai changé de dessein.
Ce coche est ennuyeux, et sa lenteur désole:
J'ai pris tout simplement ma petite cariole,
Et me voilà.

Mme ALIX.

Brave homme! êtes-vous las?

M. ARMAND.

Pas trop,
J'avois mon vieux cheval; il a le plus doux trot!...

ÉMILIE.

Je vous fais compliment: vous avez bon visage.

Mme ALIX.

Mais oui; vous avez l'air bien portant, pour votre âge.

M. ARMAND.

Je supporte assez bien mes soixante et six ans.

ACTE I, SCÈNE VIII.

Mme ALIX.

Venez vous reposer. Pour vous, depuis long-temps,
Une petite chambre, un bon lit se prépare ;
Car vous logez chez moi, monsieur, je le déclare.

M. ARMAND.

Comment ?...

Mme ALIX.

Oui, votre fils..., c'est tout simple, un garçon,
Étoit fort à l'étroit ; alors, moi, sans façon,
J'ai cru pouvoir user de notre voisinage...

ÉMILIE.

J'avois le même droit.

Mme ALIX.

J'ai de plus ceux de l'âge.

M. ARMAND.

Je crains de vous gêner.

Mme ALIX.

Allons ! c'est mon bonheur.

L'ÉLÈVE.

Je serai du papa le petit serviteur.

ÉMILIE.

Fort bien, mon frère.

L'ÉLÈVE.

Eh ! mais, c'est le moins, ce me semble.

M. ARMAND.

Il me rappelle Éloi : je crois qu'il lui ressemble...

L'ÉLÈVE.

Heureux de remplacer ici ce cher Éloi !

ÉMILIE.

Comment se porte-t-il ?

M. ARMAND.

A merveille, ma foi !

Mais, je vous l'avouerai, l'ambition le tue :
Ne veut-il pas déja mener une charrue?
Cela n'a que douze ans.

ÉMILIE.

Aimable naturel!

Mme ALIX.

Oui, mais entrons, venez...

ÉMILIE.

Toi, mon cher Florimel,
Cours vite jusqu'au port et va chercher ton maître;
Car il attend là-bas, fort inquiet peut-être.

Mme ALIX.

Sans doute ; loin de vous, je conçois son ennui.

FLORIMEL.

Oui, j'y vole, et bientôt je reviens avec lui.

(*Il sort le premier.*)

M. ARMAND.

Mais tout le monde, ici, semble la bonté même.

Mme ALIX.

C'est qu'ici tout le monde estime Armand et l'aime.

(*Il rentre avec les dames.*)

FIN DU PREMIER ACTE.

ACTE SECOND.

SCÈNE I.

ÉMILIE, *seule.*

Laissons-les un moment converser sans témoin;
Respirons, si je puis: ah! j'en ai grand besoin.
Quel spectacle de voir ces touchantes tendresses,
Cet amour, ce respect, et ces douces caresses!
Nous-même, aussi-bien qu'eux, nous étions tous émus.
Cet excellent jeune homme a toutes les vertus...
(Elle soupire.)
Hélas! il en a trop pour mon repos, peut-être :
Travaillons... Mais, que dis-je? ah! j'ai su reconnoître
Qu'en vain je l'essaierois, et que ton atelier,
Cher Armand! n'est pas propre à te faire oublier.

SCÈNE II.

ÉMILIE, L'ÉLÈVE, LE GRAVEUR.

L'ÉLÈVE, *de loin.*
Ma sœur doit être ici.
LE GRAVEUR.
Pardon, je vous supplie.
ÉMILIE.
Quoi, monsieur?...

LES ARTISTES.

(*à son frère.*)
Laisse-nous.
L'ÉLÈVE, *desirant rester.*
Mais, ma bonne Émilie!...
ÉMILIE.
Va donc.

(*L'élève sort.*)

SCÈNE III.

ÉMILIE, LE GRAVEUR.

ÉMILIE.
Eh! mais, par quel hasard?... pourquoi
Venir jusques ici? vous le savez; c'est moi
Qui me rendois chez vous, de peur de vous distraire...
LE GRAVEUR.
Aussi, je ne viens point comme maître; au contraire.
Ce seroit de ma part un inutile soin :
De leçons, à présent, vous n'avez nul besoin.
ÉMILIE.
Qui? moi? vous plaisantez.
LE GRAVEUR.
Point : je sais m'y connoître :
Vous en saurez bientôt autant que votre maître.
ÉMILIE.
C'est pure modestie.
LE GRAVEUR.
A moi? Non. Mon défaut
N'est pas d'être modeste, au moins plus qu'il ne faut.
On sait s'apprécier; et je crois qu'un artiste
Seroit, sans amour-propre, un être froid et triste.

ACTE II, SCÈNE III.

Mais je n'en connois point. Votre talent, d'ailleurs,
Est encor mon ouvrage, et c'est un des meilleurs.

ÉMILIE.

C'est trop me flatter.

LE GRAVEUR.

Non, vraiment : votre Tobie,
Tout compliment à part, est un trait de génie.

ÉMILIE.

De génie !... Eh ! ce n'est qu'un ouvrage ébauché,
Mon maître ; heureusement, vous l'avez retouché.

LE GRAVEUR.

Un peu, si vous voulez ; les têtes, je suppose,
Par-ci, par-là, quelque ombre, oh ! mais, fort peu de chose.
L'ouvrage est bon. Aussi, j'ai ma manière, à moi,
Pour enseigner, un tact, certain je ne sais quoi,...
Souvent, c'est un coup d'œil, une seule parole.
Vingt maîtres renommés sortent de mon école ;
Mais vous, sur-tout, mais vous !... enfin, convenez-en,
Vous êtes mon élève, au plus, depuis un an :
Hé bien !...

ÉMILIE.

Avec plaisir je vous rends cet hommage.

LE GRAVEUR.

Il le faut avouer ; c'eût été bien dommage
Que vous ne m'eussiez pas rencontré, par hasard :
Savoir saisir déja les finesses de l'art !
Et d'un art !... car enfin, c'est l'art par excellence.

ÉMILIE.

En effet. Il est beau de pouvoir, en silence,
Méditer, contempler un superbe tableau,
Copier...

LE GRAVEUR.

Copier! ah! le terme est nouveau.
Au métier de copiste allez-vous me réduire?
Non, non; graver n'est pas *copier*, c'est traduire,
Voyez-vous?

ÉMILIE.

Je suis loin de vouloir rabaisser...

LE GRAVEUR.

Copier!

ÉMILIE.

Ah! pardon, si j'ai pu vous blesser.

LE GRAVEUR.

A la bonne heure: enfin, moi qui suis votre maître,
J'en puis parler; sitôt que l'on verra paroître
Une si belle estampe, alors, je vous promets...

ÉMILIE.

Mon estampe, monsieur, ne paroîtra jamais.

LE GRAVEUR.

Quoi? vous renonceriez vous-même à votre gloire?
Renfermer ses travaux dans son laboratoire!
Est-il possible?

ÉMILIE.

Eh! oui; j'y mets trop peu de prix.

LE GRAVEUR.

Mais permettez...

ÉMILIE.

Oh! rien; car c'est un parti pris.

LE GRAVEUR.

Allons...

ÉMILIE.

Vous me trouvez peut-être singulière?

LE GRAVEUR.

Un peu. Voyez! je forme une bonne écolière :
J'espère qu'elle va me faire un grand honneur :
Point...

ÉMILIE.

La célébrité ne vaut pas le bonheur.
Ainsi, vous voudrez bien me rendre mon épreuve?

LE GRAVEUR.

Soit. Mais un tel refus est d'une espèce neuve,
En vérité !...

SCÈNE IV.

LES MÊMES, SINCLAIR.

SINCLAIR.

Pardon : j'entre un peu librement,
Madame ; mais ici j'ai cru trouver Armand.
Je ne perds point au change.

ÉMILIE.

Il est avec son père ;
Et je venois ici, de peur de les distraire.

SINCLAIR.

Il est donc arrivé, ce respectable !... Bon !
Notre cher Monléan !

(*à Émilie.*)

Vous le connoissez donc?

(*au graveur.*)

Eh! bonjour.

ÉMILIE, *avec un peu d'embarras.*

En effet...

LE GRAVEUR.

Oui, j'ai cet avantage.
C'est qu'... entre nous, madame a vraiment en partage...

ÉMILIE, *à Sinclair.*

Je l'avouerai, monsieur, j'ai toujours eu du goût
Pour les bons tableaux...

SINCLAIR.

Oui?

LE GRAVEUR, *d'un air de finesse.*

Pour l'estampe, sur-tout.

SINCLAIR.

Ce goût nous est commun, et je m'en félicite :
Oui, l'ami Monléan a souvent ma visite.

(*au graveur.*)

Avez-vous du nouveau, par hasard?

LE GRAVEUR.

Ah! vraiment!
Si j'en ai!...

(*Émilie lui fait signe de se taire.*)

Rien du tout; non, malheureusement,
On ne fait rien; j'entends qu'on ne fait rien qui vaille.

SINCLAIR.

Rassurez-vous : croyez qu'en silence on travaille ;
J'en suis sûr. Vous verrez bientôt, de toutes parts,
S'éveiller le génie et renaître les arts.

ÉMILIE, *à Sinclair.*

Vous les servez si bien !

SINCLAIR.

Au moins je les adore.

LE GRAVEUR, *avec intention.*

Oui, d'un moment à l'autre, un talent peut éclore.

ACTE II, SCÈNE IV.

SINCLAIR.

Je l'espère ; et je crains beaucoup moins, en effet,
Le défaut de talent, que l'abus qu'on en fait...
  (*au graveur.*)
Pardon, c'est aux graveurs sur-tout que je m'adresse.
Que d'un burin moelleux la grace enchanteresse,
M'offre les Jeux, l'Amour, la douce Volupté;
J'y consens, et souris : mais je suis révolté
De ces honteux objets d'un éternel scandale,
Qu'un avide marchand effrontément étale,
Qui blessent les regards et corrompent le cœur,
Et que le goût proscrit autant que la pudeur.

LE GRAVEUR, *un peu déconcerté.*

Vous avez bien raison... et la foule en est grande,
Oui ; mais... que voulez-vous ? il faut que tout se vende.

SINCLAIR.

Il faut ?... je ne vois pas cette nécessité.

ÉMILIE.

Le beau même, à ce prix, seroit trop acheté.

LE GRAVEUR.

Soit. Convenez qu'il est, dans le siècle où nous sommes,
Des artistes... je dis des femmes et des hommes,
Des graveurs, en un mot, dont le burin est pur.

SINCLAIR.

J'en suis persuadé, mon cher.

LE GRAVEUR.

                Moi, j'en suis sûr;
Et, si vous en doutiez, j'en offrirois la preuve.

ÉMILIE, *vivement.*

Ah ! nous vous en croyons.

LE GRAVEUR, *bas à Sinclair.*

             Venez voir une épreuve !...

Superbe.
SINCLAIR, *bas*.
Bon! alors, ce soir je vous verrai.
LE GRAVEUR.
Adieu, j'ai mainte course...
SINCLAIR.
Oh! toujours affairé!
ÉMILIE.
Sur-tout n'oubliez pas, monsieur, votre promesse.
LE GRAVEUR.
Non, non, soyez tranquille.
(*bas à Sinclair.*)
Et vous... car on me presse,
Ne venez pas tard.
SINCLAIR, *bas au graveur*.
Non.
LE GRAVEUR, *bas à Sinclair*.
J'ai même le tableau.
(*haut à Émilie.*)
Je vais songer à vous.
ÉMILIE.
Bien.
LE GRAVEUR, *bas à Sinclair*.
Vous verrez du beau.
(*Il sort.*)

SCÈNE V.

ÉMILIE, SINCLAIR.

SINCLAIR.

Cher Monléan !... il est d'un amour-propre extrême.
Son art est le premier, à l'entendre ; et lui-même,
Le premier de son art.

ÉMILIE.

              Vous le connoissez bien.
Il n'est pas sans talent, après tout.

SINCLAIR.

                            J'en convien.
Mais,... lorsqu'ici le sort à mes regards vous montre,
Je veux mettre à profit cette douce rencontre,
Madame : un tel desir ne peut être suspect ;
Car j'ai pour vous d'Armand l'estime, le respect.

ÉMILIE.

Oui, je le crois...

SINCLAIR.

              Daignez m'écouter sans colère,
Sûre que je suis loin de vouloir vous déplaire.

ÉMILIE.

Monsieur, je vous écoute.

SINCLAIR.

                    Ah ! madame ! je vois
Qu'un seul moment peut bien décider quelquefois
De notre vie entière : oh ! oui, j'en fais l'épreuve.
J'ai le bonheur de voir une charmante veuve,
Belle, joignant sur-tout la grace à la beauté ;
Et c'est assurément sa moindre qualité :

Le ciel qui la combla de toutes ses largesses,
Oublia seulement d'y joindre les richesses...
Vous la reconnoissez, peut-être, à ce portrait?

ÉMILIE.

Monsieur!...

SINCLAIR.

Jusques au bout, je vais être indiscret;
Car je puis avouer un penchant légitime.
Cette veuve, je l'aime autant que je l'estime.
Ce qu'Armand m'a dit d'elle, et ce que j'ai pu voir,
Tout nourrit dans mon cœur la tendresse et l'espoir;
Oui, l'espoir de lui faire agréer le partage
D'un bien qui par lui-même est un mince avantage,
Si l'on n'y joint des mœurs, un cœur sensible et franc.
Mais, de mon caractère un bon et sûr garant,
C'est Armand; je l'invoque : il vous verra, madame.
Il a lu, comme moi, dans le fond de mon ame :
Il sait le digne objet que j'ai fait vœu d'aimer,
Et, moins tremblant, peut-être osera le nommer.

ÉMILIE.

Monsieur... assurément, ce que je viens d'entendre,
Vous le croirez sans peine, a droit de me surprendre :
J'étois peu préparée...

SINCLAIR.

Ah! madame, pardon,
Si, me laissant aller à ce tendre abandon,
J'ai fait une démarche un peu trop indiscrète.
D'abord, je voulois prendre Armand pour interprète :
Peut-être un vœu par moi trop vainement conçu,
En passant par sa bouche, eût été mieux reçu;
Mais quoi!... j'ai franchement cru vous rendre justice,
En venant, sans détour comme sans artifice,

Seul, vous ouvrir mon cœur; oui, j'aime à le penser,
Ma confiance au moins ne sauroit vous blesser.
ÉMILIE.
Aussi ne croyez pas, monsieur, qu'elle me blesse.
Votre air tout à-la-fois de candeur, de noblesse,
Cette démarche enfin, je suis de bonne foi,
N'a rien que d'obligeant et de flatteur pour moi.
SINCLAIR.
Hé bien donc, de mon sort daignez être l'arbitre.
ÉMILIE.
Puis, l'amitié d'Armand à mes yeux est un titre...
SINCLAIR.
C'est mon plus beau sans doute, et seul il tiendroit lieu...
Je vais à ce sujet vous faire un autre aveu,
Madame : cet Armand, que j'estime et que j'aime,
Je le craignois un peu... que dis-je? beaucoup même.
ÉMILIE.
Vous craigniez votre ami! pourquoi donc?
SINCLAIR.
Ah! pourquoi!
Il vous voit de plus près et plus souvent que moi,
Madame, il est sensible : en ce lieu tout l'atteste;
Et quel rival alors! car plus il est modeste,
Plus un cœur noble et pur pouvoit le préférer.
ÉMILIE.
Quoi, monsieur?...
SINCLAIR.
Mais Armand vient de me rassurer.
Tout en montrant pour vous l'intérêt le plus tendre,
Le plus profond respect, il m'a su faire entendre...
Qu'il bornoit tous ses vœux à se voir votre ami.
Dès-lors, en mon dessein je me suis affermi;

Et lui faisant l'aveu d'une si pure flamme,
Je l'ai prié d'en être auprès de vous, madame,
Un avocat fidèle; il m'a promis ses soins.

ÉMILIE.

Il vous auroit?...

SINCLAIR.

D'Armand je n'attendois pas moins.

ÉMILIE.

(à part.)
Hélas!

SINCLAIR, *élevant la voix.*
Mais le voilà, cet ami si sincère!

SCÈNE VI.

LES MÊMES, LE PEINTRE.

ÉMILIE, *au peintre, avec émotion.*
Je vous croyois, monsieur, auprès de votre père.

LE PEINTRE, *un peu inquiet.*
Je viens de le quitter. Il repose... mais quoi!...
Peut-être j'interromps un entretien...

SINCLAIR.

Qui? toi!
Peux-tu le craindre? Ici, je parlois de toi-même,
De ton attachement, de ta franchise extrême;
Et, tiens.

ÉMILIE.

Pardon; je vais, si vous le permettez,
Vous laisser librement...

LE PEINTRE.

J'arrive, et vous partez!

ÉMILIE.

J'allois sortir, monsieur ; puis, un ami réclame
Tous vos soins ; l'amitié peut beaucoup sur votre ame.
SINCLAIR, *à mi-voix, à Émilie.*
Oui, j'espère bientôt renouer un discours
D'où dépend, je le sens, le bonheur de mes jours.
ÉMILIE, *de même.*
Souffrez que, sur ce point, je garde le silence.
(*Elle sort, en saluant le peintre assez froidement.*)

SCÈNE VII.

LE PEINTRE, SINCLAIR.

LE PEINTRE, *à part.*
Combien il faut ici me faire violence !
SINCLAIR.
Je n'ai point de secrets pour un ami si cher :
Je viens de m'expliquer.
LE PEINTRE.
　　　　　　　Quoi ? déjà ?... Mais, Sinclair,
Nous étions convenus, ma mémoire est fidèle,
Qu'avant de me revoir, tu n'irois point chez elle.
SINCLAIR.
Il est vrai : c'est chez toi que je venois aussi.
Le sort veut que je trouve, en ton absence, ici,
L'aimable veuve ; alors, ma hardiesse est grande ;
J'ai donc, je l'avouerai, hasardé ma demande.
LE PEINTRE.
En effet, je te trouve assez expéditif.
SINCLAIR.
D'accord : tu me connois ; je suis ardent et vif.

LE PEINTRE.
Tes vœux sont agréés, sans doute?
SINCLAIR.
Je l'ignore.
LE PEINTRE.
Comment? elle n'a pas répondu?...
SINCLAIR.
Pas encore;
Elle alloit s'expliquer, quand toi-même as paru.
LE PEINTRE.
C'est bien dommage.
SINCLAIR.
Au moins, entre nous, je l'ai cru,
Ma déclaration ne l'a point irritée.
LE PEINTRE.
Sans doute; elle doit même en être très flattée...
SINCLAIR.
Je n'ose croire...
LE PEINTRE.
Et moi, j'en suis persuadé.
SINCLAIR.
Il est vrai que par toi si je suis secondé...
LE PEINTRE.
Ah!...
SINCLAIR.
De ton amitié j'espère cette preuve.
J'en ai dit quelque chose à notre aimable veuve.
LE PEINTRE.
Quoi? tu l'as prévenue?...
SINCLAIR.
Et je m'en sais bon gré:
J'ai reconnu d'abord, comme je l'espérai,

Que pour toi, cher Armand, elle a beaucoup d'estime;
Et l'on n'y peut avoir un droit plus légitime..
Oui, quand elle te nomme... ah! c'est d'un ton!...

LE PEINTRE, *avec un peu de dépit.*

Eh! quoi?
Elle a trouvé le temps de te parler de moi?

SINCLAIR.

Ainsi tu vas plaider avec chaleur ma cause;
N'est-ce pas, mon ami? sur toi je me repose.

LE PEINTRE.

Mais...

SINCLAIR.

Tu me l'as promis. J'y compte.

LE PEINTRE.

Tu le veux:
Alors, je la verrai.

SINCLAIR.

C'est combler tous mes vœux.
Un tel hymen fera le bonheur de ma vie,
Conviens-en.

LE PEINTRE, *se contenant avec peine.*

Oui... ton sort est trop digne d'envie.

SCÈNE VIII.

LES MÊMES, LE POETE.

LE POETE.

Vous voilà; bon.

SINCLAIR.

Hé bien! avons-nous du nouveau?

LE POETE.

Oui, mes amis; voici mon ode.

LE PEINTRE, *cherchant à se distraire.*
Ah, ah! *bravò!*
SINCLAIR.
Oh! *bravò?* doucement : n'applaudis pas si vite ;
Moi, j'attends qu'il nous lise.
LE PEINTRE *au poëte.*
Alors, lis tout de suite.
LE POETE, *son ode à la main.*
Je suis prêt. Je ne sais, d'honneur! comment j'ai pu
Achever ce morceau, cent fois interrompu.
Car j'ai, chemin faisant,...
SINCLAIR.
Dorlis! point de préface :
Au fait.
LE POETE.
Oh! ce n'est pas pour vous demander grace.
Je suis de bonne foi : critiquez à l'envi.
LE PEINTRE.
Sois tranquille ; à souhait tu vas être servi.
LE POETE.
Tant mieux...
SINCLAIR, *souriant.*
Oui? nous verrons. Lis donc.
LE POETE.
Soit. Je commence.
« L'Union des Beaux-Arts. » Ode, stances, romance,...
Tout comme il vous plaira.
SINCLAIR.
Le titre n'est rien.
LE PEINTRE.
Non.

Il suffit, mon ami, que l'ouvrage soit bon.
LE POETE.
Oh! sans trop me flatter...
SINCLAIR.
Oui, cela va sans dire.
C'est à nous d'en juger : toi, tu n'as qu'à nous lire.
LE POETE *lit.*
Que je plains l'homme solitaire
Qui, froid, et comme inanimé,
Semble abandonné sur la terre,
Et, n'aimant rien, n'est point aimé!...
LE PEINTRE.
Pas mal.
SINCLAIR.
Suivons.
LE POETE *continue de lire.*
Ah! malheur au lâche égoïste!...
SINCLAIR.
Oh! *lâche* est un peu fort...
LE POETE.
Suivons.

(*Il reprend.*)
Ah! malheur au lâche égoïste!
Un tel homme... hélas! s'il existe,
Nous fait honte, encor moins qu'il ne nous fait pitié!
(*à ce vers, Sinclair rechigne.*)
Notre sort, grace au ciel, est plus digne d'envie :
Il est, nous le sentons, trois grands biens dans la vie,
L'amour, les arts et l'amitié.
SINCLAIR.
Tu t'arrêtes ici, Dorlis; et nous pouvons

Te critiquer, j'espère?
LE POETE.
Allons, tout à votre aise :
Mais qu'a donc cette strophe enfin qui te déplaise?
SINCLAIR.
Mais je n'aime pas trop d'abord *honte et pitié*.
LE POETE.
Pourquoi?
SINCLAIR.
Puis, le début n'est pas assez lié
Avec les derniers vers.
LE POETE.
Tu trouves?
LE PEINTRE.
Il me semble
Que le début, la fin s'accordent bien ensemble.
SINCLAIR.
Oh! tu trouves toujours tout excellent.
LE POETE.
Ma foi!
On ne te fera pas un tel reproche, à toi.
SINCLAIR.
Tant mieux. Voilà déja notre auteur qui se fâche!
LE PEINTRE.
Tu fais : nous critiquons ; chacun remplit sa tâche.
LE POETE.
La vôtre est assez douce.
SINCLAIR.
Avec toi? mais pas trop.
LE PEINTRE.
Ah! poursuivons, de grace.

ACTE II, SCÈNE VIII.

LE POETE *lit*.

Brillants enchanteurs que vous êtes !
Où puisez-vous tous ces grands traits ?
Peintres, musiciens, poëtes,
C'est l'amour seul qui vous a faits :
Il enflamme d'un beau délire
La verve, les pinceaux, la lyre ;
Tout s'anime par lui, tout est vivifié...

SINCLAIR.

Aye, aye !

LE POETE.

Hé bien ?

SINCLAIR.

Quel mot ! Vivifié ?

LE POETE.

Sans doute, il est juste, il exprime
Une idée...

SINCLAIR.

Il est là seulement pour la rime.

LE POETE.

Allons !

SINCLAIR.

Qu'en dit Armand ?

LE PEINTRE.

Je pense comme toi :
Je n'aime pas du tout *vivifié*.

LE POETE.

Pourquoi ?

LE PEINTRE.

Je ne sais ; mais d'abord il est bien prosaïque.

SINCLAIR.

C'est le mot.

LE POETE, *avec chaleur.*

Je soutiens qu'il est très poétique.
Je m'y connois.

LE PEINTRE.

On peut se tromper.

SINCLAIR.

Et sur-tout
Dans sa cause, Dorlis.

LE POETE.

Avez-vous seuls du goût?

SINCLAIR.

Courage!

LE PEINTRE.

Tu ne fus jamais aussi tenace.

LE POETE.

(*gaiement.*)

Eh! c'est que... Je ne sais quel mot mettre à la place.

SINCLAIR.

Cherche, et tu trouveras.

LE POETE.

Fort bien : c'est bientôt dit.

SINCLAIR.

On t'indique le mal; toi, fais-en ton profit.

LE PEINTRE.

Sans doute.

LE POETE.

Beau profit! une strophe à refaire!
Écoutez celle-ci, du moins; c'est la dernière.

(*Il la récite de mémoire.*)

Mais les beaux-arts, et l'amour même,

ACTE II, SCÈNE VIII.

Ne rendroient heureux qu'à demi,
Si du ciel la bonté suprême
N'y joignoit le don d'un ami.
Tendre amitié, tu nous consoles :
Tu rends nos talents moins frivoles,
Nos plaisirs plus touchants et plus purs de moitié ;
Et sur-tout de regrets tu n'es jamais suivie.
Redisons donc : « Il est trois vrais biens dans la vie,
« L'amour, les arts et l'amitié. »

LE PEINTRE.

Cette strophe est touchante.

SINCLAIR.

(*au poëte.*)
Oui, tout-à-fait. Tu vois
Que nous savons, mon cher, te louer quelquefois.

LE POETE.

L'effort est admirable.

LE PEINTRE.

Allons, sois donc docile,
Cher Dorlis ; conviens-en, la critique est utile.

LE POETE.

Je le sais : mais... vois-tu ? le premier mouvement...
On n'est pas, mes amis, poëte impunément.

SINCLAIR.

Au reste, je mettrai cette pièce en musique.
Tu me rendras alors critique pour critique :
Je t'attends.

LE POETE.

Pour cela, tu peux bien y compter.

LE PEINTRE.

Cela ne vaut-il pas mieux que de se flatter ?
Ah ! l'un pour l'autre ainsi plus nous serons sévères,

Moins le public doit l'être. Amis vrais et sincères,
Prêtons-nous de la sorte un mutuel secours :
Avertissons-nous bien de nos défauts.

SINCLAIR.

Toujours.
C'est cette amitié franche, et que fonda l'estime,
Qui, dans nos longs travaux, nous soutient, nous anime,
Qui, nous rendant notre art et nos succès plus chers,
Par le bonheur d'autrui, vient charmer nos revers.
Amitié même à part, tout artiste est mon frère.

LE POETE.

Pourquoi faut-il qu'ailleurs on ait vu le contraire,
Qu'on puisse l'un de l'autre être ennemis, jaloux,
Ne pas s'encourager, se chérir comme nous?

LE PEINTRE.

Ah! de grace, écartons cette triste pensée :
L'ame d'un noble artiste en seroit trop blessée.
Mais nous, promettons-nous d'être toujours unis.

SINCLAIR, *prenant ses deux amis par la main.*
Ah! oui.

LE POETE, *avec enthousiasme.*

Par-là du moins imitons, chers amis,
Ces artistes fameux, ces illustres poëtes,
Du génie et du goût si dignes interprètes,
Qui, de la vie humaine égayant le chemin,
Marchoient tous à la gloire en se donnant la main.

LE PEINTRE.

Je suis touché, ravi d'une si belle image.

LE POETE.

Nous les suivons de loin, et leur rendons hommage.

SINCLAIR.

Ton père est éveillé.

SCÈNE IX.

Les mêmes, M. ARMAND.

M. ARMAND.
Me voilà, mon ami.
LE PEINTRE.
Hé bien, vous avez donc, mon père, un peu dormi?
M. ARMAND.
Un peu ; j'ai fermé l'œil.
SINCLAIR, *à M. Armand.*
Citoyen respectable,
Que vous êtes heureux d'avoir un fils semblable !
Et je ne parle pas de son rare talent ?
Mais de sa loyauté, de son cœur excellent :
Ce que sur-tout en lui j'estime et je révère,
C'est son attachement, son respect pour son père.
M. ARMAND.
Monsieur, j'ai bien regret de ne pouvoir ici...
(*à son fils.*)
Répondre... Ces messieurs sont des peintres aussi?
SINCLAIR.
Je n'ai pas cet honneur.
LE PEINTRE.
C'est un ami plein d'ame,
D'enthousiasme même ; il m'anime, il m'enflamme.
SINCLAIR.
Je sais apprécier les ouvrages d'Armand :
Voilà tout.
LE POÉTE.
Moi de même.

LE PEINTRE.

Ah!... cet ami charmant
Est un poëte.

M. ARMAND.

Bon! Qu'est-ce donc qu'un poëte?

LE PEINTRE.

De la nature aussi c'est un digne interprète :
Il fait des vers.

M. ARMAND.

Des vers?

LE POETE.

Oui, je fais de mon mieux,
Pour peindre à l'ame, ainsi qu'il sait parler aux yeux.
Mais combien, près de lui, foiblement je m'exprime!
Et, talent même à part, que son art est sublime!
Avec un peu de toile, un pinceau, des couleurs,
Il peint l'azur des cieux, le bel émail des fleurs,
Le cristal d'une eau pure, et la naissante aurore,
Et ce jour qu'après lui le soleil laisse encore...

M. ARMAND.

J'entends.

LE POETE.

Les champs, les bois, les prés et leurs troupeaux,
Et ces ports animés par de nombreux vaisseaux.
Ce mélange savant et de lumière et d'ombre,
Donne une clarté vive, une teinte plus sombre,
Qui détache, prolonge, arrondit les objets ;
Et tour-à-tour, au gré de ses divers sujets,
Exprimant la chaleur, la grace, la noblesse,
Le peintre toujours trompe, et nous ravit sans cesse.

M. ARMAND.

Est-il vrai?

ACTE II, SCÈNE IX.

LE POETE.

De son art ô magique pouvoir !
Sous son pinceau vivant... douce erreur ! on croit voir
Le cheval qui galope, et l'oiseau qui s'envole ;
Il peint le mouvement, et presque la parole.

LE PEINTRE.

Courage, mon ami ! Mais en faisant si bien
L'éloge de mon art, tu prouves pour le tien.
Le peintre ne sait point chanter les vers qu'il aime ;
Et le poëte peint la peinture elle-même (1).

M. ARMAND.

C'est un plaisir, messieurs, de vous entendre ainsi !
Vous arrangez cela !...

SINCLAIR.

    Je les admire aussi :
Beaux talents !

M. ARMAND.

    La nature est encore plus belle.

SINCLAIR.

La nature ? ah ! toujours Armand lui fut fidèle.

LE POETE, *lui montrant un tableau.*

Voyez *Cincinnatus*, consul agriculteur,
Qui labouroit son champ d'un bras triomphateur !
Rome, déja par lui tant de fois secourue,
L'appelle encor, l'arrache à sa douce charrue :
Il la quitte à regret.

M. ARMAND.

    Ah ! vraiment, je le crois.

---

1 Ce vers est du bon *La Fontaine* : il est tiré d'une pièce peu connue, intitulée les *Grottes de Vaux*. On me pardonnera de le lui avoir emprunté ; tant il entroit naturellement dans mon sujet !...

LE POETE.

Enfin, par-tout ici la nature.

M. ARMAND.

Oui, je vois.
Mais la cause d'Armand est bien un peu la vôtre,
Et vous vous soutenez à merveille l'un l'autre.

LE PEINTRE.

C'est l'amitié qui parle.

SINCLAIR.

Ah! oui, j'en fais l'aveu:
Elle n'est point aveugle; on le verra dans peu.
Oui, cher monsieur Armand, vous-même, ici, peut-être,
Avant de regagner votre asile champêtre,
Vous pourrez...

M. ARMAND.

Quoi, monsieur?

LE PEINTRE.

Imagination!
Sans trop prêter l'oreille à leur prédiction,
J'attends le sort qu'un jour l'avenir me réserve:
Pour le voir, que le ciel bien long-temps vous conserve!

M. ARMAND.

O mon fils!

SINCLAIR, *à M. Armand.*

Un espoir peut-il m'être permis?
Demain, le cher Armand, et quelques bons amis,
Viennent me voir; ayez, monsieur, la complaisance
De vous y réunir: votre seule présence
Saura nous inspirer une franche gaieté,
L'amour de la nature et la simplicité.

M. ARMAND.

Monsieur, très volontiers; je ne vois point d'obstacle...

ACTE II, SCÈNE IX.

LE PEINTRE.

Sans doute.

LE POETE, *à M. Armand.*

Après demain je vous mène au spectacle :
En un mot, tous les trois saurons nous réunir
Pour vous montrer Paris, pour vous bien divertir ;
Et ces jours-là pour nous seront des jours de fêtes.

M. ARMAND, *touché jusqu'aux larmes.*

Ah! vous êtes, messieurs, trop bons et trop honnêtes.

LE PEINTRE.

Chers amis!

SINCLAIR.

De ce nom tous deux nous sommes fiers ;
Dans tes plaisirs, si purs, trop heureux d'être en tiers !

LE POETE, *au peintre.*

Au revoir.

(*Il sort avec Sinclair.*)

SCÈNE X.

M. ARMAND, LE PEINTRE.

M. ARMARD.

Voilà bien une amitié sincère.

LE PEINTRE.

Ah! oui; je suis heureux en amis comme en père.

M. ARMAND.

Cher Armand! ainsi donc voilà ton ?...

LE PEINTRE.

atelier.

M. ARMAND.

Ah! bon. Que de tableaux!

LE PEINTRE.
C'est tout mon mobilier.
M. ARMAND, *souriant*.
L'autre chambre, en effet, m'a paru moins garnie.
LE PEINTRE.
Oui, je ne reçois point ailleurs de compagnie :
Outre ces deux amis, après tout, je ne voi
Que quelques bonnes gens, fort simples comme moi;
Simplicité chérie, et qui sied à l'artiste!
M. ARMAND.
Je l'aime fort aussi : mais il faut qu'on subsiste.
En voyant ces tableaux, je te dirai tout bas :
Puisqu'ils sont toujours là, tu ne les vends donc pas?
LE PEINTRE.
Permettez : ces tableaux ne sont pas tous à vendre.
Dans notre état, mon père, il faut savoir attendre;
Et quand seul en secret on s'exerce, on s'instruit,
Déja de son travail on recueille le fruit.
M. ARMAND.
J'entends; mais tout cela me paroît un peu vide :
Nous autres campagnards, nous tenons au solide.
LE PEINTRE.
J'ai peu d'ambition, et vis de mon talent.
Mais si, comme parfois je l'espère en tremblant,
Je puis me faire un nom; si mes heureux ouvrages
Du public indulgent obtiennent les suffrages;
Nous aurons tous alors ce peu qui nous suffit :
Alors, n'en doutez pas, mon père, le profit,
La réputation, tout doit venir ensemble.
M. ARMAND.
La réputation! dans tes lettres, ce semble,
Tu te sers bien souvent de cette expression.

Tu n'as pas, même ici, de réputation;
J'en viens d'avoir la preuve aux portes de la ville.
J'ai demandé ton nom : ah! oui! peine inutile;
On ne te connoît point. Hélas! mon pauvre ami.
Plutôt que de languir, et de vivre à demi,
Ne valoit-il pas mieux nous demeurer fidèle?
As-tu donc oublié la maison paternelle?

LE PEINTRE.

(Il court à son carton.)

L'oublier! moi, mon père? ah! Dieu! Voici le *Breuil*,
Le coteau de *Marvet*, le moulin de *Vigneuil*.
Vous allez retrouver ici vos paysages.

M. ARMAND, *parcourant ces dessins.*

Oui, je les reconnois : voilà de beaux ouvrages.

LE PEINTRE.

Lieux charmants! ah! jamais je ne vous oublierai.
Non, mon pays natal m'est trop cher, trop sacré.
C'est ce pur sentiment de la belle nature,
Qui donne un caractère, un charme à la peinture :
Elle seule m'inspire en mes foibles travaux;
Et si je vaux un peu, c'est par là que je vaux.

M. ARMAND.

Ah! reviens parmi nous; tu vaudras davantage,
C'est de notre côté qu'est le meilleur partage.
Au lieu de t'enfermer ainsi dans un grenier,...
Car enfin c'en est un que ton bel atelier :
Viens travailler au Breuil, mais en pleine campagne,
Dans les bois, dans la plaine, au haut de la montagne.
Laisse à des mains d'enfants ces crayons, ce pinceau;
Prends la charrue, Armand, et viens voir un tableau
Plus beau que tous ceux-là : tu dis que ta peinture
Est l'imitation de la belle nature;

Eh! ne l'imite point, et viens la cultiver.
(*Pendant ce discours, le peintre, appuyé sur son carton, regarde son père dans une sorte d'extase.*
Tu ne m'écoutes pas, tu te mets à rêver :
A ce que je lui dis voyez donc s'il prend garde!
Mais comme il est distrait, et comme il me regarde!
Armand!

LE PEINTRE, *sortant de sa rêverie.*

Mon père!

M. ARMAND.

Hé bien, que fais-tu?

LE PEINTRE, *encore tout ému.*

Pardonnez :
Ce front ouvert, ces traits par le temps sillonnés,
Et ces beaux cheveux blancs, et cet air vénérable...
Oui, tout cela feroit une tête admirable.

M. ARMAND.

Comment? est-il croyable? Eh quoi! mon fils, voilà!...
Oh! je n'aurois jamais deviné celui-là.
(*Il rit aux éclats.*)

SCÈNE XI.

LES MÊMES, Mme ALIX.

Mme ALIX.

Qu'avez-vous?

M. ARMAND, *riant toujours.*

Ah, madame! il est incorrigible.

Mme ALIX.

Comment?

ACTE II, SCÈNE XI.

M. ARMAND.

Dans l'instant même où je fais mon possible
Pour dégoûter Armand de sa peinture...

Mme ALIX.

Eh quoi!
Le dégoûter!...

M. ARMAND.

Hé bien, il veut me peindre, moi!
Le croiriez-vous?

Mme ALIX.

Eh! mais, pourquoi pas, je vous prie?
Plût au ciel! moi d'abord j'en veux une copie.

M. ARMAND.

Quoi! vous ne trouvez pas, madame, un pareil trait...
Bien étonnant?

Mme ALIX.

Mais non. Il a fait mon portrait :
Je n'ai pas le bonheur pourtant d'être sa mère.

M. ARMAND.

Bon! soutenez-le!...

Mme ALIX.

Armand n'a pas besoin, j'espère...

LE PEINTRE.

Mon père, un tel desir ne sauroit vous fâcher.

M. ARMAND.

Non, mais...

Mme ALIX.

Venez, messieurs, car je viens vous chercher.
Il faut nous réunir; aussi bien Émilie
A dans ce moment-ci de la mélancolie,
Et nous la distrairions.

M. ARMAND.

Volontiers, allons tous.

LE PEINTRE, *à madame Alix.*

Quoi? votre amie auroit du chagrin, dites-vous?

Mme ALIX.

Oui, je crois.

LE PEINTRE.

Savez-vous le sujet?

Mme ALIX.

Je l'ignore,
Et je ne conçois pas;... car ce matin encore,
Elle étoit gaie... oh! mais, j'espère... allons, monsieur...

LE PEINTRE, *en prenant les mains de son père.*

Oui, mon père, venez.

M. ARMAND, *à madame Alix.*

Je réponds bien du cœur;
(*en riant.*)
Mais pour la tête! Ah! çà, mon fils, point de surprise;
Et ne va pas me peindre avec ma barbe grise.

(*Il rentre avec madame Alix et son fils.*)

FIN DU SECOND ACTE.

ACTE TROISIÈME.

SCÈNE I.

M. ARMAND, ÉMILIE.

M. ARMAND, *amenant Émilie mystérieusement.*
Oui, venez, je vous prie : en l'absence d'Armand,
Parlons un peu de lui ; mais parlons franchement.
ÉMILIE.
A quel sujet, monsieur ?
M. ARMAND.
Ce cher enfant, je l'aime !
Et je suis bien certain qu'il me chérit de même.
ÉMILIE.
Vous n'en pouvez douter : eh ! qui ne chériroit
Un si bon père ?...
M. ARMAND.
Oui, mais je vois avec regret
Qu'il répugne beaucoup à ce qui m'intéresse,
A me suivre au pays. Vainement je le presse ;
Il résiste ; cela me fait bien du chagrin.
ÉMILIE.
Croyez qu'assurément ce n'est pas son dessein :
Il est loin de vouloir vous causer de la peine.
M. ARMAND.
Il m'en cause pourtant. Il faut que je l'emmène.
Oui, je viens pour cela, j'ai trop besoin de lui.
Je ne puis m'en passer, et sur-tout aujourd'hui.

Car, voyez-vous? ma ferme est comme abandonnée :
J'ai deux fils à l'armée ; et puis, ma fille aînée
Est mariée ; enfin, je n'ai plus avec moi
Que ma seconde fille et mon petit Éloi.

ÉMILIE.

J'entends bien. Votre fils d'ailleurs est bon, sensible...
Mais demeurer là-bas, lui sera-t-il possible?
Occupé d'autres soins, vous sentez bien qu'alors,
Il en coûte...

M. ARMAND.

Comment? faut-il donc tant d'efforts
Pour rentrer sous le toit et paisible et champêtre
Qu'habitent nos parents, et qui nous a vus naître?

ÉMILIE.

Non ; mais enfin... son art, pour lequel il fait voir
Un talent décidé...

M. ARMAND.

Vous devez le savoir :
Moi, j'en doute.

ÉMILIE.

Ah! monsieur, croyez au moins des gages
Qui ne peuvent tromper.

M. ARMAND.

Lesquels donc?

ÉMILIE.

Ses ouvrages.

M. ARMAND.

M'y connois-je?

ÉMILIE.

Le vrai saisit d'abord le cœur.
Vous verrez son *Tobie*.

ACTE III, SCÈNE I.

M. ARMAND.
Ah! *Tobie?*

ÉMILIE.
Oui, monsieur.
Il peint ce patriarche et sa digne compagne,
Qui, suivant leur usage, au haut de la montagne,
Attendent leur enfant si tendrement chéri.
Sa mère l'aperçoit, se lève, pousse un cri :
Du moins, on le présume, à l'air d'impatience
Du vieillard, qui d'abord quoique aveugle, s'avance,
Étend les bras, n'a pas le temps de ramasser
L'appui de ses vieux ans ;... prompt à les devancer,
Leur chien aboie et court ; car vous pouvez bien croire
Qu'il est dans le tableau comme il est dans l'histoire.
Cet ouvrage, en un mot, d'un style original,
Est pur, touchant, enfin vraiment patriarchal.

M. ARMAND.
Oui, cette seule idée annonce un cœur sensible :
Je reconnois Armand. Moi, dans toute la Bible,
C'est *Tobie* et *Joseph* que je chéris le plus.
Aussi, mon fils et moi, nous les avons bien lus.
Hélas! je fus souvent ce bon père Tobie :
Que de fois, l'an dernier, avec mon Eusébie...
(Elle vivoit alors ; hélas! mon pauvre enfant
Ne la reverra plus...) Enfin, ce cher Armand
Devoit donc avec nous passer une quinzaine ;
Il nous l'avoit promis : pendant une semaine,
Nous allions tous les jours au coteau de Marvet ;
Et le fidèle Turc, de même, nous suivoit ;
Car ce pauvre animal aimoit son jeune maître !...
Nous regardions toujours si nous verrions paroître
Ce fils chéri ; mais non : Armand n'est point venu :

Je n'étois pas aveugle, et je l'aurois bien vu.
ÉMILIE.
Bon père!
M. ARMAND.
Une autre cause au pays le rappelle,
Bien importante encore...
ÉMILIE.
Et de grace, laquelle?
M. ARMAND.
C'est qu'entre nous, là-bas je veux le marier.
ÉMILIE.
Le marier?
M. ARMAND.
Eh! oui.
ÉMILIE.
Quoi, le sacrifier!
M. ARMAND.
Ce seroit bien dommage : oh! non, je vous assure;
Dès long-temps il connoît, il aime sa future.
ÉMILIE.
Vous dites?...
M. ARMAND.
Qu'ils s'aimoient dès leurs plus jeunes ans.
Ils s'aiment encor plus depuis qu'ils sont absents;
Si j'en juge du moins par la pauvre Julienne.
Elle chérit Armand!...
ÉMILIE.
Ah! je le crois sans peine.
M. ARMAND.
Et je ne doute point qu'Armand, de son côté,
Ne lui conserve aussi même fidélité.

ÉMILIE.

En effet, je présume...

M. ARMAND.

Enfin, ce mariage
Est, il faut l'avouer, l'objet de mon voyage.
Il vous en a parlé, sans doute ?

ÉMILIE.

Nullement.
Il ne m'ouvrit jamais son cœur un seul moment.

M. ARMAND.

Ah, ah! j'en suis surpris ; car j'ai cru reconnoître
Que mon fils a pour vous...

ÉMILIE.

Quelque estime peut-être.

M. ARMAND.

Il me parle de vous, madame, en vérité,
Mais avec un transport!...

ÉMILIE.

Il a trop de bonté.

M. ARMAND.

C'est pourquoi je m'adresse à l'aimable Émilie,
Dans l'espérance...

ÉMILIE.

Eh! mais... de quoi, je vous supplie?

M. ARMAND.

Que vous nous prêterez un peu de votre appui ;
Qu'employant le crédit que vous avez sur lui,
De Julienne, en un mot, vous plaiderez la cause.

ÉMILIE.

En a-t-elle besoin ?

M. ARMAND.

Oh! non, mais.... je suppose ;

On ne sait pas; enfin... de tout il faut s'aider :
Personne plus que vous ne peut le décider.
ÉMILIE.
Moi, monsieur?
M. ARMAND.
J'en suis sûr : votre voix douce et tendre
Est bien capable... Eh! mais, tenez, je crois l'entendre :
Il vient fort à propos; en ce cas-là, je sors.
ÉMILIE.
Comment, monsieur?
M. ARMAND.
Eh! oui, sans qu'il me voie; alors,
Je m'en vais empêcher que personne ne vienne.
ÉMILIE.
Mais...
M. ARMAND.
Sans adieu.
(revenant sur ses pas.)
Sur-tout, parlez bien de Julienne.
(Il sort, sans être vu de son fils.)
ÉMILIE, *seule, à part.*
O ciel! il aime une autre!... Espoir, hélas! trop cher!

SCÈNE II.

ÉMILIE, LE PEINTRE.

LE PEINTRE, *de loin, à part.*
Il faut donc que je parle en faveur de Sinclair!
Étouffons mes regrets dans le fond de mon ame.
ÉMILIE.
Vous me trouvez encor chez vous, monsieur.

LE PEINTRE.

Madame,
Je suis flatté sans doute... et moi-même, aussi-bien,
Je vous cherchois.

ÉMILIE.

Qui ? moi ?

LE PEINTRE.

Pardonnez, oui, je vien...
De la part d'un ami, de Sinclair : il vous aime,
Madame...

ÉMILIE.

Je le sais ; il me l'a dit lui-même.
Et dès-lors, il pouvoit vous épargner le soin...

LE PEINTRE.

De mon secours, sans doute, il n'avoit pas besoin :
Il a cru cependant... (car, malgré l'apparence,
Toujours un peu de crainte est jointe à l'espérance).
Sinclair a près de vous invoqué mon appui.

ÉMILIE.

Et vous avez promis de me parler pour lui,
Monsieur ?

LE PEINTRE.

Pouvois-je moins pour un ami fidèle ?

ÉMILIE.

Il est vrai : des amis vous êtes le modèle.
Monsieur Sinclair, d'ailleurs, a mille qualités
Estimables ; l'appui qu'ici vous lui prêtez
Doit ajouter encor...

LE PEINTRE.

Peu de chose, sans doute.
Mon ami, par lui-même, est digne qu'on l'écoute :
Vous lui rendez justice ; et la prévention...

ÉMILIE.

Je suis chargée aussi d'une commission
Toute semblable.

LE PEINTRE.

Vous, madame?

ÉMILIE.

Oui, votre père
Me croit quelque crédit près de vous ; il espère
Qu'ici je voudrai bien... vous rappeler, monsieur,
Un souvenir touchant, et qu'il a fort à cœur.
Trop inutile soin, il faut que j'en convienne !
Vous vous ressouvenez de l'aimable Julienne...

LE PEINTRE.

De Julienne? Comment... connoîtriez-vous?

ÉMILIE.

Non :
Sans votre père encor, j'ignorerois son nom.

LE PEINTRE.

Ah ! pardon... il étoit inutile, je pense,
De vous parler d'un goût de la première enfance...

ÉMILIE.

Ces goûts formés, nourris dès nos plus jeunes ans,
Sont souvent nos plus doux, nos plus profonds penchants.
Vous conservez, sans doute, une aussi chère idée :
Votre père le croit ; j'en suis persuadée ;
Et Julienne sur-tout en est bien sûre...

LE PEINTRE.

Ah ! ciel !...
Vous pourriez croire ?...

ÉMILIE.

Eh ! oui : rien de plus naturel.
Votre embarras trahit le secret de votre ame :

Pourquoi rougir alors d'une aussi belle flamme?
LE PEINTRE.
Mais ce n'est pas de moi, madame, qu'il s'agit;
C'est de Sinclair...
ÉMILIE.
Monsieur, je vous ai déja dit
Que j'y réfléchirois, qu'en cette circonstance,
Votre suffrage étoit d'une grande importance.
Un tel point, ce me semble, est assez éclairci.
LE PEINTRE.
Oui, je vois...
ÉMILIE.
Nous avons, de part et d'autre, ainsi,
Je crois, rempli la tâche à tous deux imposée.
La mienne, je le sens, étoit bien plus aisée :
Votre père y comptoit; et je vais de ce pas
L'assurer qu'en effet il ne se trompoit pas.
(*Elle sort.*)

SCÈNE III.

LE PEINTRE, *seul.*

C'en est fait, je la perds : il n'est plus d'espérance;
Et, pour comble de maux, elle en croit l'apparence,
Et ne soupçonne point les pénibles combats...
J'ai rempli mon devoir; je ne m'en repens pas.
Émilie!... ainsi donc, ce précieux salaire,
Ce but de mes travaux, le bonheur de vous plaire,
N'existe plus pour moi! Mon trésor m'est ravi;
Et par qui? juste ciel! par mon meilleur ami!
(*Il s'assied, accablé.*)

SCÈNE IV.

LE PEINTRE, LE POETE.

LE POETE.

Eh! mais qu'as-tu? quel air! quelle mélancolie!
LE PEINTRE.
Mon ami! pour Armand il n'est plus d'Émilie.
LE POETE.
Plus d'Émilie?
          LE PEINTRE.
                Hélas! c'en est fait.
LE POETE.
                              Quoi, mon cher?
          LE PEINTRE.
Un autre est préféré.
          LE POETE.
                Bon Dieu! qui donc?
          LE PEINTRE.
                                    Sinclair.
LE POETE.
Sinclair? est-il possible? il l'aimeroit!
          LE PEINTRE.
                              Il l'aime :
Il l'a vue, il suffit; il me l'a dit lui-même.
Sinclair en sa faveur m'a prié de parler;
Et je viens, à l'instant...
          LE POETE.
                    Fort bien! de t'immoler!
Un pareil dévouement est sublime, héroïque.

LE PEINTRE.

Je ne me pique point d'une vertu stoïque :
Le sacrifice est grand ; mais enfin je le doi
A l'ami qui m'implore, et qui se fie à moi,
A la charmante veuve : oui, ce seroit dommage
De détourner loin d'elle un si brillant hommage.
Sinclair est jeune, aimable ; il possède un grand bien ;
Et moi, Dorlis, et moi, tu le sais, je n'ai rien,
Rien que le vague espoir d'un peu de renommée.
Émilie à l'aisance étoit accoutumée,
Et va la retrouver dans cet heureux instant.
Voudrois-je lui ravir le bonheur qui l'attend ?

LE POETE.

Armand ! à tout cela tu ne te connois guères :
Je juge mieux que toi celle que tu préfères.
Va, va, Sinclair fût-il cent fois plus riche encor,
Il est, mon cher, il est un précieux trésor,
Qui, mieux que la richesse, en secret, touche et flatte
Un cœur sensible et pur, une ame délicate ;
Et ce rare trésor, mon ami, c'est l'honneur,
L'estime générale, enfin le vrai bonheur.

LE PEINTRE.

Ton amitié toujours, et t'aveugle et t'abuse.

LE POETE.

Eh ! c'est ta modestie outrée et sans excuse,
Qu'il faut seule accuser de la perte d'un bien
Qui feroit le bonheur d'Émilie, et le tien ;
J'en réponds.

LE PEINTRE.

Mon ami, ménage-moi, de grace.

LE POETE.

Que ne puis-je parer le coup qui te menace !

Si je disois un mot à Sinclair...
LE PEINTRE.
Ah! grand Dieu!
Jamais.
LE POETE, *à part.*
Je puis le dire au moins sans son aveu :
(*haut.*)
Il le faut. Sans adieu ; je vois venir ton père :
Moi je sors : j'oubliois une importante affaire,
Et je cours...
LE PEINTRE.
A ce soir?
LE POETE, *à part.*
Oui. Les moments sont chers.
Servons bien notre ami ; puis, nous ferons des vers.
(*Il sort.*)

SCÈNE V.

LE PEINTRE, M. ARMAND.

LE PEINTRE, *à part.*
Contraignons-nous.
M. ARMAND.
J'apprends une heureuse nouvelle.
A sa Julienne ainsi mon Armand est fidèle !
LE PEINTRE.
Mon père !...
M. ARMAND.
J'étois, moi, bien sûr que tu l'aimois :
Ces premières amours ne s'effacent jamais.
Heureux d'être l'époux d'une fille si sage !

ACTE III, SCÈNE V.

LE PEINTRE.

Ah! ne me parlez point encor de mariage.
Tout à mon art...

M. ARMAND.

Ton art!... déja te repentir!
Quoi, mon fils, avec moi tu ne veux plus partir?

LE PEINTRE.

Qui? moi? plus que jamais, je le veux au contraire;
Je sens que ce voyage au moins va me distraire.
J'en ai besoin, mon père; oui, je veux respirer,
Savourer l'air natal, et me régénérer.
C'en est fait; près de vous, dans une paix profonde...

M. ARMAND.

N'est-ce pas? Il n'est rien que cela dans le monde;
Eh! dis-moi, cher Armand, ce chimérique honneur,
La réputation, valent-ils le bonheur?
Hé bien, quand partons-nous?

LE PEINTRE.

Vous arrivez: il semble...

M. ARMAND.

Eh! qu'importe, pourvu que nous soyons ensemble?
Je suis peu curieux de voir ce pays-ci :
C'est pour toi, pour toi seul que je venois ici;
Et je suis trop content, dès-lors que je t'emmène.

LE PEINTRE.

Reposez-vous, mon père, au moins cette semaine.

M. ARMAND.

Un jour encore, soit; mais, dès après demain,
Si tu le veux, du Breuil nous prendrons le chemin.

LE PEINTRE.

Après demain, d'accord.

M. ARMAND.

Ah! bon. Au moins, j'y compte?
Ils seront bien surpris d'une marche si prompte;
Ils ne m'attendent pas : ainsi donc, au plus tard,
Nous partons vendredi.

SCÈNE VI.

Les mêmes, SINCLAIR.

SINCLAIR, *de loin.*

Vous dites que l'on part?
Qui donc?

M. ARMAND.

C'est moi, monsieur, avec Armand.

SINCLAIR.

Qu'entend-je?

(*au peintre.*)
Est-il bien vrai?

LE PEINTRE.

Très vrai.

SINCLAIR.

Mais quel dessein étrange!

M. ARMAND.

Vous voulez l'empêcher?...

SINCLAIR, *à M. Armand.*

Vous le pressez en vain :
Le cher Armand ne peut partir après demain.

M. ARMAND.

Pourquoi? quelle raison?...

SINCLAIR.

Une raison très forte.

ACTE III, SCÈNE VI.

M. ARMAND.
Sur l'amour filial en est-il qui l'emporte ?
SINCLAIR.
Cet amour-là parfois cède à tel autre amour ;
Mais Armand saura tout accorder en ce jour.
LE PEINTRE.
Moi, je ne comprends pas...
SINCLAIR.
Permettez, je vous prie.
(*Il va à la coulisse.*)
Entrez, mes amis.
LE PEINTRE.
Qu'est-ce ?
M. ARMAND.
Un tableau, je parie :
Il n'en a pas assez, peut-être, de tableaux !

SCÈNE VII.

LES MÊMES; DEUX PORTEURS, *avec un tableau et une estampe.*

LE PEINTRE.
Ah, ah ! c'est mon *Tobie.*
SINCLAIR.
Oui.
LE PEINTRE.
Mais à quel propos
Me l'apporter, à moi ? ce sera par mégarde...
SINCLAIR.
Depuis assez long-temps ta voisine le garde ;

Et je crois qu'elle peut à présent s'en passer.
(*aux porteurs.*)
Mes amis, c'est ici qu'il faudroit le placer.
(*Ils sortent.*)

SCÈNE VIII.

M. ARMAND, LE PEINTRE, SINCLAIR.

LE PEINTRE, *voyant Sinclair cacher l'estampe.*
Et cela, qu'est-ce donc?

SINCLAIR.

Oh! c'est une autre affaire:
Il n'est pas temps encor d'éclaircir ce mystère.

M. ARMAND.
Voilà donc ce Tobie! eh! mais il est très beau:
Voyons un peu.
(*Il tire ses lunettes de sa poche.*)

SINCLAIR.

Fort bien : observez ce tableau.
(*Pendant ce temps-là, il entraîne le peintre à
l'autre bout de la scène, et lui parle à mi-voix.*)
Savez-vous bien, monsieur, que j'ai fort à me plaindre?
Je sais votre secret. Il n'est plus temps de feindre.
Me tromper? est-ce là, cruel! de l'amitié?
A vous de bonne foi je m'étois confié.

LE PEINTRE.
Eh! mais...

SINCLAIR.

Près d'Émilie ainsi servir ma flamme!
Trop généreux ami! lorsqu'au fond de ton ame,
Toi-même!... Où m'entraînoit une funeste erreur?

ACTE III, SCÈNE VIII.

Il m'exposoit à faire à jamais son malheur.
Il aime, il est aimé de la charmante veuve...

LE PEINTRE.

Qui vous dit qu'elle m'aime ?

SINCLAIR.

Eh ! va, j'en ai la preuve ;
Et tu l'auras bientôt.

M. ARMAND.

Ce bon homme est parfait.

SINCLAIR, *se rapprochant de M. Armand.*

Le tableau tout entier est du plus grand effet.

(*revenant au peintre.*)

Tout peut se réparer ; il en est temps encore.

LE PEINTRE.

Eh ! mais que me veux-tu, mon cher ami ? j'ignore...

SINCLAIR.

Bon ! tu vas tout savoir.

M. ARMAND.

Moi, je n'y connois rien ;
Mais cela parle au cœur, cela doit être bien.

SINCLAIR.

Oui, vous avez raison ; le cœur ne trompe guère,
Monsieur Armand.

LE PEINTRE.

D'accord ; mais c'est celui d'un père.

SCÈNE IX.

Les mêmes, L'ÉLÈVE.

L'ÉLÈVE, *de loin.*

Grande nouvelle, Armand! que je viens annoncer!
J'ai couru... le premier je veux vous embrasser.
(*Il se jette au cou de son maître.*)

LE PEINTRE.

Qu'est-ce donc?

L'ÉLÈVE.

Je ne puis... Je suis tout hors d'haleine;
Et puis la joie... oh! oui, mon ame en est si pleine?

SINCLAIR.

Mais qu'as-tu, Florimel?

L'ÉLÈVE.

Si vous saviez?...

LE PEINTRE.

Quoi donc?
Explique-nous...

L'ÉLÈVE.

Hé bien, je reviens du salon,
Et j'ai vu... quel plaisir!... le tableau de mon maître...
Tenez... je m'en doutois, je m'y connois peut-être.

SINCLAIR.

Achève donc enfin; au salon, qu'as-tu vu?

L'ÉLÈVE.

Au tableau de mon maître un laurier suspendu;
Et le public en foule, entourant son ouvrage,
Qui, hautement, sembloit confirmer ce suffrage.

LE PEINTRE.

Est-il possible?

SINCLAIR.

Oh! moi, je n'en suis point surpris;
Ce prix t'étoit bien dû.

M. ARMAND.

Quoi, mon fils gagne un prix?

SINCLAIR.

Et le plus beau de tous : ses rivaux le lui donnent;
Oui, de leurs propres mains eux-mêmes le couronnent.

M. ARMAND.

Cher fils! mais il a donc du talent?

L'ÉLÈVE.

Du talent!
Mon maître, ô ciel!

SCÈNE X.

Les mêmes, ÉMILIE, Mme ALIX, LE POETE.

Mme ALIX.

Où donc est-il, ce cher enfant?
Il faut que je l'embrasse.
(*Elle court à lui.*)
Armand!

LE PEINTRE, *l'embrassant.*

O chère dame!

ÉMILIE.

Je partage sa joie, et du fond de mon ame.

LE PEINTRE.

Oui, je crois...

SINCLAIR.

Il n'a pas la force de parler.

LE PEINTRE.

Mon père!

M. ARMAND.

O mon cher fils!

LE PEINTRE.

Je me sens accabler.

L'ÉLÈVE, *se jetant dans ses bras.*

Courage : il est vainqueur, et je suis son élève.

LE PEINTRE.

Mes chers amis, je crains que ce ne soit un rêve.

LE POETE.

Non, ce n'en est pas un ; ton triomphe est réel :
Je l'ai vu ; j'ai voulu laisser à Florimel
Le plaisir de t'apprendre... Hé bien, dites encore
Que vos talents à peine ont commencé d'éclore !...
Beau démenti qu'ici l'on vous donne, monsieur!

SINCLAIR.

Armand remporte encore un prix bien plus flatteur.

(*Il montre l'estampe, et la place à côté du tableau.*)

Voyez.

ÉMILIE.

O ciel!

SINCLAIR, *à Émilie.*

En vain vous voudriez vous taire :
Ceci de votre cœur révèle le mystère.

LE PEINTRE.

Quoi! le même sujet?...

SINCLAIR, *montrant Émilie.*

Armand, voici l'auteur.

Mme ALIX.

Je le savois.

ACTE III, SCÈNE X.

L'ÉLÈVE.

Voilà le secret de ma sœur!

M. ARMAND.

Comment! madame a fait cet ouvrage?

LE PEINTRE.

Émilie!

ÉMILIE.

(*à Sinclair.*)

Ah! cruel! ainsi donc, mon maître m'a trahie!

SINCLAIR.

Heureuse trahison! mon cœur s'en applaudit.
J'ai deviné d'abord le vrai maître, et j'ai dit:
« Si l'Amour a jadis inventé la peinture,
« Il doit avoir aussi fait naître la gravure. »

LE PEINTRE, *à Émilie, avec timidité.*

Il se pourroit?...

ÉMILIE.

Comment lever les yeux sur vous?

SINCLAIR, *à Émilie.*

Et moi, je combattois des sentiments si doux!

LE POETE.

Des talents et des cœurs sympathie adorable!
Vous vîntes à propos, ô père vénérable!
Pour consacrer, bénir, à nos regards charmés,
L'union de deux cœurs l'un pour l'autre formés.

M. ARMAND.

Est-il bien vrai?

SINCLAIR.

Très vrai.

M. ARMAND, *à Émilie.*

Dois-je penser, madame?...

LES ARTISTES.

Mme ALIX.

Moi, je réponds pour elle; et j'ai lu dans son ame :
Elle aime Armand.

M. ARMAND, *d'un ton solennel.*

Hé bien, alors je vous unis,
Mes enfants; de bon cœur, tous deux je vous bénis.

LE PEINTRE.

Émilie!

ÉMILIE, *se jetant dans les bras de M. Armand.*

O mon père!

M. ARMAND.

Ah! je me sens revivre.

(*à son fils.*)
Je ne te presse plus, mon ami, de me suivre.
A vivre, à peindre ici, le ciel t'a destiné :
Il faut remplir l'état pour lequel on est né.
Je le sens à présent; j'en fais l'aveu sincère :
L'art du cultivateur n'est pas seul nécessaire.

LE POETE.

Non, certes.

LE PEINTRE.

En effet, tous, par divers chemins,
Tendent au même but, au bonheur des humains.
Je veux y concourir; et, redoublant de zèle,
Averti du talent que ce jour me révèle,
Puissé-je, entre mon père et ma tendre moitié,
Être heureux par l'amour, les arts et l'amitié!

FIN DES ARTISTES.

LES MOEURS DU JOUR,

ou

LE BON FRÈRE,

COMÉDIE

EN CINQ ACTES ET EN VERS,

Représentée pour la première fois par les comédiens françois, en 1800.

PERSONNAGES.

M. FORMONT, le bon frère.
Mme DIRVAL, sa sœur.
M. DIRVAL, officier.
M. MORAND, leur oncle.
Mme EULER, amie de madame Dirval.
D'HÉRICOURT, amant de madame Dirval.
FLORVEL, cousin de madame Dirval.
Mme VERSEUIL.
Mmes DEVERDIE et DERBIN.
M. BASSET.
FRANÇOIS, vieux domestique de M. Morand.

La scène est à Paris, chez M. Morand.

LES MOEURS DU JOUR,

OU

LE BON FRÈRE,

COMÉDIE

EN CINQ ACTES ET EN VERS.

La scène, pendant toute la pièce, se passe dans le même salon.

ACTE PREMIER.

SCÈNE I.

D'HÉRICOURT, FLORVEL.

(*Tous deux sont en bottes, et de la parure la plus moderne; Florvel, plus jeune, a une nuance de plus d'affectation.*)

FLORVEL, *parlant vite, et prononçant à peine.*
C'est toi, d'Héricourt?
D'HÉRICOURT, *avec aplomb et suffisance.*
Oui.

FLORVEL.
Si matin!
D'HÉRICOURT.
Si matin?
FLORVEL.
A peine est-il midi.
D'HÉRICOURT.
Qu'importe?
FLORVEL.
Mais enfin...
Ma cousine, à coup sûr, n'est pas encor visible.
D'HÉRICOURT, *souriant*.
Non? je l'ai vue.
FLORVEL.
Ah, ah!
D'HÉRICOURT.
Ta surprise est risible.
FLORVEL.
Seroit-il jour chez elle?
D'HÉRICOURT.
Il est jour... à demi.
FLORVEL.
Elle est levée?
D'HÉRICOURT.
Eh! oui, pour moi, mon cher ami.
FLORVEL.
Ah! pour toi?
D'HÉRICOURT.
C'est tout simple.
FLORVEL, *à part*.
Il se peut bien qu'il mente.

(*haut.*)
Mais cependant...
>> D'HÉRICOURT, *d'un air mystérieux.*
>>>> Florvel ! ta cousine est charmante.
>> FLORVEL.
Penses-tu me l'apprendre ?
>> D'HÉRICOURT.
>>>> Elle a, parbleu ! bien fait
De venir s'installer chez ton père.
>> FLORVEL.
>>>> En effet.
Le cher Dirval croyoit que sa jeune compagne
L'attendroit tristement au fond d'une campagne,
Chez ce frère bourru : mais Sophie, un beau jour,
Changea contre Paris cet ennuyeux séjour ;
Et d'honneur ! en six mois (*Il rit.*), au retour de l'armée,
Dirval la trouvera, je pense, un peu formée.
>> D'HÉRICOURT.
Eh bien ! de ses progrès si Dirval est surpris,
Il devra savoir gré du soin qu'on aura pris
D'égayer, de former sa femme, en son absence.
>> FLORVEL.
Je compte fort peu, moi, sur sa reconnoissance.
>> D'HÉRICOURT.
L'essentiel, vois-tu ? c'est que la femme en ait.
>> FLORVEL.
J'entends : elle en aura. Ce qui sur-tout me plaît,
C'est que Sophie étant chez son oncle, mon père,
Qui de banque, d'argent, fait son unique affaire,
Où l'on n'entend parler... intéressants discours !
Que de *hausse* et de *baisse*, et de *change* et de *cours*;
Elle, de tout ce train nullement ne s'occupe.

D'HÉRICOURT.

Elle a, ma foi, raison; elle seroit bien dupe.

FLORVEL.

Et vive, et gaie, et tendre, elle est toute aux plaisirs :
Aussi nous la servons au gré de ses desirs.

D'HÉRICOURT.

Quel babil! sais-tu bien que tu te passionnes?

FLORVEL.

Eh! pourquoi pas, mon cher?

D'HÉRICOURT.

Mais, vraiment, tu m'étonnes!
Aurois-tu, par hasard, quelques prétentions?

FLORVEL.

Tu m'étonnes toi-même avec tes questions.

D'HÉRICOURT.

Tu n'es pas, je suppose, amoureux de Sophie?

FLORVEL.

Et... quand il seroit vrai que j'en aurois envie?

D'HÉRICOURT.

Cela seroit plaisant, d'honneur!

FLORVEL.

Plaisant! en quoi?

D'HÉRICOURT.

Ne vas pas t'oublier, mon cher ami, crois-moi.

FLORVEL.

Bon!... tes airs méprisants me mettroient en colère,
Si, pour mieux me venger, je n'étois sûr de plaire.

D'HÉRICOURT.

Il est gai.

FLORVEL.

D'Héricourt! veux-tu faire un pari,
A qui des deux plus tôt la souffle à son mari?

Là, tiens, gageons.
>> D'HÉRICOURT.

Jamais à coup sûr je ne gage.
>> FLORVEL.

Tu recules, je vois.
>> D'HÉRICOURT.

Cessons un vain langage :
Babille, berce-toi d'espérances en l'air,
Si cela te suffit.
>> FLORVEL.

Soit. Nous verrons, mon cher.
>> D'HÉRICOURT.

Tu parles du mari : c'est bien plutôt le frère
Qui nous la soufflera.
>> FLORVEL.

Formont?
>> D'HÉRICOURT.

Eh! oui.
>> FLORVEL.

Chimère!
>> D'HÉRICOURT.

En emmenant Sophie, il nous mettra d'accord.
>> FLORVEL.

J'espère que, sans elle, il partira d'abord.
>> D'HÉRICOURT.

Fort bien! moi, de sitôt je ne crois pas qu'il parte,
Ni seul. Vois, de son but jamais il ne s'écarte.
Depuis quinze grands jours qu'il est ici, j'entend
Que des champs, du *Vallon*, il parle à chaque instant.
C'est sa sœur, après tout : il n'aura point de trêve,
Qu'il ne la persuade, et qu'il ne nous l'enlève.

FLORVEL.

Je n'ai pas cette crainte ; ou, pour mieux dire, moi,
Je ne crains le mari, ni le frère, ni toi.

D'HÉRICOURT, *d'un air méprisant.*

Moi, je te crains beaucoup ; voilà la différence.

FLORVEL.

Hai... hai...

SCÈNE II.

D'HÉRICOURT, FLORVEL, Mme EULER.

Mme EULER, *de loin, à part.*

Déja tous deux ? j'avois eu l'espérance
D'être ici la première.

FLORVEL.

Ah, ah ! par quel hasard,
Madame Euler ? sitôt !

Mme EULER, *les saluant.*

J'arrive encor trop tard.

FLORVEL.

Je le vois ; vous venez donner, belle voisine,
La leçon de dessin à ma jeune cousine ?

Mme EULER.

Mais oui ; c'est un emploi trop doux pour l'oublier.

FLORVEL.

Dites donc ; voulez-vous de moi pour écolier ?

D'HÉRICOURT.

Étourdi ! Vous avez une élève charmante,
Madame Euler.

FLORVEL.

Charmante !

ACTE I, SCÈNE II.

Mme EULER.

Elle est intéressante.

D'HÉRICOURT.

On n'a pas plus d'esprit, de grace...

FLORVEL.

Et d'enjouement.

Mme EULER, *avec douceur.*

Vous en parlez peut-être un peu légèrement,
Messieurs ; pardon, souvent, qui juge la surface,
Ne voit que la gaieté, la finesse, la grace,
Mille dons enchanteurs qu'à l'envi vous citez :
Sophie a, croyez-moi, bien d'autres qualités,
Un cœur sensible et pur, un esprit raisonnable :
D'excellents procédés je la connois capable ;
Elle mérite enfin le respect, les égards...

D'HÉRICOURT.

Vous avez bien raison, madame ; aussi...

(*Il se dispose à sortir.*)

FLORVEL.

Tu pars.

D'HÉRICOURT.

Je vais courir.

(*Il s'approche de madame Euler, et lui parlant bas.*)

Un mot : voulez-vous donc, madame,
Oublier le portrait d'une charmante femme ?

Mme EULER.

Plaît-il, monsieur ?

FLORVEL.

Ah ! çà, tu nous prendras, mon cher ?

D'HÉRICOURT.

Non, tu mèneras bien ta cousine.

FLORVEL.

C'est clair.

D'HÉRICOURT.

Voilà ce que j'appelle un de tes priviléges :
Mais je vous rejoindrai.

(*Il salue madame Euler, et sort en parlant bas à Florvel.*)

Mme EULER, *à part.*

Pauvre enfant! que de piéges!

SCÈNE III.

Mme EULER, FLORVEL.

FLORVEL.

Qu'est-ce que d'Héricourt vous disoit donc tout bas, Madame Euler?

Mme EULER, *souriant.*

Eh! mais... je ne m'en souviens pas.

FLORVEL.

Quelques douceurs? j'entends : en affaire pareille...

Mme EULER.

N'a-t-on que des douceurs à nous dire à l'oreille?

FLORVEL.

Quand on est si jolie !...

Mme EULER.

Adieu.

FLORVEL.

Vous me quittez?
Déja!...

Mme EULER.

Mais il est tard : mes instants sont comptés,

ACTE I, SCÈNE III.

Votre aimable cousine est sans doute levée.
Je cours...

FLORVEL.

Bah ! sa toilette est à peine achevée.
Puis, nous allons partir pour *Bagatelle*.

Mme EULER.

Alors,
Je reviendrai plus tard ; j'ai moi-même au-dehors
Plus d'une course...

FLORVEL.

Ainsi travailler sans relâche !
Mais quelle tâche !...

Mme EULER.

Il est une plus rude tâche !
Et c'est de ne rien faire.

FLORVEL.

Eh ! madame Verseuil
A-t-elle tant de mal ? Je vois du coin de l'œil
Qu'à mille doux penchants elle livre son ame.
Et qu'en résulte-t-il ? c'est que la belle dame
N'a rien, et ne fait rien, et ne manque de rien.
Il est, comme cela, mille femmes de bien,
Qui mènent en ce monde une assez douce vie.

Mme EULER.

Tout cela fait bien plus de pitié que d'envie.
Notre meilleur ami, c'est encor le travail.

FLORVEL.

Je ne saurois entrer ici dans le détail...
Mais si madame Euler veut un jour me permettre
De lui faire ma cour, j'oserois me promettre...

Mme EULER.

Monsieur... assurément...

FLORVEL.
Je veux aller vous voir;
Oui, l'un de ces matins...

Mme EULER.
Venez plutôt le soir :
Car ma famille entière alors est réunie ;
Et j'aime à m'entourer de cette compagnie.
Vous verrez mon mari.

FLORVEL.
Madame... j'ai l'honneur...

Mme EULER, *avec un accent très prononcé.*
Vous connoîtrez s'il m'aime, et s'il fait mon bonheur!

FLORVEL.
J'en suis persuadé; mais j'aperçois mon père.
(*à part.*)
Cette femme vraiment est extraordinaire.

SCÈNE IV.

LES MÊMES, M. MORAND.

(*M. Morand a des papiers à la main; et, dans toute la pièce, il paroît soucieux et préoccupé.*)

FLORVEL, *d'un ton assez leste.*
Bonjour, mon père.

M. MORAND.
Ah, ah! c'est toi! bonjour, mon cher.

FLORVEL.
Je vous cherchois...

M. MORAND.
Hé bien, qu'est-ce, madame Euler?

Votre jeune écolière est-elle un peu savante?
FLORVEL.
Ma foi, savante ou non, ma cousine est charmante.
M. MORAND.
Laissez-nous donc!
(*à madame Euler.*)
Enfin?
Mme EULER.
Elle aura du talent:
Elle commence...
M. MORAND, *avec un gros rire.*
Ah, ah! commence, est excellent.
Mme EULER.
En quoi?
M. MORAND.
Me croyez-vous en beaux-arts si novice?
Commencer! avant peu j'entends qu'elle finisse.
Voilà six mois entiers; il est bien temps, je crois...
Mme EULER, *souriant.*
Mais... le dessin n'est pas l'ouvrage de six mois:
Il me semble...
M. MORAND.
J'entends: vous parlez en maîtresse,
C'est tout simple; mais moi!... vous sentez que ma nièce,
Madame Euler, jamais ne sera dans le cas
De s'en faire un état.
Mme EULER.
Non, je ne prévois pas
Que ce soit là le sort de ma jeune écolière.
(*d'un ton concentré.*)
Elle ne seroit pas cependant la première
Qui, de talents acquis dans le sein des plaisirs,

Riche, se promettoit de charmer ses loisirs;
Et que plus d'un revers, que telle circonstance,
Ont réduite à s'en faire un moyen d'existence.

M. MORAND.

Bah! propos de romans! je ne vois point cela;
Sophie, assurément, n'en sera jamais là.

Mme EULER.

Je l'espère.

M. MORAND.

D'ailleurs, tenez, soyons sincères;
Toutes ces leçons-là me semblent un peu chères.

Mme EULER, *avec fierté.*

Dès ce moment, monsieur, je n'accepte plus rien.
Mon talent, je l'avoue, est mon unique bien :
Je vis de mon travail, et je m'en glorifie.
Mais ma tendre amitié pour la jeune Sophie,
Près d'elle un logement, la satisfaction
De concourir peut-être à son instruction,
Sur-tout sa confiance et l'espoir de lui plaire;
Il suffit : je n'ai pas besoin d'autre salaire.

(*Elle sort avec une sorte de dignité, exempte d'affectation.*)

SCÈNE V.

M. MORAND, FLORVEL.

M. MORAND.

Cette femme a du bon.

FLORVEL, *à part.*

Oui, de ne coûter rien.

M. MORAND.

Oh! je la garderai.

ACTE I, SCÈNE V.

FLORVEL, *haut*.

Parbleu! je le crois bien.
Mais elle est un peu prude, et vraiment singulière;
On n'en voit plus: ma foi, ce sera la dernière.

M. MORAND.

Des mœurs, mon fils.

FLORVEL.

Des mœurs? Eh! mais, sans vanité,
Moi, je suis le Caton de ma société.

M. MORAND.

Beau Caton!

FLORVEL.

Oui, d'honneur!... Mais, à propos, j'espère
Que vous m'allez donner un peu d'argent, mon père.

M. MORAND.

De l'argent, dites-vous?

FLORVEL.

Eh! oui.

M. MORAND.

Vous badinez:
Et ces douze cents francs que je vous ai donnés
L'autre jour?...

FLORVEL.

L'autre jour? c'étoit l'autre semaine.

M. MORAND.

Soit. Qu'en avez-vous fait?

FLORVEL.

Je m'en souviens à peine:
Ils sont déja bien loin.

M. MORAND.

Tant pis pour vous alors;
Car je n'ai plus d'argent. Il faudroit des trésors,

Pour fournir, chaque jour, à ces folles dépenses.
FLORVEL.
Vous en avez.
M. MORAND.
Non pas pour vos extravagances.
Eh! qui pourroit vous suivre, au train dont vous allez?
FLORVEL.
Qui? vous, mon père: eh! oui: ce train dont vous parlez,
Vous m'en donnez l'exemple, et je le suis.
M. MORAND.
Hein! qu'est-ce?
FLORVEL.
Vous vous enrichissez avec une vitesse!...
A nous faire plaisir: moi, qui suis prompt aussi,
Je dépense, à mon tour, très vite, Dieu merci.
M. MORAND.
Va, jeune fou! dissipe, et consume et prodigue
Le fruit de tant de soins et de tant de fatigue!
Ruine enfin ton père!
FLORVEL.
Allons! vous ruiner!
(*en caressant son père.*)
Pourquoi? pour cent louis!... que vous m'allez donner.
M. MORAND, *souriant, et mettant sa main à sa poche.*
Que le fripon sait bien le chemin de ma bourse!
Eh! tiens, prends.
FLORVEL.
Allons donc!... Voici pour notre course.

SCÈNE VI.

Les mêmes, Mme DIRVAL.

Mme DIRVAL.
Bonjour. Vous avez l'air bien satisfait, messieurs ?
FLORVEL.
Oui, nous venons de faire un travail ;... et, d'ailleurs,
Eût-on quelque nuage, adorable cousine,
Ces yeux tendres et doux, cette charmante mine,
Suffiroient sûrement...
Mme DIRVAL.
Pour vous mettre d'accord,
N'est-ce pas ? Je devine un compliment, d'abord.
La gaieté, j'en conviens, seule a droit de me plaire :
Je ne sais pas comment on se met en colère.
Disputer, quereller !... en a-t-on le loisir ?
C'est autant de larcins que l'on fait au plaisir.
FLORVEL.
Voilà ce que j'appelle une philosophie !...
Mme DIRVAL.
Fort simple, n'est-ce pas, mon cher oncle ?
M. MORAND, *assis, et écrivant.*
Oui, Sophie.
Mme DIRVAL, *à Florvel.*
A propos, j'aurai pu me faire attendre un peu.
FLORVEL.
Oui, l'on vous voit toujours trop tard, j'en fais l'aveu.
Mme DIRVAL.
Toujours galant, aimable !

FLORVEL.

Eh! mais, j'ai dans l'idée...
Que c'est le d'Héricourt qui vous a retardée.

Mme DIRVAL, *avec un peu d'embarras.*

Nous n'avons pas ensemble eu bien long entretien.
Je sortois de chez moi comme il venoit.

FLORVEL.

Fort bien!
Lui seul...

Mme DIRVAL.

Madame Euler seroit-elle venue?

FLORVEL.

Mais, oui.

Mme DIRVAL.

J'ai bien regret de ne l'avoir point vue.

FLORVEL.

Bon! elle reviendra: le malheur n'est pas grand.

Mme DIRVAL.

Moi, je suis très sensible aux peines qu'elle prend.

FLORVEL.

A la bonne heure: ah! çà, partirons-nous, ma chère?

Mme DIRVAL.

J'aurois auparavant desiré voir mon frère.

FLORVEL.

Bah! dès le point du jour, il est, dit-on, dehors.

M. MORAND, *toujours écrivant.*

Ton cher frère, ma nièce, est un drôle de corps.
(*Il rit, ainsi que Florvel.*)

FLORVEL.

Oui.

Mme DIRVAL.

Quand vous en parlez, vous haussez les épaules:

N'est-ce pas lui plutôt qui doit nous trouver drôles?

FLORVEL.

Aussi, Dieu sait s'il aime à reprendre, à fronder!
Il rentrera, cousine, assez tôt pour gronder.

Mme DIRVAL.

Il est donc bien terrible!

FLORVEL.

Eh! mais, je crois l'entendre.

SCÈNE VII.

LES MÊMES, FORMONT.

(Formont est vêtu fort simplement, sans bottes.)

FLORVEL, *à Formont.*

Nous parlions de toi.

FORMONT, *d'un ton toujours un peu brusque, mais naturel et sans impolitesse.*

Bon! il valoit mieux m'attendre;
Je répondrois, du moins. Votre humble serviteur,
Mon cher oncle.

M. MORAND, *toujours assis.*

Bonjour.

FORMONT.

Embrassons-nous, ma sœur.

Mme DIRVAL.

De tout mon cœur, mon frère.

FORMONT, *en l'embrassant.*

Ah! oui, comme je t'aime.

FLORVEL, *d'un air un peu moqueur.*

Enfin, c'est toi, cousin!

FORMONT.

Oui, cousin, c'est moi-même.

FLORVEL.

Déja?

FORMONT.

De quoi, Florvel, es-tu donc étonné?

M. MORAND, *se levant.*

Ah! çà, mon cher neveu, s'est-on bien promené?
Tu cours, à ce qu'on dit, depuis six ou sept heures!

FORMONT.

Les courses du matin sont toujours les meilleures,
Mon cher oncle; on respire alors en liberté.
On voit, on jouit mieux; et quand la volupté,
Quand l'intérêt sommeille encor de lassitude,
On se fait dans Paris comme une solitude.

FLORVEL.

Ah! bon début!

FORMONT.

Aussi, j'ai fait un beau chemin!
Tout marcheur que je suis, je me sens las enfin.

Mme DIRVAL, *lui avançant un siége.*

Mon frère, asseyez-vous.

FORMONT.

Très volontiers, ma chère.

(*Il s'assied.*)

A ce maudit pavé je ne saurois me faire.

FLORVEL.

A chaque pas, je gage, il a juré, pesté.

FORMONT.

Vous vous trompez, monsieur; car j'étois enchanté.

FLORVEL.

Miracle! nous aurons une bonne journée.

ACTE I, SCÈNE VII.

FORMONT.

Qui sait? Ce que j'ai vu dans cette matinée
Pourroit bien enlaidir ce qui me reste à voir;
Car je suis plus content le matin que le soir,
Excepté cependant quand je vais voir *Molière,*
Racine;... on passeroit ainsi la nuit entière.
Moi, je jouis de tout, sans art, par sentiment:
J'aime le beau, le bon; et véritablement,
Il est dans ce Paris des choses excellentes.

M. MORAND.

Il en convient!

FORMONT.

J'ai vu ce beau Jardin des Plantes.

FLORVEL.

Miséricorde! eh! quoi? tu viens?... mais c'est, d'honneur!
A l'autre bout du monde.

FORMONT.

Est-ce un si grand malheur?
Quand me retrouverai-je au pied de ma montagne?
(*En disant ces mots, il regarde sa sœur avec*
intérêt.)
Je me suis, ce matin, cru presqu'à la campagne.
Au printemps, c'est un charme : ô quel air pur et frais!
Le riche cabinet! quel coup d'œil! j'admirois;
Car, pour en bien juger, j'ai trop peu de science;
Mais qu'il faut avoir eu de soin, de patience,
Pour ranger ces métaux, ces animaux divers!
Il semble qu'on ait là rassemblé l'univers.
Et ce vaste jardin! des plantes apportées
De tous les coins du monde, en ordre, étiquetées!
Je dévorois des yeux ces arbrisseaux, ces fleurs,
Dont même avec plaisir j'ai reconnu plusieurs.

Je goûtois un délice, une volupté pure,
Savourant à longs traits cette belle nature,
Sans pouvoir m'en distraire et m'en rassasier.

Mme DIRVAL.

Oui, je sens...

M. MORAND.

Je le vois d'ici s'extasier.

FLORVEL.

Ton spectacle est superbe.

FORMONT.

Il vaut bien *Bagatelle :*
Car je me souviendrai de cette heure mortelle
Que tu m'y fis passer. Essuyer poudre et vent,
Galoper ou trotter sur un sable mouvant ;
Aller et revenir entre deux tristes files
De piétons harassés, et de chars immobiles ;
Saisir à la volée, ou jeter au hasard
Des demi-mots sans suite ; affronter le regard
De jeunes gens, souvent d'un ridicule extrême,
Qui songent moins à voir, qu'à se montrer eux-même :
Voilà ce qu'on appelle une course !

FLORVEL.

Et le soir !
Lasses d'avoir couru, nos belles vont s'asseoir...

FORMONT.

Oui, sans doute, en un coin de vos Champs-Élysées,
Aux boulevarts ; alors, vos dames, plus posées,
Se promènent gaiement, sans espace et sans air.

FLORVEL.

Elles n'ont pas le don de te plaire, mon cher :
Je te plains ; quant à moi, je les adore.

ACTE I, SCÈNE VII.

FORMONT.

                          Adore !
Les femmes, viens-tu dire ? Ah ! s'il en est encore
Qui chérissent le goût, les mœurs et le bon sens ;
Que d'autres je retrouve, après cinq ou six ans,
Oui, que j'avois pu voir modestes, ingénues,
Qui, lestes maintenant, et presque demi-unes...

M. MORAND.

Ah !

FORMONT, *vivement*.

   Quand la chose existe, on peut dire le mot.

FLORVEL.

Enfin, c'est le bon ton.

FORMONT.

                Je ne suis donc qu'un sot ;
Car ce bon ton, à moi, ne me conviendroit guères.

M. MORAND.

Formont ne se fera jamais à nos manières.

FORMONT.

Oh ! non, jamais.

Mᵐᵉ DIRVAL.

         Mon frère, il ne faut rien outrer ;
Et sur-tout, ce matin, n'allez point altérer
La satisfaction que vous avez goûtée.

FORMONT.

Il est vrai ; chère sœur, je t'ai bien regrettée.
De ce jardin sais-tu seulement le chemin ?

Mᵐᵉ DIRVAL.

Hélas ! non.

FORMONT.

    Si tu veux, je t'y mène demain.

Mme DIRVAL.

Je vous suis obligée.

FLORVEL.

Ah! bon! à la même heure?

FORMONT.

Pourquoi non?

FLORVEL.

Juste ciel! tu veux donc qu'elle en meure?

FORMONT.

Eh! vous faites bien pis, et vous n'en mourez pas.

M. MORAND.

Il a, ma foi, raison; mais on m'attend là-bas.
Adieu: jasez, courez; moi, je vais à la Bourse.

(*Il sort.*)

SCÈNE VIII.

Mme DIRVAL, FORMONT, FLORVEL.

FLORVEL.

(*de loin.*)
Allez, mon père; et nous, songeons à notre course.

Mme DIRVAL.

Je suis prête.

FORMONT.

Ah! tu pars déja?

Mme DIRVAL.

L'on nous attend.

FORMONT.

Tant pis: j'aurois voulu te parler un instant;
J'avois à te conter mille choses.

ACTE I, SCÈNE VIII.

Mme DIRVAL.

       Lesquelles?
Auriez-vous donc enfin reçu quelques nouvelles
De mon mari, cher frère?

FORMONT.

      Hélas! non, par malheur:
Mais n'a-t-on, mon enfant, rien à dire à sa sœur?

FLORVEL.

Pas possible.

Mme DIRVAL.

   Au retour, nous causerons, mon frère.

FORMONT.

Au retour, autre objet qui saura te distraire,
Ma sœur.

Mme DIRVAL, *à son frère*.

   Non, je serai toute à vous, oh! bien vrai.
Je voudrois seulement vous retrouver plus gai.

FORMONT.

M'égayer, chère sœur, est bien en ta puissance:
Tu n'as qu'à ne pas trop prolonger ton absence.

FLORVEL.

Au revoir donc, cousin.

FORMONT, *à sa sœur*.

      Adieu, puisqu'il le faut.

Mme DIRVAL, *affectueusement*.

Du moins, je vous promets de revenir bientôt.

(*Elle sort avec Florvel, en regardant son frère
avec amitié.*)

SCÈNE IX.

FORMONT, seul.

De la part d'une sœur, un rien nous intéresse.
Ce peu de mots, sur-tout ce regard de tendresse,
M'ont ému, je l'avoue : oui, je la toucherai ;
A ma chère campagne enfin je la rendrai.
J'arracherai ma sœur à ce monde frivole,
Qui séduit un moment, dont l'aspect me désole.
Que d'écueils, de périls ! quel air pour la vertu !
(*Il regarde par la fenêtre.*)
Les voilà donc sortis !... Ma Sophie, où vas-tu ?

SCÈNE X.

FORMONT, FRANÇOIS.

FRANÇOIS.
Mais elle va, monsieur, partout où l'on s'amuse.
FORMONT.
Ah, ah ! c'est vous, François !
FRANÇOIS.
Je vous fais bien excuse,
D'entrer...
FORMONT.
Madame Euler est-elle de retour ?
FRANÇOIS.
Pas encore.
FORMONT.
Tant pis..

ACTE I, SCÈNE X.

FRANÇOIS.

Elle va faire un tour,
Et rentrera bientôt ; car elle vient sans cesse,
Le tout par amitié pour ma jeune maîtresse.

FORMONT.

Ah ! oui : je suis charmé qu'elle demeure ici.

FRANÇOIS.

Mais madame Verseuil y vient souvent aussi,
Par malheur.

FORMONT.

Oui, sans doute.

FRANÇOIS.

Et quelle différence !...

FORMONT.

Au moins, madame Euler a bien la préférence :
Sophie, assurément, sait distinguer...

FRANÇOIS.

C'est vrai ;
Mais, dès qu'elle voit l'autre, elle a le cœur tout gai ;
Car l'utile est souvent quitté pour l'agréable.
C'est comme d'Héricourt, qui paroît plus aimable...

FORMONT.

Aimable ? lui !

FRANÇOIS.

Ma foi, je ne sais pas s'il l'est ;
Mais ce que je sais bien, voyez-vous ? c'est qu'il plaît,
Et que si, par hasard, une seule journée
Il s'absente, madame en est tout étonnée.

FORMONT.

Se peut-il ?

FRANÇOIS.

Il n'est pas jusqu'à monsieur Florvel,

Qui ne lui plaise aussi.

FORMONT.

Rien n'est plus naturel;
Un cousin...

FRANÇOIS.

Le cousin aime fort sa cousine.
Il s'empresse autour d'elle, il folâtre, il badine :
Ils sont ainsi, monsieur, un tas de jeunes fous,
Qui semblent à leur aise, ici, tout comme vous.

FORMONT.

Qu'entends-je? est-il possible!

FRANÇOIS.

Eh! oui; Dieu me pardonne!
Je crois voir un essaim de frelons, qui bourdonne
Pour tâcher d'attraper quelques rayons de miel;
Et vraiment, il faudroit une grace du ciel...

FORMONT.

Fort bien!...

FRANÇOIS.

J'ai toujours dit dans le fond de mon ame :
« Ce Paris ne vaut rien pour une jeune dame. »

FORMONT, *à part.*

Le bon homme a raison.

FRANÇOIS.

Il est fâcheux, ma foi,
Qu'elle ait quitté vos champs.

FORMONT.

Oui; mais bientôt, je croi,
Nous allons tous les deux en reprendre la route.

FRANÇOIS.

Vous croyez?

FORMONT.

Je l'espère.

FRANÇOIS.

Et moi, monsieur, j'en doute :
Elle aime tant Paris !

FORMONT.

Elle a de la raison.

FRANÇOIS.

La raison est un fruit de l'arrière-saison.

FORMONT.

Allez, on le recueille à tout âge ; Sophie,...
C'est le meilleur garant sur lequel je me fie,
Aime bien son mari, j'en fus toujours témoin.

FRANÇOIS.

D'accord. Mais ce mari, monsieur, il est si loin !

FORMONT.

François !

FRANÇOIS.

Monsieur ?

FORMONT.

Parlez de cette sœur chérie
Avec ménagement, respect, je vous en prie.

FRANÇOIS.

Pardon, si quelque mot m'est échappé, monsieur...
J'honore, je chéris madame votre sœur ;
(*avec intention.*)
Et plus que moi personne ici ne la respecte.
(*Il sort, en secouant la tête.*)

SCÈNE XI.

FORMONT, seul.

Sa franchise, après tout, ne peut m'être suspecte ;
Elle me rend service : oui, j'ouvre enfin les yeux.
Il faut, plus que jamais, l'arracher de ces lieux :
Hâtons-nous ; le danger n'est que trop véritable.
D'Héricourt à ma sœur peut bien paroître aimable ;
Et madame Verseuil encor lui sert d'appui.
Mais n'importe : j'aurai contre elle et contre lui
L'excellent naturel de Sophie elle-même,
La sage et douce Euler qui la protége et l'aime,
L'amitié, la nature, et l'intérêt puissant
D'une sœur qui m'est chère, et d'un époux absent.

FIN DU PREMIER ACTE.

ACTE SECOND.

SCÈNE I.

FORMONT, *un livre à la main.*

(*Il va, vient, et a l'air fort agité.*)

J'ouvre et ferme ce livre, et je ne saurois lire.
Pas de retour!... l'attente est un cruel martyre.
Encor si son amie!... O Dieu! madame Euler,
Vous ne savez donc pas combien le temps est cher!...
Que dis-je?... elle est bien loin de ces plaisirs futiles,
Et n'use point sa vie en courses inutiles.
Je voudrois cependant qu'elle pût revenir.

SCÈNE II.

FORMONT, M. MORAND, *fort agité aussi.*

M. MORAND, *sans voir son neveu.*
Basset ne paroît point! qui peut le retenir?
Il va faire manquer l'affaire la meilleure!...
Voyez! je perds ici mille francs par quart d'heure.
Ah, ah! c'est toi, Formont!...
    FORMONT.
       Oui, mon oncle, j'attends...
    M. MORAND.
Hé bien, j'attends aussi; causons...

FORMONT, *souriant*.

Bon, si j'entends
La langue du pays.

M. MORAND.

Toujours plaisant!

FORMONT.

Sans doute;
Car c'est mon fort, à moi.

M. MORAND, *à part*.

Ce retard me déroute.
(*Il regarde à sa montre.*)
Deux heures demi-quart! j'enrage.

FORMONT, *à part*.

Avec douceur,
Il faut que je l'engage à me rendre ma sœur.
(*haut.*)
Ils ne rentrent point.

M. MORAND.

Non. Ils sont inconcevables!
Je ne vois que nous deux qui soyons raisonnables.

FORMONT, *souriant*.

Nous deux? c'est trop d'honneur... Mais des yeux pénétrants
Pourroient trouver nos goûts tant soit peu différents.

M. MORAND.

En apparence; au fond, notre but est le même:
Tu chéris le repos, et comme toi je l'aime.

FORMONT.

Le repos? je vous vois toujours en mouvement.

M. MORAND.

C'est pour pouvoir un jour me reposer.

FORMONT.

Vraiment?

La route, comme on dit, est un peu détournée.
Vous attendrez, je vois, la fin de la journée.

M. MORAND.

Oui, j'arriverai tard; et c'est là mon chagrin :
Je me hâte pourtant.

FORMONT.

Oh! vous allez grand train.
Voilà donc à Paris ma pauvre sœur restée,
Et qui de ce séjour maintenant enchantée!...

M. MORAND.

Tant mieux; car, à son tour, elle en est l'ornement.
Elle me fait honneur.

FORMONT.

Mon oncle, assurément...
Je suis touché... je crois votre amitié sincère :
Mais, je vous le demande, est-il bien nécessaire,
Est-il même à propos qu'elle prolonge ainsi?...

M. MORAND.

Eh! pourquoi non? ta sœur s'ennuieroit-elle ici?

FORMONT.

Au contraire, mon oncle.

M. MORAND.

Alors, j'en suis fort aise :
Elle est fort bien chez moi, pourvu qu'elle s'y plaise.
Tout le monde est de même enchanté de l'y voir.
Depuis qu'elle est ici, j'ai du matin au soir
La moitié de Paris; tout renaît, tout respire
Le plaisir, la gaieté, qu'elle aime, et qu'elle inspire.

FORMONT.

Que trop!

M. MORAND.

Le grand malheur!

FORMONT.

Hélas! oui, c'en est un,
Un très grand.

M. MORAND.

Ton chagrin n'a pas le sens commun.

FORMONT.

Croyez-vous que ma sœur à ce flatteur hommage
Soit insensible?

M. MORAND.

Eh! non, ce seroit bien dommage.

FORMONT.

Dût-on me trouver rude et brusque en mes humeurs,
De ma campagne encor je préfère les mœurs.

M. MORAND.

Garde tes mœurs, bon Dieu! qui songe à les corrompre,
Mon pauvre ami?... mais quoi? l'on vient nous interrompre.

SCÈNE III.

Les mêmes, FRANÇOIS.

M. MORAND, *à François.*

Qu'est-ce?

FORMONT, *vivement.*

Madame Euler?

FRANÇOIS, *à Formont.*

Non, monsieur, pas encor.

(*à M. Morand.*)
C'est ce gros court monsieur, qui parle toujours d'or.

M. MORAND.

Ah! c'est Basset, adieu; mais laisse-nous Sophie,

ACTE II, SCÈNE III.

Campagnard !

(*il sort en ricanant.*)

FORMONT, *de loin, à M. Morand.*

Campagnard ? eh ! je m'en glorifie.

SCÈNE IV.

FORMONT, FRANÇOIS.

FRANÇOIS.

Comment le trouvez-vous, ce cher monsieur Basset.

FORMONT.

Mais...

FRANÇOIS.

C'est l'intime ami de votre oncle : Dieu sait
Que d'affaires ils font !

FORMONT.

Tant mieux.

FRANÇOIS.

Quel air grotesque ?
Comme il parle, sur-tout ! son nom le peindroit presque ;
Basset !... je n'y suis point encore accoutumé :
Il faut en convenir, on n'est pas mieux nommé.

FORMONT, *prêtant l'oreille.*

Paix !

FRANÇOIS.

C'est madame Euler.

FORMONT.

Ah ! bon.

FRANÇOIS.

Je me retire.

(*en s'en allant, et haussant les épaules.*)
Basset!...

FORMONT, *seul.*

Ce vieux François est enclin à médire ;
C'est dommage : ah ! je vois qu'il nous aime, du moins.

SCÈNE V.

FORMONT, Mme EULER.

FORMONT, *à madame Euler qui entre.*
Chère madame Euler !... nous voilà sans témoins :
Il faut absolument que je vous entretienne
Sur cette jeune sœur, votre amie et la mienne.

Mme EULER.
Mon amie, en effet ; et je m'en fais honneur.

FORMONT.
Ah ! c'est pour ma Sophie un bien plus grand bonheur,
Pourvu qu'elle le sente, et qu'elle l'apprécie.
De tout mon cœur d'abord je vous en remercie.

Mme EULER.
Je vous ai dit comment ce hasard, si fatal,
Qui nous fait tour-à-tour tant de bien, tant de mal,
Me fit voir votre sœur, et, par son entremise,
Obtenir de son oncle, en un moment de crise,
Un service, peut-être à rendre fort aisé,
Mais qu'à la pitié seule il avoit refusé ;
Je vous laisse à penser combien elle m'est chère,
Et si je vois en elle une simple étrangère !

FORMONT.
Je l'en aime encor mieux pour ce bon procédé ;
Mais vous l'exagerez, j'en suis persuadé,

Pour rabaisser les soins que vous avez pris d'elle.

Mme EULER.

Non, ma reconnoissance est juste et naturelle.
Je n'avois qu'un moyen de la lui témoigner ;
Je l'offris, trop heureuse, au moins, de lui donner
Des leçons de dessin, seul trésor qui me reste !
Votre sœur accepta cette offre bien modeste,
Mais à condition qu'on y mettroit un prix :
Je l'acceptai.

FORMONT.

Du moins, dans ce fatal Paris,
Vous êtes auprès d'elle, il suffit ; je respire.

Mme EULER.

Quel alentour, d'ailleurs ! quelle crainte il m'inspire !
Sophie est si crédule !... et, par exemple, un trait
Que je ne puis vous taire...

FORMONT.

Eh ! quoi ?

Mme EULER.

C'est son portrait,
Que votre aimable sœur me pria de lui faire :
Moi, pour qui c'est toujours un bonheur de lui plaire,
J'y consentis, croyant que ce gage si doux
Étoit tout simplement pour Dirval ou pour vous.

FORMONT.

Sans doute : eh ! bien ?

Mme EULER.

Eh bien ! un beau jour, je soupçonne,
Qu'il étoit destiné... pour une autre personne.

FORMONT.

Pour d'Héricourt ?

Mme EULER.

Eh ! mais... je crains, en général ;
Mais ce n'étoit, je crois, pour vous ni pour Dirval.

FORMONT.

O ciel ! eh quoi ! ma sœur ?...

Mme EULER.

Écoutez : je l'accuse ;
Mais je dois cependant dire ici, pour l'excuse
De votre jeune sœur, que son esprit léger
Ignore d'un tel don la valeur, le danger.

FORMONT.

Je hais ce d'Héricourt.

Mme EULER.

Je crains plus pour Sophie
Cette Verseuil !

FORMONT.

Et moi, comme je m'en défie !

Mme EULER.

L'exemple est le plus grand de tous les séducteurs.
Et quelle amie, alors, qu'une femme sans mœurs,
Jeune encor ! nous devons, toutes tant que nous sommes,
Fuir ces femmes, bien plus que le pire des hommes.
Puis... cet époux, si loin !... car avouez ici
Que cette longue absence est bien fâcheuse aussi.

FORMONT.

Ah ! oui, ce cher Dirval ?... mais quoi ? bientôt, peut-être,
Nous allons le revoir.

Mme EULER.

Oh ! s'il peut reparoître,
Quel bonheur pour nous tous !

FORMONT.

Au moins qu'à son retour,

ACTE II, SCÈNE V.

De sa femme il retrouve et le cœur et l'amour.

Mme EULER.

Je l'espère : Sophie a l'ame honnête et pure ;
Elle aime son mari.

FORMONT.

J'en accepte l'augure.
Qu'elle entende la voix, l'accent de l'amitié ;
Tout nous en presse, honneur, attachement, pitié.
Quand des femmes sans mœurs et sans délicatesse,
Quand des amants sans foi... que dis-je? sans tendresse,
Ont conspiré sa perte, et marchent à leur but ;
Ligués à notre tour, conspirons son salut.

Mme EULER.

Sans doute.

FORMONT.

Mais adieu : cette bruyante troupe
Va rentrer ; que ferois-je au milieu d'un tel groupe?
Lorsque la foule enfin aura pu s'écouler,
Je reverrai ma sœur ; car je veux lui parler,
Mais lui parler en frère, en ami vrai, fidèle.

Mme EULER.

Bien. Moi je vais l'attendre, et fixer avec elle
L'heure de ce dessin, si long-temps différé !
Je ne lui dis qu'un mot, et je vous rejoindrai ;
Car vous n'oubliez pas que nous dînons ensemble.

FORMONT.

Je n'ai garde, vraiment ! non ; j'aurai, ce me semble,
Deux grands plaisirs ; d'abord, de dîner avec vous,
Puis, de ne pas dîner avec ces jeunes fous.

(*Il sort.*)

SCÈNE VI.

Mme EULER, *seule.*

De ce repas aussi je me fais une fête.
Qu'Euler sera content ! Son ame douce, honnête,
Est digne de sentir tout ce que vaut Formont,
Digne d'aimer Dirval ;... comme ils en parleront !
(*Elle dessine comme machinalement.*)

SCÈNE VII.

Mme EULER, Mme DIRVAL, D'HÉRICOURT, FLORVEL.

FLORVEL.
Voilà madame Euler ; et toujours à l'étude !
Mme EULER, *se levant.*
C'est mon bonheur, à moi.
Mme DIRVAL.
                Comme la solitude.
Mme EULER.
Mais... j'aime à la quitter, pour voler près de vous.
D'HÉRICOURT, *bas à madame Dirval.*
Elle se trouve ici fort à propos pour nous.
Mme DIRVAL.
(*bas à d'Héricourt.*)
Mais oui.
       (*haut.*)
         Ma chère Euler ! je vous fais bien excuse :
Vous faire revenir, deux fois ! j'en suis confuse.

ACTE II, SCÈNE VII.

Mme EULER.

Si vous vous amusez, je vous pardonne tout.

FLORVEL.

Excellente morale! elle est fort de mon goût.

Mme EULER, *à madame Dirval.*

Parlons de votre course : a-t-elle été?...

Mme DIRVAL.

Charmante.

FLORVEL.

Que de beautés! je crois que le nombre en augmente.

D'HÉRICOURT.

Moi, je n'en ai vu qu'une.

FLORVEL.

Une?... ah! bon! je comprend.

D'HÉRICOURT.

Quoi? tu comprends déja! c'est être pénétrant.

Mme DIRVAL, *à d'Héricourt.*

Toujours galant!

FLORVEL.

J'ai vu d'autres femmes jolies.

D'HÉRICOURT.

Et tes chevaux, Florvel! ainsi tu les oublies!

FLORVEL.

Ah! tu m'y fais songer; j'y cours.

D'HÉRICOURT, *aux dames.*

Mais, c'est qu'il a...

Des soins, un tact!...

FLORVEL.

Parbleu! je ne fais que cela.

(*Il sort.*)

SCÈNE VIII.

Mme DIRVAL, Mme EULER, D'HÉRICOURT.

D'HÉRICOURT.

Ses chevaux m'ont sauvé : parfois cela m'arrive.
(*à madame Dirval.*)
Çà, dussiez-vous trouver mon instance un peu vive,
Il faut que je vous gronde.

Mme DIRVAL.

Ah, ah! monsieur! pourquoi?

D'HÉRICOURT.

Mais ce charmant portrait, vous l'oubliez, je voi.

Mme DIRVAL.

C'est que madame Euler... m'a paru refroidie.

Mme EULER.

Il est vrai ; j'aime mieux, pour moi, qu'on étudie.
La leçon de dessin presse plus qu'un portrait.

D'HÉRICOURT.

Soit ; mais pour l'achever un moment suffiroit.
Même, il n'y manque rien ; car, moi, je suis sincère,

Mme EULER.

Une séance, au moins, est encor nécessaire.

Mme DIRVAL.

Une? raison de plus, pour que dès ce matin
Nous la prenions.

Mme EULER.

Eh! quoi?...

Mme DIRVAL.

Sans doute.

D'HÉRICOURT.

Il est certain

ACTE II, SCÈNE VIII.

Que cette occasion est une des meilleures :
On ne dînera pas, je pense, de trois heures.

Mme EULER.

Chez vous ; je vais dîner, moi.

D'HÉRICOURT.

Ne pourroit-on pas
Saisir cet intervalle entre les deux repas ?

Mme DIRVAL.

Bien dit ; l'on peut encore y placer la séance.
C'est sans doute abuser de votre complaisance :
J'y suis accoutumée ; oui, mais je n'en aurai
A mon aimable Euler jamais su meilleur gré.

Mme EULER.

Allons, je le vois bien ; je ne puis m'en défendre.

D'HÉRICOURT, *à madame Euler.*

Charmante !

Mme EULER.

A tout ceci, monsieur, vous semblez prendre
Un intérêt bien vif !

D'HÉRICOURT.

Eh ! mais...

Mme DIRVAL.

Madame Euler,
Ainsi je vous attends : votre temps est trop cher
Pour qu'ici j'en abuse.

Mme EULER.

Ah ! croyez, jeune amie,
Que le temps et le cœur sont à vous pour la vie.

(*à part en s'en allant.*)

Je la laisse à regret ; mais quoi ? dans un instant,
Son frère va venir.

SCÈNE IX.

Mme DIRVAL, D'HÉRICOURT.

D'HÉRICOURT, *suivant des yeux madame Euler.*
Allons, je suis content.
Bonne madame Euler! en cette circonstance,
Je m'attendois vraiment à plus de résistance,
Pour ce portrait si cher, et qui m'est destiné.

Mme DIRVAL.
Doucement : ce portrait n'est pas encor donné.

D'HÉRICOURT.
Voulez-vous rétracter la parole charmante?
Se peut-il que déja votre cœur se démente.
Cela m'affligeroit, et ne seroit pas bien.
Vous me l'avez promis, ce portrait.

Mme DIRVAL.
J'en convién.
Mais quoi? cette promesse, assurément sincère,
Est de ma part, monsieur, peut-être un peu légère.

D'HÉRICOURT.
En quoi donc?

Mme DIRVAL.
Mon portrait!... si j'ai suivi d'abord
Un premier mouvement, je crains d'avoir eu tort.

D'HÉRICOURT.
Comment?... cette faveur est bien intéressante,
Oui; mais il n'en est point qui soit plus innocente.
Seriez-vous donc pour moi généreuse à moitié?

Mme DIRVAL.
En effet... c'est un don de la simple amitié;

Mais vous!...
D'HÉRICOURT.
C'est l'amitié qui le reçoit, sans doute.
Ah! croyez...
Mme DIRVAL.
Je vous crois, lorsque je vous écoute :
Mais... votre attachement est-il bien vrai, bien pur?
D'HÉRICOURT.
L'objet qui l'a fait naître en est un garant sûr.
Je n'ai jamais aimé comme en ce moment j'aime.
Mme DIRVAL.
Comme... en ce moment?...
D'HÉRICOURT.
Non... je ne suis plus le même.
Je ne prends goût à rien, je ne vais nulle part :
Si dans quelque maison je parois, par hasard,
J'y suis distrait, rêveur : chacun me fait la guerre,
Et les femmes sur-tout ;... il ne m'importe guère.
Mes amis même ont fait des efforts superflus
Pour dissiper... Enfin je ne me connois plus ;
Je ne sais... qu'est-ce donc que cela signifie?
Me l'expliquerez-vous, trop aimable Sophie?
Mme DIRVAL.
Un pareil examen est souvent dangereux :
Je n'ose...

SCÈNE X.

Les mêmes, FORMONT.

FORMONT, *de loin, à part.*
Encore lui ! je suis bien malheureux.
(*Madame Dirval aperçoit son frère, et s'arrête.*)
D'HÉRICOURT.

Formont !
(*à voix basse à madame Dirval.*)
Nous renouerons cet entretien, j'espère.
(*à part.*)
Toujours entre elle et moi !

FORMONT.
Bonjour.

Mme DIRVAL, *avec embarras.*
C'est vous, mon frère,

FORMONT, *cachant à peine son chagrin.*
Eh ! oui, ma sœur, c'est moi.

D'HÉRICOURT.
Votre humble serviteur,
Monsieur Formont.

FORMONT.
Je suis le vôtre aussi, monsieur.

Mme DIRVAL.
Qu'avez-vous donc ?

FORMONT.
Moi ?... rien.

D'HÉRICOURT.
Votre sœur, sur mon ame,
Est un ange.

ACTE II, SCÈNE X.

FORMONT.

Monsieur ! cet ange est une femme
Aimable... quoique frère, oui, je puis l'avouer,
Mais qu'il est dangereux, indiscret de louer.

D'HÉRICOURT.

Je ne lui rends aussi qu'un imparfait hommage :
Convenez-en, mon cher ; c'eût été bien dommage
Que vous eussiez, tout seul, possédé ce trésor.

FORMONT.

Ah ! monsieur, ce seroit bien plus dommage encor
Que Paris altérât ce trésor.

D'HÉRICOURT.

Ah !

FORMONT.

De grace,
Cessez un entretien qui même l'embarrasse.
Je me ressouviens, moi, de ce mot d'un ancien :
« Peux-tu médire ainsi d'une femme de bien ? »
On la louoit pourtant. Mais la plus sage est celle
Dont on ne parle point.

SCÈNE XI.

LES MÊMES, Mme VERSEUIL.

(Elle est mise dans le dernier goût; et, comme sa parure, son maintien et son ton sont un peu libres.)

Mme VERSEUIL.

Eh ! bonjour donc, ma belle.

Mme DIRVAL.

Ah, ah !...

21.

Mme VERSEUIL.

Savez-vous bien qu'on vous cite par-tout,
Pour la beauté, l'esprit, l'élégance et le goût?
C'est à mourir d'envie, ou de plaisir, ma chère.

FORMONT, *à part.*

Allons!...

Mme DIRVAL.

Vous me flattez.

Mme VERSEUIL.

Ah! d'Héricourt... Le frère!
Vous voilà réunis : hé bien? qu'est-ce? comment?
Quels projets pour ce soir?

FORMONT, *à part.*

Bon début!

D'HÉRICOURT.

Mais vraiment,
Vous même qui parlez, qu'êtes-vous devenue?

Mme DIRVAL.

Eh! oui, voilà deux jours que l'on ne vous a vue;
Et j'étois inquiète...

Mme VERSEUIL.

Ah! bon! ces deux jours-ci!
Je ne les ai pas mal employés, Dieu merci.
De Mouy, pour signaler sa nouvelle conquête,
A voulu nous donner une fête... une fête!...
Cherchez dans votre esprit, imaginez, rêvez;
Et puis, devinez-en le quart, si vous pouvez.

FORMONT.

Dit-on ce qu'elle coûte?

Mme VERSEUIL.

Elle n'est pas très chère :
Vingt mille francs, au plus.

FORMONT.
Vingt mille.
Mme DIRVAL.
On exagère.
D'HÉRICOURT.
Non, il en seroit quitte encore à bon marché.
FORMONT.
Pour vingt mille francs?
D'HÉRICOURT.
Oui.
Mme VERSEUIL, *regardant Formont.*
Le voilà tout fâché!
Mme DIRVAL, *à son frère, qui rêve.*
Qu'avez-vous donc, mon frère? encor quelques nuages!
FORMONT, *fort tranquillement.*
Non. Je voulois compter à combien de ménages
L'argent de cette fête assuroit le bonheur :
Elle auroit à de Mouy fait encor plus d'honneur.
D'HÉRICOURT.
Mais si l'on s'arrêtoit aux calculs que vous faites,
On ne se permettroit...
FORMONT.
Que des plaisirs honnêtes.
Mme VERSEUIL, *à madame Dirval.*
Toujours du romanesque!
Mme DIRVAL.
Il a du naturel.
(*à son frère.*)
Mais qu'importe, après tout, puisque l'usage est tel?
Voulez-vous réformer ces abus, ces contrastes,
Nos mœurs, enfin?

FORMONT.

Oh! non, j'ai des desseins moins vastes;
(*avec beaucoup d'expression.*)
O mon aimable sœur! va, le ciel m'est témoin
Que mon tendre intérêt ne s'étend pas si loin.

Mme VERSEUIL.

A propos, savez-vous que je suis en colère
Contre de Mouy?

Mme DIRVAL.

Pourquoi?

Mme VERSEUIL.

Pour vous-même, ma chère,
Qu'il n'a point invitée.

D'HÉRICOURT.

En effet.

FORMONT.

Le grand mal!
Pouvoit-elle accepter?

D'HÉRICOURT.

Oui. Madame Dirval
Est mariée, est libre.

FORMONT.

Ah! libre et mariée!

Mme VERSEUIL.

Et peut aller par-tout, sitôt qu'elle est priée,
Et sur-tout avec moi.

FORMONT.

C'est différent, cela.

Mme VERSEUIL, *à madame Dirval.*

Du reste, excepté vous, tout Paris étoit là.
Dieu sait que de beautés!...

ACTE II, SCÈNE XI.

Mme DIRVAL.
Oui?

D'HÉRICOURT.
De superbes femmes.

FORMONT.
Des femmes, des beautés !... Expliquez-moi, mesdames...

Mme DIRVAL.
Quoi?

FORMONT.
Lorsque vous parlez des plaisirs de Paris,
Vous ne dites jamais un seul mot des maris :
Est-ce qu'en ce pays, il n'est plus que des veuves?

Mme VERSEUIL, *éclatant de rire.*
Ah, ah !

D'HÉRICOURT, *riant aussi.*
La question, d'honneur ! est des plus neuves.

Mme DIRVAL.
Elle est plaisante, au fait.

Mme VERSEUIL.
Ah ! çà, mon cher Formont,
Vous m'étonnez toujours ; mais d'où venez-vous donc?

FORMONT.
D'où je viens, madame?

Mme VERSEUIL.
Oui.

FORMONT.
De mon pays, j'espère.

Mme VERSEUIL.
Votre pays alors est extraordinaire.

FORMONT.
Oui, j'habite, en effet, un singulier séjour ;
Car on y dort la nuit, on y veille le jour :

Quelquefois du travail on s'y fait un délice,
Vraiment ; se promener est même un exercice.
Les fils, dans mon pays, respectent leurs parents :
On n'imagine pas tout savoir à vingt ans.
On ne prodigue point non plus le nom d'aimable,
Et, pour le mériter, il faut être estimable.
On ne dit pas toujours « ma parole d'honneur : »
Il est moins dans la bouche, et plus au fond du cœur,
Aimer de bonne foi n'est point un ridicule :
De s'enrichir trop vite on se feroit scrupule.
Sans briller, il suffit que l'on ne doive rien :
On s'aime, on vit content, et l'on se porte bien ;
Et voilà mon pays, madame.

Mᵐᵉ VERSEUIL.

Il est unique.

D'HÉRICOURT.

Je démêle, à travers ce détail ironique,
Que pour Paris monsieur a le plus grand mépris.

FORMONT.

Du mépris, moi ?... d'abord, c'est selon le Paris.
Nous pourrions bien ici ne pas parler du même :
Car il est un Paris que j'estime et que j'aime,
Que souvent je visite, où je me plais à voir
Tout le monde attentif à remplir son devoir.
Peu connue au-dehors, même du voisinage,
La femme vit, se plaît au sein de son ménage,
Soigne, instruit, et gaiement, l'enfant qu'elle a nourri,
Trouve tout naturel d'honorer son mari.
Tour-à-tour, promenade, ou spectacle, ou lecture,
On n'est blasé sur rien ; c'est par-tout la nature.
Peut-être que pour vous c'est un monde inconnu ;
Vous ne me croirez pas, mais d'honneur ! je l'ai vu.

D'HÉRICOURT.

D'après cette peinture et ces antiques modes,
Formont, votre Paris doit être aux antipodes.

FORMONT.

Aux antipodes, soit.

Mme VERSEUIL.

D'honneur ! il est charmant.
(à madame Dirval.)
Mais je cours chez votre oncle : au revoir, mon enfant.
(à Formont.)
Quant à Paris, mon cher, puisque vous aimez l'autre,
Je vous y laisse.
(à d'Héricourt.)
Et nous, allons jouir du nôtre.

Mme DIRVAL, *à d'Héricourt.*

Quoi? vous sortez?

FORMONT, *à part.*

Déjà !

D'HÉRICOURT.

J'oubliois qu'on m'attend.
Je vous quitte à regret, et reviens à l'instant.

Mme DIRVAL, *bas à d'Héricourt.*

Vous n'oublierez donc pas?

D'HÉRICOURT, *de même.*

Prière superflue !
(*haut à Formont, en souriant.*)
Vous et votre Paris, monsieur, je vous salue.

(*Il sort.*)

SCÈNE XII.

Mme DIRVAL, FORMONT.

FORMONT.

Ils me font tous pitié.

Mme DIRVAL.

Mon frère!...

FORMONT.

Va, ma sœur,
Ce monde est près de toi, mais bien loin de ton cœur.
Je n'accuse pas plus Sophie et ses semblables,
Que mille jeunes gens aimables, estimables,
Tels qu'Euler, étrangers à ces airs, ce jargon,
Et chez qui l'on retrouve encor le vrai bon ton.
Je ne censure point les plaisirs de ton âge.
Tu sais si je jouois ce fâcheux personnage,
Pendant ces jours si doux, et trop vite écoulés!...

Mme DIRVAL.

Je me rappelle bien le temps dont vous parlez.

FORMONT.

Tu m'as quitté pourtant; mais je te le pardonne:
Nous passâmes ensemble un si charmant automne!
Comme, heureux et contents, nous vivions tous les trois!
Le troisième, ô ma sœur! tu t'en souviens, je crois?

Mme DIRVAL.

Le troisième? eh! mais, oui, doutez-vous?...

FORMONT.

Non, Sophie,
Tu ne peux, j'en suis sûr, l'oublier de ta vie.

ACTE II, SCÈNE XII.

Mme DIRVAL.

Jamais. C'est lui plutôt qui semble m'oublier,
Depuis un an.

FORMONT.

   Lui? tiens, je m'en vais parier
Que ses lettres, ma sœur, se seront égarées.
Sa tendresse, sa foi, j'en réponds, sont sacrées.
Dirval! à ce seul nom, mon cœur est attendri.
Personne ne te parle ici de ton mari :
Mais nous t'en parlons, nous.

Mme DIRVAL.

     Est-il donc nécessaire
De me le rappeler?

FORMONT.

   Non, non, je suis sincère,
Moi, je ne te veux point reprocher mes regrets,
Et je m'occupe ici de tes seuls intérêts.
Laisse là ce Paris et ses charmes factices ;
Arrache-toi bien vite à ces vaines délices :
Oui, ma chère Sophie, oui, reviens parmi nous,
Goûter ces plaisirs purs...

Mme DIRVAL.

     Je les crois purs et doux :
Mais, franchement, j'ai peur que l'ennui ne m'y gagne.
J'aime bien mieux vous voir ici qu'à la campagne.

FORMONT.

Mais je ne puis rester à Paris, tu le sais.

Mme DIRVAL.

Hé bien, vous reviendrez.

FORMONT.

   Moi, revenir? jamais.
Suis-moi plutôt ; partons ; nos champs te redemandent.

Là mille amusements, mille doux jeux t'attendent.
Mme DIRVAL.
Il est vrai que le nom de jeux, d'amusements,
Convient assez, mon frère, à ces plaisirs d'enfants.
Mais on change de goût lorsqu'on avance en âge;
Et l'on a d'autres yeux à Paris qu'au village.
FORMONT.
Oui; les tiens, maintenant, n'admirent que Paris,
Et tu ne parles plus des champs qu'avec mépris:
Mais quoi? c'est un village enfin qui t'a vu naître;
Ma sœur, il te rappelle!
Mme DIRVAL.
Oh! sous le toit champêtre,
De mon absence on va, je crois, se consoler;
Mais pour moi, de ces lieux je ne puis m'exiler.
J'ai goûté de Paris, et j'en suis satisfaite.
Il me plaît, me convient: pour Paris je suis faite,
Et j'y reste.
FORMONT.
J'entends. Et quand votre mari
Reviendra?
Mme DIRVAL.
Mais d'abord, je vais l'attendre ici;
Puis il trouvera bon que j'y passe ma vie.
FORMONT, *d'un ton concentré.*
Paris vous a déja fait bien du mal, Sophie:
Puisse-t-il épargner, du moins, votre vertu!
(*Il va pour sortir.*)
Mme DIRVAL, *le retenant.*
Mon frère, écoutez-moi.
FORMONT.
J'en ai trop entendu.

ACTE II, SCÈNE XII.

(*avec colère et abandon.*)

Ensemble, je le vois, nous ne pouvons plus vivre.
Hé bien, soit. Puisqu'aux champs on ne veut point me suivre,
J'y retournerai seul. C'en est fait ; dès demain,
Oui, demain, du *Vallon* je reprends le chemin.
J'avois quitté pour vous mes enfants et ma femme,
Êtres charmants, que j'aime et de toute mon ame,
Et que vous chérissiez dès vos plus jeunes ans.
J'irai, je leur dirai : « Ma femme, mes enfants,
« Nous n'avons plus de sœur, vous n'avez plus de tante :
« Jadis avec nous tous elle vivoit contente.
« Mais son sort désormais à Paris est lié ;
« Frère, sœur, neveux, nièce, elle a tout oublié,
« Tout, jusqu'à son époux ; oublions-la de même... »

Mme DIRVAL, *courant à son frère, qui sortoit.*

O mon frère, mon frère !...

FORMONT, *revenant à elle, et se jetant dans ses bras.*

                   O ma sœur !... va, je t'aime,
Et jamais ne pourrois t'oublier, non, jamais.

Mme DIRVAL.

Ni moi non plus, mon frère : ah ! je vous le promets.
Croyez que votre sœur vous chérit, vous révère.

FORMONT.

Je remplis un devoir et pénible et sévère :
Rends justice à mon cœur, ô ma Sophie ; et croi
Que tu n'as point d'ami plus fidéle que moi.

Mme DIRVAL.

J'en suis persuadée, et bien reconnoissante.

FORMONT.

Je te quitte à regret ; mais on s'impatiente,
On m'attend : je cours donc à mon joli dîner :

Que ne puis-je, en effet, avec moi t'y mener !
Mme DIRVAL.
J'aurois un vrai plaisir...
FORMONT.
J'en ai bien davantage,
Quand ma petite sœur avec moi le partage.
(*Il l'embrasse et sort.*)

SCÈNE XIII.

Mme DIRVAL, *seule.*

Il m'aime tendrement ; et moi, je le chéris.
Mais vouloir m'arracher à ce charmant Paris,
Ce Paris qui me plaît, qui fait tout mon délice !
Dans ce triste *Vallon* que je m'ensevelisse,
A vingt-deux ans ! qui ? moi ? non, c'est trop exiger.
(*Elle rêve un moment ; puis, d'un air léger.*)
Mais pour notre séance allons nous arranger.
(*se tournant du côté par où Formont est sorti.*)
Car il faut faire un peu de toilette, mon frère ;
Et puis, j'en ai besoin vraiment pour me distraire.

FIN DU SECOND ACTE.

ACTE TROISIEME.

SCÈNE I.

Mme EULER, *seule*.

A regret, au dessert, j'ai laissé mes amis.
Mais quatre heures bientôt vont sonner ; j'ai promis ;
Et madame Dirval en ce lieu va se rendre :
Plutôt que d'y manquer, j'aime encor mieux attendre.
(*Elle s'assied, et ouvre son pupitre.*)
Allons, préparons tout. — Le voilà, ce portrait,
Si cher !... qui m'eût pourtant causé bien du regret...
Jeune et belle Sophie ! ah ! ce seroit dommage
Qu'au sortir de mes mains, cette fidèle image
Passât...

SCÈNE II.

Mme EULER ; Mme DIRVAL, *habillée pour la séance.*

Mme DIRVAL.

Hé bien ! voyez, madame Euler ! j'accours,
Et vous voilà ; vos soins me préviennent toujours.

Mme EULER.

Il est tout naturel qu'ainsi l'on se prévienne :
Votre vie est bien plus active que la mienne.

Mme DIRVAL.

Et bien plus fatigante: hélas! oui: tout me rit;
Chacun flatte mes vœux, me fête, m'applaudit.
Hé bien! en mille instants, je sens que je m'ennuie.

Mme EULER.

En avez-vous le temps? Eh! quoi, ma jeune amie,
Est-ce à moi de vous plaindre?

Mme DIRVAL.

En ce moment sur-tout,
J'éprouve une langueur, je ne sais quel dégoût...

Mme EULER.

Qui va se dissiper: vous vivez dans un monde
Où le chagrin n'a pas de trace bien profonde.

Mme DIRVAL.

Il revient par accès.

Mme EULER.

Ah! ma chère Dirval!
Et pour vous égayer, n'allez-vous pas au bal?

Mme DIRVAL.

Eh! oui, pour essuyer un monde, une cohue!
La moitié m'en sera, je parie, inconnue.
Vous êtes dispensée, au moins, de tout cela:
Vous êtes bien heureuse.

Mme EULER.

Eh! mais, ce bonheur-là,
Sophie, on peut l'avoir, quand on veut, ce me semble.
Restez; nous passerons cette soirée ensemble,
Tous quatre, Euler, Formont...

Mme DIRVAL.

Eh! le puis-je?

Mme EULER.

En ce cas,

ACTE III, SCÈNE II.

Allez à votre bal, et ne vous plaignez pas.
Vous connoissez pourtant madame de Melzance ;
Sa réputation, soit dit sans médisance...
Un bal chez elle !

Mme DIRVAL.

Eh ! mais, tout Paris y sera.

Mme EULER.

Quel mélange alors ! puis, qui vous y conduira,
Je vous vois sans mari, sans frère, sans amie.

Mme DIRVAL.

Mais madame Verseuil m'accompagne.

Mme EULER.

Ah ! Sophie !
Quel guide ! Non, tenez, je n'aime point ce bal.

Mme DIRVAL.

Pourquoi ? dans tout ceci je ne vois point de mal.

SCÈNE III.

LES MÊMES, UN DOMESTIQUE.

Mme DIRVAL, *au domestique.*

Qu'est-ce donc ?

LE DOMESTIQUE.

Un billet pour madame.

Mme DIRVAL.

Ah ! la Brie,
Donnez. — Bon, il suffit.

(*Le domestique sort.*)

SCÈNE IV.

Mme EULER, Mme DIRVAL.

Mme EULER, *à madame Dirval, qui hésite si elle ouvrira le billet.*

Lisez donc, je vous prie.

Mme DIRVAL.

Vous permettez?

Mme EULER.

Eh! oui· quelque tendre poulet?

Mme DIRVAL, *lit et sourit.*

Vous... croyez?

(*à part.*)

Ah! charmant!

Mme EULER, *qui l'observe.*

Cette lettre vous plaît.

Mme DIRVAL.

Je ne m'en défends pas : elle est intéressante.

Mme EULER.

Vous allez me trouver curieuse, pressante,
Même indiscrète.

Mme DIRVAL.

Vous? jamais.

Mme EULER.

J'ai cru d'abord...
Si le billet n'est pas de d'Héricourt, j'ai tort.

Mme DIRVAL.

Vous devinez fort bien ; je n'en fais point mystère :
C'est, en effet, de lui.

Mme EULER.

De votre caractère
J'adore la franchise et la naïveté :
Mais je me pique aussi, moi, de sincérité,
Et vous demanderai, tout bas, si la prudence
Ne désavoueroit point cette correspondance
Entre un jeune homme et vous.

Mme DIRVAL.

Ah! ce commerce-là
Est doux, mais innocent; et... lisez; car voilà
De vos sévérités comme ici je me venge.
Voyez si d'Héricourt n'écrit pas comme un ange!
Quel style! il a vraiment un tour particulier,
Un air aisé, piquant.

Mme EULER, *en lui rendant sa lettre.*

Sur-tout très familier.

Mme DIRVAL.

D'accord; mais un ami peut fort bien se permettre...

Mme EULER.

Un ami!... c'est le nom qu'il prend dans cette lettre.
Mais parlons franchement, l'aimeriez-vous?

Mme DIRVAL.

Eh! mais...
La question, madame, est vive; et si j'aimois,
Je...

Mme EULER.

Vous me le diriez, j'en suis sûre : qu'on craigne
Une maman sévère, une farouche duègne;
Soit: mais madame Euler, une amie, une sœur,
Qui toujours eut pour vous et tendresse et douceur?...
L'aimez-vous, en un mot?

Mme DIRVAL.
Franchement, je l'ignore.
Mme EULER.
Bon!
Mme DIRVAL.
Ou plutôt, je crois ne pas l'aimer encore :
Mais j'éprouve pour lui... je ne sais quel penchant...
Je lui trouve une grace, un air noble et touchant;...
Vous-même, convenez qu'on n'est pas plus aimable.
Mme EULER.
Sans doute, il a le ton, le maintien agréable;
Mais... sans parler ici de ce que vous devez
A l'estimable époux,... non, non, vous le savez,
Et n'oublierez jamais ses droits ni sa tendresse :
Mais votre bonheur seul m'occupe, m'intéresse.
Ce charmant d'Héricourt n'est pas même amoureux;
Il cherche le plaisir : de ses succès nombreux
Il vous croit digne enfin de couronner la liste;
Et ce n'est qu'un aimable et brillant égoïste.
Mme DIRVAL.
Madame Euler!...
Mme EULER.
Pardon, si je vous fais souffrir.
Je vous blesse, il est vrai; mais c'est pour vous guérir.
Je ne suis point, Sophie, un censeur inflexible :
Je plaindrois, je l'avoue, un amant vrai, sensible,
Et même alors pour vous tout mon cœur saigneroit.
Mais aimer un ingrat, peut-être un indiscret!
Pour prix d'une foiblesse être encor malheureuse,
Et n'oser se plaindre!... ah! cette idée est affreuse.
Mme DIRVAL.
Vous peignez tout vraiment sous de noires couleurs.

Mme EULER.

Et vous ne voyez, vous, ma chère, que les fleurs,
Chemin doux et riant qui mène au précipice :
Je veux vous en sauver.

Mme DIRVAL.

     Mon cœur vous rend justice.
(*voyant d'Héricourt.*)
Ah ! je le vois.

Mme EULER, *à part*.

Adieu le fruit de mes discours.

SCÈNE V.

Les mêmes, D'HÉRICOURT.

Mme DIRVAL.

Vous voilà donc enfin, monsieur !

D'HÉRICOURT.

      Eh ! oui, j'accours...

Mme DIRVAL.

Vous accourez ?

D'HÉRICOURT.

  Ici, les premières, mesdames !...

Mme DIRVAL.

Mais... vous voyez.

D'HÉRICOURT.

  Pardon, j'ai couru chez vingt femmes,
Pour être libre enfin, Sophie, et tout à vous.

Mme DIRVAL.

Ah ! vingt femmes !

Mme EULER.

  L'excuse est nouvelle.

D'HÉRICOURT.

Entre nous,
Mon excuse est ce bal, la plus belle des fêtes,
Qui fait, en ce moment, tourner toutes les têtes :
Je plains ces dames...

Mme DIRVAL.

Bon! pourquoi?

D'HÉRICOURT.

Vous y serez :
On ne les verra plus dès que vous paroîtrez.
Mais le bal ne fait point oublier la séance,
J'espère.

Mme DIRVAL.

Il faut se rendre à tant d'impatience,
Ma chère.

Mme EULER.

Allons, je vois qu'on ne peut différer.

D'HÉRICOURT.

Oh! non, madame Euler : il faut tout préparer ;
L'heure presse.

Mme DIRVAL.

Oui.

Mme EULER.

Pour moi, je serai bientôt prête.
(*Elle s'assied, et met tout en état.*)

D'HÉRICOURT.

Douce réunion! il n'est qu'un tête-à-tête
Qui fût plus séduisant : que ces moments sont chers !

Mme EULER, *avec finesse.*

Heureuse, entre vous deux, de me trouver en tiers !

D'HÉRICOURT.

De grace, asseyez-vous, trop aimable Sophie !

ACTE III, SCÈNE V.

Mme DIRVAL, *s'asseyant.*

Je crains d'être maussade.

D'HÉRICOURT.

Ah! je vous en défie.

Mme DIRVAL.

Cela dépend de vous.

D'HÉRICOURT.

De moi? s'il étoit vrai!

Mme DIRVAL.

Sans doute. Contez-moi quelque chose de gai.

D'HÉRICOURT.

De ma part est-ce là ce que l'on doit attendre?
Je vous dirois plutôt quelque chose de tendre.

Mme DIRVAL, *minaudant un peu.*

De... tendre?...

D'HÉRICOURT.

Oui, madame, oui; ce n'est qu'au sentiment...

Mme EULER, *avec impatience, en dérangeant
d'Héricourt qui étoit tout près de Sophie.*

Voulez-vous bien, monsieur, me permettre un moment?

D'HÉRICOURT, *s'éloignant un peu, puis bientôt
se rapprochant.*

Le sentiment, vous dis-je! il électrise l'ame,
Et l'ame embellit tout; demandez à madame.

Mme EULER, *s'interrompant.*

L'ame embellit tout, oui, tout, jusques au talent.
Mais l'ame se peint-elle en un propos galant?
Cela seroit fort bon près d'une femmelette,
Pour charmer la longueur, l'ennui d'une toilette :
Mais, de grace, est-ce ainsi qu'il faudroit nous traiter?
N'avez-vous rien à dire, et rien à nous citer?
Si vous avez un peu, comme j'aime à le croire,

Su former votre goût, orner votre mémoire ;
Daignez, monsieur, daignez nous en faire jouir.
Vous pourrez voir alors son front s'épanouir :
Ses yeux s'animeront ; elle en sera plus belle,
Et tout y gagnera, le peintre et le modèle.

Mme DIRVAL.

Vous me charmez : déja, depuis que vous parlez,
Mes yeux...

D'HÉRICOURT.

Dans ce portrait, ils sont presque voilés ;
Ils n'ont point... cet air tendre, et ce regard céleste...
Ces yeux-là...

Mme EULER.

Sont les yeux d'une femme modeste,
Ceux de madame : ici, j'aurois pu, j'en conviens,
Les retracer plus vifs ; mais seroient-ce les siens ?

Mme DIRVAL.

Ah ! sur-tout, n'allez point me faire un beau visage,
Qui ne soit pas le mien.

Mme EULER.

Ce seroit bien dommage.

D'HÉRICOURT.

Cette bouche est charmante : hé bien... qu'en dites-vous ?
Je lui souhaiterois... un sourire plus doux :

(*Il montre madame Dirval qui sourit.*)

Tenez, regardez.

Mme EULER.

Ah !... ce sont là de ces choses
Qu'on ne rend qu'à demi. L'on peint les lis, les roses :
Mais les pleurs, le sourire, et le touchant regard,
L'ame, en un mot !... voilà le désespoir de l'art.

ACTE III, SCÈNE V.

Essayons cependant; car, moi, je suis docile.
Mme DIRVAL.
Ce monsieur d'Héricourt est vraiment difficile.
D'HÉRICOURT.
Il ne faut point ici de médiocrité :
Je vois l'original; je suis un peu gâté.
Mme EULER, *à part*.
Trop dangereux flatteur!
D'HÉRICOURT.
              Mais cette œuvre est parfaite.
Mme DIRVAL.
Oh! non : je ne suis pas encore satisfaite.
Mme EULER.
(*à part, et regardant toujours du côté par où Formont doit entrer.*)
Il ne vient point.
D'HÉRICOURT.
          L'ouvrage est charmant, tel qu'il est.
M_{me} DIRVAL, *allant voir*.
Charmant : ainsi, ma chère...
(*Elle veut prendre le portrait.*)
Mme EULER.
              Un moment, s'il vous plaît.
Mme DIRVAL.
L'essentiel, pourtant, est que je sois contente.
Mme EULER.
Et l'amour-propre!
D'HÉRICOURT.
Bah!
Mme EULER, *à part*.
             Quelle pénible attente!

Mme DIRVAL.

Allons, c'en est trop...

(*Elle avance la main.*)

Mme EULER, *qui voit entrer le frère.*

(*à part.*) (*haut.*)

Bon. Hé bien, tenez.

Mme DIRVAL.

Enfin!...

(*regardant le portrait.*)

Méchante! votre ouvrage est achevé, divin.

D'HÉRICOURT.

Délicieux portrait!

Mme DIRVAL, *à d'Héricourt, avec expression.*

Il est donc... présentable?

D'HÉRICOURT.

Présentable... Sophie? ah! qu'un trésor semblable!...

SCÈNE VI.

LES MÊMES, FORMONT.

FORMONT, *qui regardoit de loin.*

Bon! l'on travaille ici!

Mme DIRVAL, *avec embarras.*

Mon frère...

FORMONT.

Hé bien, ma sœur! Qu'as-tu?

Mme DIRVAL.

Moi?

FORMONT.

Traite-moi de même que monsieur.

ACTE III, SCÈNE VI.

D'HÉRICOURT.

Plaît-il?

FORMONT, *à sa sœur.*

Quel embarras! qu'as-tu là, je te prie?

Mme DIRVAL.

Ce que j'ai là, mon frère?

FORMONT.

Un portrait, je parie!
Ah! voyons.

Mme DIRVAL.

Ce n'est rien : c'est... un portrait... en l'air...
De fantaisie.

FORMONT.

Oui, mais c'est de madame Euler;
Et je suis curieux de voir de son ouvrage.

Mme EULER, *avec une peur affectée.*

Oh! non, ne montrez pas...

FORMONT.

Modeste auteur!...

D'HÉRICOURT, *à part.*

J'enrage.

FORMONT.

Laisse-moi voir, ma sœur.

Mme DIRVAL.

Mon frère!...

FORMONT.

Hé bien!

Mme DIRVAL.

Pardon...
Mais.

FORMONT.

Des secrets, pour moi!

D'HÉRICOURT, *à part.*

Quel homme !

FORMONT, *prenant le portrait.*

Eh ! donne donc.

Mme EULER, *à part.*

L'y voilà.

FORMONT.

Ton portrait !

Mme EULER.

Oui, voilà le mystère.

FORMONT.

Quoi ? tu te faisois peindre, en secret, pour ton frère ?

D'HÉRICOURT, *à mi-voix, et avec dépit.*

Précisément !

Mme DIRVAL.

Eh ! mais...

FORMONT.

Que ce présent m'est cher !
Je vous rends grace aussi, trop obligeante Euler !

Mme EULER.

J'ai suivi mon penchant.

FORMONT.

Cette pauvre petite !
Je ne m'étonne pas qu'elle fût interdite..
(*finement, et en regardant d'Héricourt du coin de l'œil.*)
Je suis venu trop tôt.

Mme DIRVAL.

Mais, mon frère...

FORMONT.

Eh ! ma sœur,
Ce portrait-là dit tout. — N'est-il pas vrai, monsieur ?

ACTE III, SCÈNE VI.

D'HÉRICOURT.

Oui... vous devez chérir ce gage de tendresse...
Du moins, si c'est à vous que le portrait s'adresse.

FORMONT.

Mais j'ai quelque sujet de le croire aujourd'hui :
Si Dirval étoit là, je dirois « c'est pour lui. »
Eh! qui lui touche ici de plus près que son frère?

D'HÉRICOURT, *contenant à peine son dépit.*

Ah! madame est bien loin de penser le contraire :
Son frère est tout pour elle, et le reste n'est rien.

Mme DIRVAL, *à part.*

Je souffre!...

D'HÉRICOURT.

Adieu, madame.

Mme DIRVAL.

Eh! mais... de grace...

D'HÉRICOURT.

Eh bien?

Mme DIRVAL.

(*à part.*)   (*haut.*)
Que dire? Vous sortez?

D'HÉRICOURT.

Une affaire imprévue...
M'appelle en ce moment; pardon.
(*à madame Euler et à Formont, d'assez mauvaise humeur.*)

Je vous salue.
(*Il sort.*)

SCÈNE VII.

Mme DIRVAL, Mme EULER, FORMONT.

Mme EULER, *avec tendresse.*

Sophie!

FORMONT, *de même.*

O chère sœur! va, quoique inattendu,
Tout précieux qu'il est, ce présent m'est bien dû.
J'ose le dire enfin : ne suis-je pas ton frère,
Ton plus sincère ami? tu sais si tu m'es chère!
Je ne vois que Dirval qui t'aime autant que moi.

Mme DIRVAL, *fort émue, et près de pleurer.*

J'en suis persuadée...

FORMONT.

Eh! bon Dieu! remets-toi :
Allons...

Mme EULER.

Oui, jouissez du bonheur qu'il éprouve :
C'est en de dignes mains que ce portrait se trouve.

Mme DIRVAL, *toujours avec embarras.*

Bien dignes mains, oh oui ;... mon cher frère est bien sûr...
Que ce seroit pour moi... le plaisir le plus pur...

FORMONT.

Eh! je n'en doute pas : mais qu'as-tu, mon amie?

Mme DIRVAL.

Je sens... je suis souffrante : excusez...

FORMONT.

Va, Sophie.

Mme DIRVAL, *à part, en sortant.*

Je ne sais point mentir.

SCÈNE VIII.

Mme EULER, FORMONT.

FORMONT.
Elle me fait pitié!
Mme EULER.
Dans ses peines aussi je suis bien de moitié;
Et, tout en la trompant, je la plains: l'artifice,
La fausseté doit être un détestable vice,
Puisqu'on en rougit, même avec un bon dessein.
FORMONT.
Oui, sans doute: après tout, ceci n'est qu'un larcin,
Madame Euler; et bien qu'un tel portrait me flatte...
Mme EULER.
Ah! n'ayez pas non plus l'ame trop délicate.
Notre larcin est même une bonne action;
Il sauve à votre sœur une indiscrétion.

SCÈNE IX.

Les mêmes, FRANÇOIS.

FORMONT.
Ah! qu'est-ce donc, François?
FRANÇOIS.
Mais, c'est la compagnie.
Voici l'heure où chez nous on la voit réunie:
C'est l'heure du dîner; et quel dîner!...
FORMONT.
Ah! oui.
Vous avez donc beaucoup de dîneurs aujourd'hui?

FRANÇOIS.

Mais, comme tous les jours; et c'est une assemblée,
Comme vous pouvez croire, étrangement mêlée.
Toutes sortes de gens, jeunes, vieux, sages, fous,
Et des femmes!... ici se donnent rendez-vous.
Je me dis, en voyant ces ridicules êtres:
« Il est assez plaisant que ce soient là nos maîtres. »

Mme EULER.

Je me sauve.

FORMONT.

Pour moi, bientôt je vous rejoins.
Mais ces gens-là, je veux les voir passer, du moins.

(*Madame Euler sort.*)

(N. B. *On voit passer plusieurs personnes par une pièce voisine.*)

FORMONT, *regardant de loin.*

Quelles gens! quels heureux!

FRANÇOIS.

C'est une comédie.

SCÈNE X.

FORMONT, FRANÇOIS, M. BASSET,
Mme DE VERDIE, Mme DERBIN.

M. BASSET, *d'un ton brusque et avec l'air ignoble,
à François.*

Annoncez-nous: Basset, mesdames de Verdie,
Derbin.

FRANÇOIS, *avec un petit air malin.*

Je vous connois.

Il sort.)

SCÈNE XI.

FORMONT, M. BASSET, Mme DE VERDIE, Mme DERBIN.

M. BASSET.
Eh! c'est monsieur Formont!

FORMONT.
Mais, oui.

M. BASSET.
C'est différent.

Mme DERBIN.
Ah, ah! monsieur est donc Frère de Sophie!

FORMONT.
Oui, madame.

Mme DE VERDIE, *regardant Formont avec beaucoup d'assurance.*
Créature Charmante! vous avez beaucoup de sa figure, Monsieur.

Mme DERBIN, *regardant Formont aussi fixement.*
La ressemblance est frappante, en effet.

FORMONT.
Hé bien, tant mieux pour moi.

M. BASSET.
Sans doute; mais au fait: Car sûrement, mon cher, vous faites le commerce.

FORMONT.
Moi? non.

M. BASSET.
C'est différent. La banque?
FORMONT.
Oh! non; j'exerce
Un état où l'on fait moins vite son chemin:
Car je cultive en paix mon champ et mon jardin.
M. BASSET.
C'est différent.
FORMONT.
Très fort.
Mme DE VERDIE.
C'est donc à la campagne
Qu'est monsieur?
FORMONT.
Oui, madame.
Mme DERBIN.
Où cela?
FORMONT.
Près Mortagne.
M. BASSET.
Votre domaine est-il conséquent?
FORMONT.
Conséquent!
M. BASSET.
Considérable, eh! oui, c'est clair...
FORMONT.
En l'expliquant,
Sans doute. Cent arpents, environ.
M. BASSET.
Ce n'est guères.
FORMONT.
Mais c'est assez pour moi; c'est le bien de mes pères.

M#### DE VERDIE.

Il est intéressant : ses pères !...

M. BASSET.

Et pourquoi
Ne pas vous arrondir, acheter ?

FORMONT.

Avec quoi ?
Pour les honnêtes gens l'argent est assez rare.

M. BASSET.

Je vous en prêterai.

FORMONT.

(*à part.*)
Monsieur !... L'offre est bizarre :
J'en ai ce qu'il m'en faut.

M. BASSET.

Voulez-vous m'en prêter ?

FORMONT.

Ah ! ah ! c'est différent : vous voulez m'emprunter ?

M. BASSET.

Suivant l'occasion, moi, j'emprunte ou je prête.

M#### DERBIN.

Mais rien n'est plus commode.

FORMONT.

Et sur-tout plus honnête.

M. BASSET.

Il se faut entr'aider.

FORMONT.

Vous êtes obligeant.

M#### DE VERDIE.

Laissez donc là, Basset, vos prêts et votre argent :
(*à Formont.*)
Monsieur, je le suppose, est garçon ?

23.

FORMONT.

Non, madame.

Mme DERBIN.

Ah! monsieur est, je vois, séparé de sa femme?

FORMONT.

Je ne suis, par le fait, hélas! que trop forcé
De vivre loin...

Mme DE VERDIE.

J'entends : vous avez divorcé?

FORMONT.

Divorcé!

M. BASSET.

C'est tout simple.

FORMONT.

Et comment, je vous prie?

M. BASSET.

Est-ce éternellement, monsieur, qu'on se marie?

FORMONT.

Moi, du moins : pour changer je n'ai point de raisons.

Mme DE VERDIE.

Fort bien ; mais autrement ici nous en usons.

Mme DERBIN, *jetant un coup d'œil malin sur madame de Verdie.*

Nous avons le divorce.

M. BASSET.

Et rien n'est plus commode.

Mme DE VERDIE.

Aussi, Dieu sait s'il est à la mode!

FORMONT.

A la mode?

M. BASSET.

Et madame eût suffi pour le mettre en crédit;

Elle divorce, au fait, tout comme elle le dit.
Mme DERBIN.
Voilà déja deux fois.
FORMONT.
Deux fois? plaisant caprice!
Il n'est pas de raisons pour que cela finisse.
Mme DE VERDIE.
Il est naïf.

SCÈNE XII.

Les mêmes, M. MORAND.

M. MORAND.
Eh bien! vous demeurez donc là?
M. BASSET.
Oui; monsieur nous retient.
FORMONT, *à son oncle.*
Auriez-vous cru cela?
Mme DERBIN.
Sa conversation est tout intéressante.
Mme DE VERDIE.
On n'est pas plus galant.
FORMONT.
Madame est indulgente.
M. BASSET, *à M. Morand.*
Et Dorival? hier, s'est-il pu relever?
M. MORAND.
Il commençoit; d'un coup, moi, j'ai su l'achever.
Cinq cents louis...
FORMONT.
Cinq cents?

M. MORAND.

J'en avois perdu mille,

(à M. Basset.)

La surveille : il vendra sa terre de Fréville.

M. BASSET.

Sa terre?

(Il rêve.)

M. MORAND.

Il perd cela, tout comme il l'a gagné.

FORMONT.

Encor, si le joueur étoit seul ruiné!

M. MORAND.

Basset, que je vous dise :

(à mi-voix.)

En ce moment j'achète...

M. BASSET, *de même.*

Ah! quoi donc?

(*Ils se parlent à l'écart, et bas.*)

Mme DERBIN, *à mi-voix aussi, à Formont.*

Les voilà qui causent en cachette.
Vous croiriez qu'il s'agit de plaisir : point du tout;
C'est d'affaires, d'argent.

FORMONT, *assez froidement.*

Eh! chacun a son goût.

Mme DE VERDIE, *plus bas encore, à Formont.*

Mais il n'est qu'un secret pourtant, le doux mystère.
N'est-il pas vrai?

FORMONT, *de même.*

Cela dépend du caractère.

M. BASSET, *élevant la voix.*

Il vend Fréville?

ACTE III, SCÈNE XII.

M. MORAND, *de même.*
Eh! oui.

M. BASSET.
Diable! je suis touché...
(*à part.*)
Allons vite; j'aurai sa terre à bon marché.
(*haut.*)
Adieu.

M. MORAND.
Quoi? vous sortez?

M. BASSET.
Pour affaire soudaine.
(*à mesdames de Verdie et Derbin, en montrant Formont.*)
Je n'irai point au bal : que monsieur vous y mène.
(*Il sort.*)

FORMONT *lui crie de loin.*
Je vous suis obligé.

M. MORAND.
Ah! Basset! à propos,
Il faut que sur ces bons je vous dise deux mots.
(*Il court sur les pas de M. Basset.*)

SCÈNE XIII.

Mme DE VERDIE, FORMONT, Mme DERBIN.

Mme DE VERDIE, *à part.*
Bon.

Mme DERBIN.
Ce monsieur Basset est quelquefois étrange.

Mme DE VERDIE.

Je lui pardonne; ici, je ne perds point au change.
Avant l'heure du bal..

FORMONT.

De mes jours je n'y vais.

Mme DE VERDIE.

Je vous donne à souper.

FORMONT.

Je ne soupe jamais.

Mme DERBIN.

Un thé, du moins.

FORMONT.

Un thé?...

Mme DERBIN.

Mais oui.

FORMONT.

C'est trop de peine.

Mme DE VERDIE.

Que veut dire ceci? c'est moi que monsieur mène.

Mme DERBIN.

Vous, madame?... en honneur! rien n'étonne à présent.

Mme DE VERDIE.

Vous le prouvez vous-même.

Mme DERBIN.

Oh! mais, c'est trop plaisant.

(*Elle offre la main à Formont.*)
Çà, monsieur...

Mme DE VERDIE.

Voulez-vous me l'enlever de force?

Mme DERBIN.

Ah! je vois ce que c'est : un troisième divorce.
Mais monsieur a des yeux; qu'il décide entre nous.

ACTE III, SCÈNE XIII.

FORMONT.

Il n'est pas trop aisé de choisir parmi vous,
Mesdames; et d'ailleurs, toutes deux, ce me semble,
Vous pouvez à ce bal fort bien aller ensemble.

Mme DERBIN.

(*à madame de Verdie.*)
Venez donc: ce refus est-il original?
Quel homme!

Mme DE VERDIE, *à mi-voix.*

      Avec l'air brusque, au fait, il n'est pas mal.

Mmes DE VERDIE ET DERBIN.

Adieu, mon cher Formont.

    (*Elles sortent en riant aux éclats.*)

FORMONT, *de loin.*

      Adieu, mes belles dames;
Riez tout à votre aise.

    (*à lui-même.*)

      Et ce sont là des femmes!
D'une part, la folie et l'immoralité;
De l'autre, la bassesse et la rapacité;
Et de tous les côtés, scandale et ridicule!
De proche en proche ainsi le mal gagne, circule:
Il menace nos champs, l'avenir même, hélas!
Mais à quoi bon ma plainte, et tous ces vains éclats?
Irai-je m'attrister et m'échauffer la bile?...
Non, non; je ne viens pas réformer une ville;
Je ne m'érige point en austère censeur:
Tout ce que je desire est de sauver ma sœur.

FIN DU TROISIÈME ACTE.

ACTE QUATRIÈME.

SCÈNE I.

Mme VERSEUIL, D'HÉRICOURT.

Mme VERSEUIL.

Bon Dieu ! quel désespoir ! tout est perdu.

D'HÉRICOURT.

Sans doute.
J'ai perdu mon trésor ; je sais ce qu'il m'en coûte.

Mme VERSEUIL.

Son trésor ! un portrait ! voyez donc le grand mal !
Mais si vous obtenez bientôt l'original,
Vous vous consolerez de manquer la copie.

D'HÉRICOURT.

La copie a son prix : le portrait de Sophie !
N'est-ce rien ? ce cadeau ne pouvoit qu'honorer ;
Et dans l'occasion j'aurois su le montrer.

Mme VERSEUIL.

J'entends ; de ce revers je suis vraiment touchée.
Mais, plus que vous et moi, Sophie en est fâchée.

D'HÉRICOURT.

Puis, je n'avance point ; je perds mon temps.

Mme VERSEUIL.

C'est vrai.
On vous croiroit encore à votre coup d'essai.
Voilà deux mois bientôt...

D'HÉRICOURT.
Je ne sais... je soupçonne...
Mme VERSEUIL.
Quoi donc?
D'HÉRICOURT.
Qu'au fond du cœur la petite personne
A des principes, tient encore...
Mme VERSEUIL.
A son mari,
(*ironiquement.*)
Peut-être!... Oh! oui, Dirval est regretté, chéri!
Sophie y pense, en parle avec une tendresse!
D'HÉRICOURT.
Eh! ce maudit Formont l'en entretient sans cesse.
Mme VERSEUIL.
Laissez-le faire; en tout cet homme est singulier:
Qu'il parle du mari; vous, faites-le oublier.
Elle vous aime, au fond, j'en suis persuadée.
D'HÉRICOURT.
Croyez-vous?
Mme VERSEUIL.
C'est beaucoup de l'avoir décidée
A ce bal... un peu leste; elle a bien hésité.
D'HÉRICOURT.
Oui, sur madame Euler nous l'avons emporté.
Mme VERSEUIL.
Je fonde sur ce bal une grande espérance.
Il sera très nombreux, selon toute apparence.
D'HÉRICOURT.
Oh! oui.
Mme VERSEUIL.
Dans cette foule on est peu remarqué,

J'en réponds; aussi peu que dans un bal masqué.
D'HÉRICOURT.
Oh! cette occasion est on ne peut meilleure:
Dorsan a commandé ses chevaux?
Mme VERSEUIL.
Pour une heure.
D'HÉRICOURT.
Il est exact; ce plan est d'un effet certain.
Au bal, puis à Surenne; et puis demain matin...
Allons, que le Formont tout à son aise gronde;
Elle est à moi, malgré tous les frères du monde.

SCÈNE II.

Mme VERSEUIL, D'HÉRICOURT, FLORVEL.

FLORVEL.
Encore un tête-à-tête!
Mme VERSEUIL.
Il est tout naturel.
FLORVEL.
Très naturel, sans doute.
D'HÉRICOURT.
Oh! voilà bien Florvel:
Il parle pour parler.
FLORVEL, *à madame Verseuil.*
Eh! non, sans médisance,
Mon père s'aperçoit fort bien de votre absence;
Et nous avons pourtant une société...
Céleste, d'un brillant, d'une variété!
D'HÉRICOURT.
Savez-vous que Florvel devient enthousiaste!...

FLORVEL.

Et tous ces entretiens font le plus beau contraste !...

Mme VERSEUIL.

Bon !

FLORVEL.

Une question sur le change interrompt
Une galanterie ; on vous mène de front
Plaisir, affaire : allez, on ne perd pas la tête :
On suit une entreprise au milieu d'une fête.
Enfin, dans ce salon, qui respire, mon cher,
La volupté, l'amour... on joue un jeu d'enfer.

Mme VERSEUIL.

Ah, ah !

FLORVEL.

Monsieur Frémin saura ce qu'il en coûte.

D'HÉRICOURT.

Il s'en relèvera par une banqueroute.

Mme VERSEUIL.

Et la belle cousine ?

FLORVEL.

Elle me fait pitié !...
Tout-à-l'heure elle étoit ruinée à moitié...
A propos, d'Héricourt, veux-tu que je te mène ?

D'HÉRICOURT.

Mais... où donc ?

FLORVEL.

Des François nous verrons une scène,
Un peu du Vaudeville, et la fin de *Psyché.*

Mme VERSEUIL.

Que cela ?

FLORVEL.

Moi, jamais je ne me suis couché,

Sans avoir à-peu-près couru tous les spectacles.
Et les glaces! Garchi fait toujours des miracles :
Partons, madame...
D'HÉRICOURT.
Allons.
(*bas à madame Verseuil.*)
Dans peu je reviendrai ;
Quelque étourdi bientôt m'en aura délivré.
(*D'Héricourt et Florvel sortent.*)

SCÈNE III.

Mme VERSEUIL, *seule*.

Ce d'Héricourt, un rien l'arrête, l'embarrasse :
Point d'énergie ; il a de l'esprit, de la grace ;
Mais il mérite peu sa réputation.
Voici Morand ; changeons de conversation :
J'ai mon sujet en tête ; il faut que je l'amène :
Essuyons son humeur ; la chose en vaut la peine.

SCÈNE IV.

Mme VERSEUIL, M. MORAND.

M. MORAND.
Comment! seule, madame!
Mme VERSEUIL.
Eh ! mais, en vérité...
Qu'a donc de surprenant?...
M. MORAND.
C'est une rareté :

ACTE IV, SCÈNE IV.

Ce monsieur d'Héricourt, ce Dorsan... et que sais-je ?...
Jusqu'à mon fils, oui, tous vous font un beau cortége.

Mme VERSEUIL.

En seriez-vous jaloux?

M. MORAND.

Je ne dis pas cela;
Mais enfin je remarque...

Mme VERSEUIL.

Allez, ces messieurs-là,
Mon cher, auroient encor de plus rares mérites;
Je vous préfère à tous.

M. MORAND.

Fort bien : vous me le dites;
Mais vous prêtez l'oreille à leur doux entretien,
Et vous semblez à peine apprécier le mien.

Mme VERSEUIL.

Que vous êtes injuste !...

M. MORAND.

Eh! non, je suis sincère.

Mme VERSEUIL.

Ingrat! hé bien, je vais vous prouver, au contraire,
Combien votre entretien m'est cher; car, entre nous,
J'épiois le moment de causer avec vous.

M. MORAND.

Est-il vrai?

Mme VERSEUIL.

Vous croyez, monsieur, que je plaisante :
Mais non : sur une affaire assez intéressante
Je veux vous consulter; en un sujet pareil,
Vous pourrez me donner un excellent conseil.

M. MORAND.

Qui? moi, madame?

Mme VERSEUIL.

Eh! oui: tenez, on me propose,
Ou plutôt on me presse...

M. MORAND.

Et de quoi?

Mme VERSEUIL.

D'une chose...
Qui pourra vous surprendre, et qui m'a su tenter.

M. MORAND.

Qu'est-ce donc, par hasard?

Mme VERSEUIL.

Eh! mais... c'est d'acheter
Une petite terre, ah! tout-à-fait jolie,
Et que je connois bien; mais c'est une folie :
Oh! oui.

M. MORAND.

Bon! qui pourroit vous empêcher?...

Mme VERSEUIL.

Le prix.
C'est dommage: un bijou, sur-tout près de Paris,
A Meudon.

M. MORAND.

A Meudon? position heureuse.

Mme VERSEUIL.

Charmante! une maison vraiment délicieuse!
Et des jardins, des eaux!...

M. MORAND.

Hé bien donc, en ce cas,
Pourquoi refuser?...

Mme VERSEUIL.

Non, je ne l'achète pas :
Je peux bien, après tout, me passer d'une terre.

ACTE IV, SCÈNE IV.

M. MORAND.

Mais puisqu'elle vous plaît...

Mme VERSEUIL.

Oui, mais elle est trop chère :
On parle de...

M. MORAND.

Combien?...

Mme VERSEUIL.

Cinquante mille francs :
J'en ai bien la moitié... j'y renonce et j'attends.

M. MORAND.

Comment! vous devenez bien sage, belle dame!

Mme VERSEUIL.

Soit. Je n'ai qu'un regret, mon cher, au fond de l'ame.

M. MORAND.

Un regret?...

Mme VERSEUIL.

Oui, j'avois un séduisant espoir.

M. MORAND.

Ah! ah! lequel?...

Mme VERSEUIL.

Celui de vous y recevoir.

M. MORAND.

Madame... assurément...

Mme VERSEUIL.

Voilà ce qui m'afflige;
Il faut y renoncer. N'en parlons plus, vous dis-je.

M. MORAND.

Et pourquoi donc faut-il que vous y renonciez?

Mme VERSEUIL.

Pourquoi?

M. MORAND.
Si j'exigeois que vous l'achetassiez?
Mme VERSEUIL.
Oh! non, je vous connois : vraiment! vous seriez homme...
M. MORAND.
Au fait... si vous avez la moitié de la somme,
J'ai l'autre : dès demain, on vous la prêtera;
Et madame à Meudon bientôt me recevra,
M'entendez-vous?
Mme VERSEUIL.
J'entends : un procédé semblable
Est bien de vous, sans doute : on n'est pas plus aimable;
Mais ma délicatesse a peine à se prêter...
M. MORAND.
Quoi, vous refuseriez?...
Mme VERSEUIL, *très foiblement.*
Je ne puis accepter...
Eh! non, mon cher Morand, il ne m'est pas possible...
A ce trait-là, je suis on ne peut plus sensible;
Mais, en honneur!...
M. MORAND.
Allons!...
Mme VERSEUIL, *de même.*
N'insistez pas... vraiment...
M. MORAND.
C'est m'affliger...

SCÈNE V.

Les mêmes, Mme DIRVAL.

Mme VERSEUIL.

Bon Dieu! qu'avez-vous, belle enfant?

Mme DIRVAL.

Je suis au désespoir : vous voyez une folle,
Oui, qui perd cent louis, encore sur parole ;
Car je n'ai pas un sou.

Mme VERSEUIL.

Quoi? cent louis? bon Dieu!

Mme DIRVAL.

Oui, tout autant.

Mme VERSEUIL.

Sophie est malheureuse au jeu.

M. MORAND.

Elle n'est pas la seule.

(à part.)

Elle a dessein, je gage,
De m'emprunter ; sachons détourner cet orage.
(haut.)
Je conçois ton chagrin ; car j'en éprouve autant.

Mme VERSEUIL.

Comment donc?

M. MORAND.

Oui, je perds moi-même, dans l'instant,
Et non pas cent louis seulement, mais deux mille.

Mme DIRVAL.

Mon oncle...

M. MORAND.

Les trouver ne sera pas facile ;
Car il faut que j'emprunte...

Mme VERSEUIL, *gaiement.*

En ce cas, vous pourriez
Emprunter cent louis de plus.

M. MORAND, *à madame Verseuil.*

Oh! oui, riez!...
Ma nièce, en vérité, j'ai regret... vois ton frère ;
Il sera plus heureux : moi, je ne puis tout faire ;
Car, vois-tu? mille soins me tourmentent l'esprit.
Adieu.

(*à madame Verseuil.*)
N'oubliez pas ce que je vous ai dit.

Mme VERSEUIL, *en minaudant.*

Encore?... oh! non.

SCÈNE VI.

Mme DIRVAL, Mme VERSEUIL.

Mme VERSEUIL.

Vraiment, un tel refus m'afflige.

Mme DIRVAL.

Eh! c'est moi qui plutôt jamais ne me corrige.
Je ne me comprends pas. Voyez! je hais le jeu,
Et chaque jour je joue, et je perds... Ah! grand Dieu!
Cent louis!... en un soir! me voilà ruinée :
Et par mon oncle encor je suis abandonnée!
Que devenir?

Mme VERSEUIL.

Au moins, si j'avois épargné

Ce malheureux argent qu'hier je vous gagnai !
Je pourrois.

Mme DIRVAL.

Je sais bien que j'ai le meilleur frère !...
Mais comment avouer?...

Mme VERSEUIL, *vivement*.

Oh ! non , jamais, ma chère ;
Car c'est le dernier homme à qui j'emprunterois.

Mme DIRVAL.

Mon frère ! ah ! c'est à lui sur-tout que j'aimerois...
Mais je crains...

Mme VERSEUIL.

En ce cas, Sophie, à votre place,
J'irois...

Mme DIRVAL.

Oui, dites-moi ce qu'il faut que je fasse.

Mme VERSEUIL.

Moi, je m'adresserois... à quelque honnête ami.

Mme DIRVAL.

Des amis !...

Mme VERSEUIL, *d'un air détaché*.

A propos, d'Héricourt sort d'ici.

Mme DIRVAL.

Monsieur d'Héricourt?

Mme VERSEUIL.

Oui.

Mme DIRVAL.

Sans m'avoir demandée?

Mme VERSEUIL.

D'importuns, de joueurs, vous étiez obsédée...

Mme DIRVAL.

Ah ! que n'est-il venu m'interrompre plutôt !

Mme VERSEUIL.

En effet : mais croyez qu'il reviendra bientôt.
(*avec intention.*)
C'est un ami !... — Je vois s'avancer la sagesse :
Eh ! oui, madame Euler vient, dans votre détresse,
Vous offrir... des conseils ; mais, ma chère Dirval,
Au sortir du sermon, moi, je vous mène au bal.
(*Elle sort, en saluant madame Euler.*)

SCÈNE VII.

Mme DIRVAL, Mme EULER.

Mme DIRVAL, *seule, un moment.*
Au bal ! hélas ! que sais-je ?...

Mme EULER, *plus vivement qu'à l'ordinaire.*
O ma chère Sophie !
J'apprends votre malheur.

Mme DIRVAL.
Et comment, je vous prie ?

Mme EULER.
Par votre oncle, en passant.

Mme DIRVAL.
Il vous a dit ?... ô Dieu !

Mme EULER.
Et trop heureuse encor qu'il m'en ait fait l'aveu !
Mais quel chagrin pour vous ! combien j'en suis touchée !

Mme DIRVAL.
Et contre moi, Dieu sait si vous êtes fâchée !

Mme EULER.
Il est vrai, mon amie ; et je vous gronderai...
Quelque jour, quand le mal sera bien réparé :

ACTE IV, SCÈNE VII.

En attendant, je viens vous faire une prière.

Mme DIRVAL.

Et de quoi?

Mme EULER.

D'accepter, mais de moi la première,
Ces douze vieux louis, qu'avec soin je gardois
Pour quelque grand besoin que toujours j'attendois.

Mme DIRVAL.

Comment?...

Mme EULER.

L'occasion est enfin arrivée :
Pour un plaisir bien doux je me suis réservée.

Mme DIRVAL.

Bonne madame Euler! quoi, c'est vous qui m'offrez
Ce fruit de vos travaux?

Mme EULER.

Et vous le recevrez.

Mme DIRVAL.

Qui? moi! je souffrirois que vos économies
Servissent, chère Euler, à payer mes folies!

Mme EULER.

Vous deviendrez plus sage ; et ma tendre amitié
Va dans cette leçon se trouver de moitié.
Moi, je n'ai qu'un chagrin, c'est de ne pas tout faire :
Mais quoi? dois-je envier le reste à votre frère?

Mme DIRVAL.

Mon frère, dites-vous? ah! ne lui parlez pas
De tout ceci.

Mme EULER.

Comment?... mais, ma chère, en ce cas,
Quel est donc votre espoir? et dans quelle autre bourse
Pourriez-vous?

Mme DIRVAL.

Je prévois... j'ai telle autre ressource,
Des moyens...

Mme EULER.

Prenez garde au choix de ces moyens.
L'affaire est délicate, et je vous en préviens :
Mais sans crainte acceptez de l'amitié fidèle,
Ce que vous offre un frère, et cette bagatelle.

Mme DIRVAL.

Vous me pressez en vain, je ne puis accepter.

Mme EULER.

Allons, je le vois bien, j'aurois tort d'insister.
(*Elle sortoit, puis revient sur ses pas.*)
Ma Sophie, écoutez : j'ai plus d'expérience.
On pourroit abuser de votre confiance ;
Car il est peu d'amis qui sachent obliger,
Bien peu de qui l'on puisse accepter sans danger.
(*Elle sort.*)

SCÈNE VIII.

Mme DIRVAL, *seule.*

Quel cœur ! et je refuse une offre aussi sincère !
Mais c'est de même en tout. Ce portrait, ô mon frère !
L'acceptant de mes mains, tu me fais trop d'honneur.
Il n'eût tenu qu'à moi de goûter ce bonheur ;
Et cette préférence, elle t'étoit bien due.
Une voix me l'a dit, je l'ai trop entendue.
Je vois, je sens le bien, et fais souvent le mal (1).

1. *Video meliora proboque, deteriora sequor.*   OVIDE.

Ainsi, malgré moi-même, on m'entraîne à ce bal :
J'ai tort ; j'estime peu madame de Melzance ;
Et je ferois bien mieux, fût-ce par complaisance
Pour cet excellent frère...

SCÈNE IX.

Mme DIRVAL, D'HÉRICOURT.

D'HÉRICOURT.
Enfin, je vous revoi,
Sophie !
Mme DIRVAL.
Et l'on n'est plus si fâché contre moi ?
D'HÉRICOURT.
Je n'avois point le droit d'être fâché, madame ;
Mais j'ai dû ressentir un vrai chagrin dans l'ame,
En me voyant priver d'un bien si précieux.
Mettez-vous à ma place, ayez mon cœur, mes yeux :
Vous jugerez alors que trop de patience
Eût annoncé peut-être un peu d'insouciance.
Mme DIRVAL.
Je crois à vos regrets, monsieur ; mais pourriez-vous
M'en vouloir, et d'un frère être un moment jaloux ?...
D'HÉRICOURT.
On est jaloux de tout, madame, quand on aime ;
Et si de ce larcin vous souffrîtes vous-même,
Vous me devez un peu de consolation,
Et j'en vais, à l'instant, saisir l'occasion.
Je connois vos revers : mille, en cette occurrence,
Vont s'offrir ; je réclame ici la préférence :
Je ne suis oncle, époux, ni frère ; hé bien, pour vous

Je serai plus fidéle et plus tendre qu'eux tous.
####### Mme DIRVAL.
Sans doute à votre cœur je sais rendre justice ;
Mais pourrois-je accepter ?
####### D'HÉRICOURT.
Un si foible service ?
Ah !... quand les sentiments sont en communauté,
Un léger prêt d'argent n'est rien, en vérité.
Madame, allons... Comment ? vous gardez le silence !
####### Mme DIRVAL.
O monsieur ! je vous crois, et pourtant je balance.
Je ne sais quoi m'arrête...
####### D'HÉRICOURT, *jouant de dépit.*
Ah ! c'est trop hésiter.
D'un chimérique espoir j'ai donc su me flatter !
Mon amitié vous semble importune, pressante :
Vous craignez, je le vois, d'être reconnoissante.
####### Mme DIRVAL.
Ah ! monsieur d'Héricourt !...
####### D'HÉRICOURT, *de même.*
Enfin j'ouvre les yeux :
Non, vous ne m'aimez point ; je vous suis odieux.
Vous me préféreriez le dernier de vos proches.
####### Mme DIRVAL.
Pouvez-vous m'adresser de semblables reproches ?
####### D'HÉRICOURT.
Le cœur seul me les dicte.
####### Mme DIRVAL.
Hé bien...
####### D'HÉRICOURT.
Quoi ?

ACTE IV, SCÈNE IX.

Mme DIRVAL.

Si jamais...

D'HÉRICOURT.

Ah! de grace, achevez.

Mme DIRVAL.

Monsieur, je vous promets...
Voici mon frère.

D'HÉRICOURT.

Encore!...

(*à part.*)
Elle est à moi; n'importe.

SCÈNE X.

LES MÊMES, FORMONT.

FORMONT, *un portefeuille à la main.*
Ma chère sœur, voici de l'argent qu'on t'apporte,
Trois mille francs.

Mme DIRVAL.

Trois mille?...

FORMONT.

Eh! oui.

Mme DIRVAL.

Par quel hasard?
Comment?...

D'HÉRICOURT, *à part.*
Hasard cruel!

Mme DIRVAL.

Enfin, de quelle part?

FORMONT.
Peux-tu le demander? de ton mari, sans doute.

L'argent est, par malheur, resté long-temps en route.
Voilà plus de six mois que Dirval en chargea
Un brave homme.

Mme DIRVAL.

Et cet homme?

FORMONT.

Est parti.

Mme DIRVAL.

Quoi, déjà?

FORMONT.

Il étoit fort pressé : moi, j'ai donné quittance,
Et voilà ton argent.

D'HÉRICOURT, *à part.*

Maudite circonstance!

FORMONT.

Tu vois si ton mari, quoique absent, t'oublioit!

Mme DIRVAL.

Mais comment n'y pas joindre un seul petit billet?

D'HÉRICOURT.

Il est vrai.

FORMONT.

Si la somme en route est demeurée,
Plus d'une lettre aussi peut bien s'être égarée.
Tel autre auroit écrit, sans envoyer d'argent.

(*avec intention.*)

Mais tu n'en avois pas un besoin très urgent,
J'espère; car sans doute, en personne sensée,
Ma sœur, à moi, d'abord, se seroit adressée.

D'HÉRICOURT.

Ou bien à quelque ami.

FORMONT.

Le frère est le plus sûr,

ACTE IV, SCÈNE X.

Monsieur; c'est des amis le meilleur, le plus pur.
D'HÉRICOURT.
Madame, jugez-en; cette cause est la vôtre.
Mme DIRVAL, *avec embarras*.
Et le frère et l'ami me sont chers l'un et l'autre.
FORMONT.
Au reste, il ne s'agit de frère ni d'ami,
Mais d'un, qui de tous deux te tient lieu, d'un mari.
D'HÉRICOURT.
Ce qu'il a fait, chacun auroit voulu le faire.
FORMONT.
Mais s'il ne l'eût pas fait, c'étoit le droit du frère.
Mme DIRVAL, *à son frère*.
Mon cher Formont, je sens tout ce que je vous dois.
FORMONT.
Bon! tu ne me dois rien.
Mme DIRVAL.
      Ah! je comprends, je vois...
(*Elle serre avec expression la main de son frère,
et se disposant à sortir, elle salue d'Héricourt.*)
Monsieur, au fond du cœur, croyez que j'apprécie...
D'HÉRICOURT.
Madame!...
FORMONT.
    C'est bien nous qu'il faut qu'on remercie!
Eh! non, c'est Dirval seul.
Mme DIRVAL.
      O mon frère!...
         (*Elle sort.*)

SCÈNE XI.

FORMONT, D'HÉRICOURT.

FORMONT, *à d'Héricourt qui sortoit.*

Un moment.
Il faut que je m'explique avec vous librement,
Monsieur.

D'HÉRICOURT.

Vous expliquer? mais sur quoi, je vous prie?

FORMONT.

Et sur qui, si ce n'est sur une sœur chérie?
Mon cœur est plein; il a besoin de s'épancher.
Près de Sophie enfin que venez-vous chercher?
Que lui voulez-vous?

D'HÉRICOURT.

Moi? la demande est nouvelle.
Ce que l'on veut auprès de femme jeune et belle,
La voir, faire ma cour, le plus souvent...

FORMONT.

Oh! oui,
Très souvent, je le vois; car voici d'aujourd'hui,
Cinq visites, monsieur, seulement...

D'HÉRICOURT.

Cinq visites?

FORMONT.

Tout autant.

D'HÉRICOURT.

Je le crois, puisque vous me le dites.
Je ne les compte pas, et j'ose me flatter
Que votre chère sœur est loin de les compter.

Par-tout je vais, je suis accueilli de la sorte :
Si toute femme aimable alloit fermer sa porte
Aux jeunes gens, près d'elle empressés d'accourir,
Ce monde, en vérité, seroit triste à mourir.

FORMONT.

Ah! de grace, laissez tout ce vain badinage.
Simple en mes actions, et franc dans mon langage,
Je vous donne l'exemple, imitez-moi. — Monsieur!
Si je ne vous voyois prodiguer à ma sœur
Que ces hommages vains, et légers et futiles,
Je vous épargnerois des plaintes inutiles.
Mais est-ce bien cela dont il est question?
Et n'est-il pas certain qu'en toute occasion,
Comme si vous pouviez avoir quelque espérance,
Vous mettez à la suivre une persévérance
Qui frappe tous les yeux? Le nieriez-vous?

D'HÉRICOURT.

Pourquoi?
Un choix si beau n'a rien que de flatteur pour moi.
Si chérir, préférer un objet tout aimable,
Est un crime à vos yeux, alors je suis coupable.
Mais bon! tout autrement vous en pourriez juger,
Si vous étiez, mon cher, un peu moins étranger
Aux usages d'ici; moins sévère et plus sage,
Vous sauriez...

FORMONT.

Oui, je suis peu fait à maint usage.
Mais quoi? tout étranger, tout campagnard qu'on soit,
L'on a du sens, l'on a de bons yeux, et l'on voit...
L'on voit où, par degrés, vous voulez nous conduire.
Vous n'avez d'autre but ici que de séduire...
Séduire! tendre un piége à la crédulité!

Est-ce de la franchise et de la loyauté?
D'HÉRICOURT.
En quoi donc, par hasard, seroient-elles blessées?
Vous supposez aux gens des arrière-pensées,
Des calculs, des complots enfin d'une noirceur!...
Moi, je cherche à distraire, égayer votre sœur;
J'y réussis.
FORMONT.
Eh! mais... quel espoir est le vôtre?
Dirval peut revenir, oui, d'un moment à l'autre.
D'HÉRICOURT.
Cela se peut : au fait, que m'importe un tel soin?
Je ne redoute pas les maris de si loin.
FORMONT.
Fort bien. En attendant que son mari revienne,
Qu'elle écoute sa voix, elle entendra la mienne.
Oui, je serai toujours entre Sophie et vous,
Et je lui parlerai toujours de son époux.
Mais contre qui, monsieur, faudra-t-il la défendre?
Contre vous, son ami, si délicat, si tendre!
Vous, en tout autre cas, généreux, plein d'honneur,
Vous voudriez troubler, détruire son bonheur!
C'est le sort qui l'attend : pour avoir su vous plaire,
Trop crédule, elle auroit recueilli pour salaire
L'abandon, le mépris, des regrets éternels;
Car ce sont là vos jeux, à vous tous;... jeux cruels!
Mais vous n'êtes point fait pour de pareilles trames.
Eh! monsieur d'Héricourt! il est tant d'autres femmes
Belles, et qui pourront disposer de leur foi!
Laissez en paix ma sœur, et son époux, et moi.
Ce discours vif, mais franc, ne sauroit vous déplaire.
Vous diriez tout cela, si vous étiez son frère.

ACTE IV, SCÈNE XI.

D'HÉRICOURT.

Oui, vous avez raison de défendre une sœur.
Quand vous y mettriez un peu trop de chaleur,
Rien n'est plus naturel, et tout vous justifie.
(*avec un ton sentimental.*)
Mais jugez mieux de moi, jugez mieux de Sophie.
(*Il sort.*)

SCÈNE XII.

FORMONT, *seul.*

De Sophie ! ah ! combien ce ton-là me déplaît !
Est-il de bonne foi, du moins ? il le paroît !
Puis, à la fausseté j'ai tant de peine à croire !
D'Héricourt n'a point l'ame assez basse, assez noire...

SCÈNE XIII.

FORMONT, Mme EULER.

Mme EULER.

Il sort ; je vous cherchois, Formont, pour vous parler
De ce bal, qui m'alarme, à ne vous rien celer.
Tout-à-l'heure, en passant, certains mots m'ont frappée :
Ils ont de grands projets, ou je suis bien trompée.

FORMONT.

Vous croyez ?

Mme EULER.

D'Héricourt avoit l'air trop heureux,
Pour n'avoir pas conçu quelque espoir dangereux.
Cette Verseuil cachoit une maligne joie :

Ils semblent tous les deux enlever une proie.
FORMONT.

Vous m'effrayez.
Mme EULER.

Pourtant, nous ne la suivons pas,
Nous, qui parlions tantôt d'observer tous ses pas!
FORMONT.

J'y pensois, mon amie.
Mme EULER.

O s'il m'étoit possible!
Comme j'irois, malgré mon dégoût invincible,
Telle que je suis même!...
FORMONT.

Eh! bien, ce sera moi.
Il m'en coûte beaucoup : n'importe, je le doi,
Et vous m'ouvrez les yeux; oui, son ami sincère,
Son frère ne lui fut jamais plus nécessaire.
Je cours donc sur ses pas, et la ramènerai.
Mme EULER.

Vous me rendez l'espoir; car, je vous l'avouerai,
J'avois bien du chagrin : mais vous serez près d'elle,
Il suffit.
FORMONT.

Je vais faire une chose nouvelle,
Madame; aller au bal, m'habiller à minuit!
Mme EULER.

De cet effort déja vous recueillez le fruit.
Mon respectable ami! sachons bien nous entendre :
Ramenez votre sœur, et moi je vais l'attendre.

FIN DU QUATRIÈME ACTE.

ACTE CINQUIÈME.

SCÈNE I.

DIRVAL, *en uniforme;* FRANÇOIS.

FRANÇOIS.
Mais quel bonheur! c'est vous, mon cher monsieur Dirval!
DIRVAL.
Oui, mon ami.
FRANÇOIS.
Comment! à minuit, à cheval!
DIRVAL.
Jamais, pour voir sa femme, a-t-on couru trop vite?
Il vaut mieux arriver à cet excellent gîte
Cette nuit, que demain. Mais, sans tant de discours,
Mène-moi chez Sophie.
FRANÇOIS.
Eh! mais...
DIRVAL.
Quoi? viens donc, cours...
FRANÇOIS.
Cours!... Où courir? au bal!
DIRVAL.
Bon! au bal? qu'est-ce à dire?
FRANÇOIS.
Eh! oui, monsieur, madame est au bal.
DIRVAL.
Tu veux rire.

FRANÇOIS.

Mais non, je ne ris point.

DIRVAL.

O contre-temps fatal!
Quoi! cette nuit?

FRANÇOIS.

Madame aime beaucoup le bal.

DIRVAL.

Allons, il faut l'attendre: au moins, mon cher beau-frère,
Sans doute il est ici, bien tranquille?

FRANÇOIS.

Au contraire:
Il est au bal lui-même.

DIRVAL.

Eh! quoi? Formont, aussi?

FRANÇOIS.

Eh! oui, monsieur; vraiment, on ne dort plus ici.
Et puis, c'est qu'il étoit inquiet pour madame;
Il l'est allé rejoindre.

DIRVAL.

Ah! voilà bien son ame:
Ce bon Formont!

FRANÇOIS.

Oh! oui: comme il sera surpris!
Il est loin sûrement de vous croire à Paris;
Et madame à son bal ne prévoit pas, je pense,
Ce prompt retour.

DIRVAL.

Ah! prompt! après deux ans d'absence!

FRANÇOIS.

Oui; mais on ignoroit... nous avions peur... pardon:
Puis la guerre...

ACTE V, SCÈNE I.

DIRVAL.
      J'entends. Ainsi me voilà donc
Seul ici.

FRANÇOIS.
   Seul? non pas; car madame Sophie
A dans cette maison une fidèle amie :
Mais vous la connoissez ; oui, c'est madame Euler.

DIRVAL.
Madame Euler ! ah ! Dieu ! son mari m'est bien cher.
Charmant couple ! de Tours quel bon vent les envoie !
Je les embrasserai tous les deux avec joie.

FRANÇOIS.
Ils logent ici même.

DIRVAL.
         Ah ! je pourrai les voir,
Demain, de grand matin.

FRANÇOIS.
            Peut-être dès ce soir ;
Car madame Euler veille en attendant madame.

DIRVAL.
Est-il possible ?

FRANÇOIS.
         Eh ! oui ; pour votre chère femme,
Il faut en convenir, c'est un très grand bonheur.

DIRVAL.
Sophie ! un tel penchant te fait bien de l'honneur :
Je ne suis point surpris que tu l'estimes, l'aimes.

FRANÇOIS.
Leurs goûts sont différents.

DIRVAL.
            Leurs ames sont les mêmes.

SCÈNE II.

Les mêmes, Mme EULER.

(*Dirval se tient à l'écart.*)

Mme EULER, *se croyant seule.*
Ah! je croyois avoir distingué quelque bruit.
O Sophie!... attendons, s'il faut, toute la nuit.

DIRVAL, *se montrant.*
Je vous reconnois bien, rare et fidèle amie!

Mme EULER.
Que vois-je? ô ciel! veillé-je? ou serois-je endormie?
Monsieur Dirval!

DIRVAL.
Lui-même: oui, c'est moi, c'est bien moi,
Madame Euler, charmé de vous revoir.

Mme EULER.
Eh! quoi?
Vous de retour, enfin!

DIRVAL, *s'approchant.*
Permettez-moi, de grace...
C'est le meilleur ami d'Euler qui vous embrasse.

Mme EULER.
De tout mon cœur, monsieur.

DIRVAL.
O combien je vous dois,
Chère madame Euler! car j'apprends à-la-fois...
(Et jugez si mon ame est émue et ravie!)
Votre séjour ici, vos bontés pour Sophie.

ACTE V, SCÈNE II.

Mme EULER.

Vous mettez trop de prix...

DIRVAL.

Je ne rends qu'à demi
Ce que je sens bien mieux. Et notre bon ami,
Ce cher Euler, est-il bien portant?

Mme EULER.

A merveille.
Il repose à présent.

DIRVAL.

Oui ; mais l'amitié veille.

FRANÇOIS.

Heureusement pour nous.

Mme EULER, *à François.*

Vous-même, il en est temps,
Rentrez, mon bon François...

FRANÇOIS.

Eh! je ne puis : j'attends.
D'aller au bal aussi monsieur a la manie ;
Et de tous ces bals, moi, je n'ai que l'insomnie.

(*Il sort.*)

SCÈNE III.

Mme EULER, DIRVAL.

Mme EULER.

Vous voilà de retour, après un si long temps!

DIRVAL.

Jugez si j'ai dû, moi, trouver longs ces deux ans!
Séparé de ma femme, et d'un ami, d'un frère!
Mais j'étois prisonnier ; c'est le sort de la guerre.

Au désespoir, vingt fois, j'ai pensé me livrer.
Un échange à la fin vient de nous délivrer :
J'en profite ; j'accours, brûlant au fond de l'ame
De revoir mes amis et d'embrasser ma femme ;
Et ma femme est au bal !
Mme EULER.

C'est dommage, en effet.
On l'a presque entraînée ; et, jeune comme elle est...
DIRVAL.

Il est tout naturel qu'on cherche à la distraire.
Et moi, qui la croyois là-bas, chez mon beau-frère !...
Mme EULER, *à part*.

Plût au ciel !
DIRVAL.

J'en arrive.
Mme EULER.

Oui ?
DIRVAL.

Dans l'instant : j'ai cru
Les y trouver tous deux : c'est là que j'ai couru.
Mme EULER.

Bon !
DIRVAL.

J'arrive au *Vallon*, cette chère campagne :
J'y trouve de Formont la fidèle compagne ;
Et par elle j'apprends... jugez qui fut surpris !
Que, depuis six grands mois, ma femme est à Paris,
Formont depuis vingt jours.
Mme EULER.

Je conçois votre peine.
DIRVAL.

J'en eus un vrai dépit : aussi, sans prendre haleine,

ACTE V, SCÈNE III.

Je repars à l'instant ; j'accours, et me voici.

Mme EULER.

Soyez le bienvenu.

(à part.)

Dieu ! n'être pas ici !

DIRVAL.

Deux ans loin d'une épouse, et jeune, et tendre et belle,
Quand je n'avois vécu que six mois auprès d'elle !

Mme EULER.

Ah ! nous avons compté tout cela comme vous ;
Mais ce retour aussi, qu'il va nous charmer tous !

DIRVAL.

Oui, j'en juge par moi : dites-moi, je vous prie,
Ma Sophie est toujours bonne, aimable, jolie ?

Mme EULER.

Charmante.

DIRVAL.

Elle pensoit souvent à son ami ?

Mme EULER.

Oh ! oui.

DIRVAL.

Loin d'elle, moi, que j'ai souffert, gémi !
Madame, je ne sais si vous allez m'en croire,
Je n'en ai pas perdu seulement la mémoire
Une minute ; enfin, là-bas j'étois cité :
S'ils connoissoient ma femme, ils m'auroient moins vanté.

Mme EULER.

Que cet attachement pour l'aimable Sophie
Me touche ! elle en est digne.

DIRVAL.

Oui. Que je vous confie
Tous mes projets sur elle, et les beaux plans que j'ai.

Allez, j'emploierai bien mes six mois de congé.
Je vais mettre ma joie et mon bonheur suprême
A combler tous ses vœux ; vous m'aiderez vous-même.

Mme EULER.

Ah . oui.

DIRVAL.

Je ne veux pas la laisser respirer ;
Je ne veux pas qu'elle ait le temps de desirer.
Dans ce que je fais, moi, je mets toute mon ame :
J'étois tout à la guerre, et suis tout à ma femme.

Mme EULER.

O digne, excellent homme ! et que dans leurs foyers
Puissent nous revenir ainsi tous nos guerriers ?

DIRVAL.

Je tombe de sommeil en attendant ; je meure,
Si j'ai, depuis dix jours, fermé l'œil un quart d'heure !
Aussi, je l'avouerai, je suis las, harassé...

Mme EULER.

Si Sophie étoit là, vous seriez délassé.
Allez vous reposer.

DIRVAL.

Oui ; mais j'aurois envie
D'écrire auparavant un mot à ma Sophie.

Mme EULER.

En effet ; j'aime assez qu'au retour de ce bal
Elle trouve un billet de son ami Dirval :
Cela fera très bien.

DIRVAL.

Cette pauvre petite !
Sera-t-elle surprise !

Mme EULER.

Et ravie !

ACTE V, SCÈNE III.

DIRVAL.

Allons vite.

(*Il écrit, debout, à demi penché sur la table.*)
« Ma Sophie, eh bien, me voilà... »
Il est doux, n'est-ce pas, de commencer par-là?

Mme EULER.

Oui.

DIRVAL.

(*Il écrit, et parle tout haut.*)
« Je suis libre enfin, ô ma meilleure amie !
« Depuis une année et demie,
« Juge des maux que j'ai soufferts !
« J'étois loin de ma femme, et j'étois dans les fers !
« Mais en chemin bientôt je compte me remettre,
« Et de près je suivrai ma lettre »...
(*à madame Euler.*)
Je la précède, et fais plus que je ne promets.

Mme EULER.

On vous reconnoît là.

DIRVAL, *achevant d'écrire.*

« Ton ami, pour jamais. »
Oh ! oui. Voilà ma lettre écrite et cachetée.

Mme EULER.

Bonne lettre.

DIRVAL.

Le cœur, le cœur seul l'a dictée.

Mme EULER.

Et celui de Sophie en sera pénétré.

DIRVAL.

Ah ! j'en suis sûr.

Mme EULER.

C'est moi qui la lui remettrai.

DIRVAL, *la lui donnant.*

Elle en vaudra bien mieux; j'ai l'ame plus contente,
Et je pourrai dormir pour charmer cette attente.
(*Il alloit sortir, puis s'arrêtant.*)
Sous le toit de ma femme, il est, parbleu! piquant
Qu'il faille que j'occupe encore un lit de camp.
(*Il sort.*)

SCÈNE IV.

Mme EULER, *seule.*

Gaieté, franchise aimable! ô l'heureuse arrivée!
Dirval est de retour : mon amie est sauvée...
Que dis-je? ah! quoique seule, et loin de son mari,
Elle l'a, j'en suis sûre, uniquement chéri.
Je connois bien Sophie, et je répondrois d'elle.
Légère en apparence, au fond du cœur fidèle...
Mais le frère et la sœur tardent bien à rentrer :
Hélas! ce bon Formont l'a-t-il pu rencontrer?
Dans cette foule à peine on peut se reconnoître.
Je crains... j'entends du bruit; et ce sont eux peut-être.

SCÈNE V.

Mme EULER, M. MORAND.

Mme EULER.

C'est vous, monsieur?

M. MORAND.

Eh! oui : mais vous, par quel hasard
Êtes-vous encor là, madame? il est si tard!

ACTE V, SCÈNE V.

Mᵐᵉ EULER.

J'attendois.

M. MORAND.

Qui? ma nièce?

Mᵐᵉ EULER.

Oui.

M. MORAND.

Bon! quelle folie!
Allons donc!

Mᵐᵉ EULER.

Dites-moi, monsieur, je vous supplie,
Venez-vous de ce bal?

M. MORAND.

Oui, j'en sors : pourquoi donc?

Mᵐᵉ EULER.

Avez-vous vu?...

M. MORAND.

Sophie? oui.

Mᵐᵉ EULER.

Mais monsieur Formont?

M. MORAND.

Formont? hé bien?

Mᵐᵉ EULER.

Au bal il n'étoit pas encore

M. MORAND.

Au bal?

Mᵐᵉ EULER.

Oui, sur les pas de sa sœur.

M. MORAND.

Je l'ignore.
Mais je ne l'ai pas vu. C'est dommage, parbleu!
Il doit être plaisant dans un bal, mon neveu.

Mme EULER.

Il n'a pu la rejoindre!

M. MORAND.

Au reste, à ce cher frère
Ma nièce, en ce moment, je crois, ne pensoit guère.
Moi j'observois sa joie et son étonnement,
Bien naturels, au fait; le bal étoit charmant :
Et ma nièce y brilloit; eh! oui, quoique entourée
De cent belles, j'ai vu qu'elle étoit admirée.
Puis, au centre des jeux, des plaisirs et des ris,
On s'occupe fort peu des frères, des maris.

Mme EULER.

Des maris? ah! pour moi, je connois mieux son ame...
Mais il est de retour, son mari.

M. MORAND.

Quoi, madame?...
Dirval?...

Mme EULER.

Est arrivé, monsieur; il est ici.

M. MORAND.

Est-il possible?

Mme EULER.

Eh! oui.

M. MORAND.

Quoi! nous surprendre ainsi?
Revenir en jaloux? ce cher Dirval! Je meure,
Si!... Mais où donc est-il?

Mme EULER.

Il vient, et tout-à-l'heure,
D'aller se reposer : il est si fatigué!
Puis, ne trouvant personne...

ACTE V, SCÈNE V.

M. MORAND.

Ah! sans doute : il est gai!
Et femme et frère absents ; la nuit!... pardon, de grace ;
Ce cher neveu! d'abord il faut que je l'embrasse.
Tous au bal, justement!...

(*Il sort, en disant ces derniers mots.*)

Mme EULER, *seule.*

Ah! oui ; j'aimerois mieux
Que Dirval eût trouvé tout le monde en ces lieux.
Mais n'importe.

SCÈNE VI.

Mme EULER, FLORVEL.

Mme EULER, *à Florvel qui entre.*

Quoi? seul, et sans votre cousine!

FLORVEL, *de mauvaise humeur.*

Ma cousine, madame? un autre, j'imagine,
L'a ramenée.

Mme EULER.

Eh! non, elle n'est pas ici.

FLORVEL.

Elle n'est pas rentrée?

Mme EULER.

Et vous avez ainsi
Pu la quitter, la perdre un seul instant de vue!

FLORVEL.

Je suis assez fâché qu'elle soit disparue :
Madame de Verseuil, et d'Héricourt, et moi,
Nous la suivions : Dorsan nous a rejoints ; je voi
Que d'Héricourt et lui se parlent à l'oreille.

Au bal... je n'ai jamais vu de foule pareille.

Mme EULER.

Sans doute; hé bien?

FLORVEL.

A peine on pouvoit respirer;
Quelqu'un à tout moment venoit nous séparer.
Mais je suivois toujours d'assez près ma cousine.
Madame de Verseuil dans la pièce voisine
M'envoie, et moi j'y vole, et reviens à l'instant·
Je ne les trouve plus.

Mme EULER.

O Dieu!

FLORVEL.

D'abord, j'attend :
Bientôt je vais, je cours; mais je ne vois personne.

Mme EULER.

Quoi! personne?

FLORVEL.

Du tout; entre nous, je soupçonne,
Madame, qu'ils m'auront écarté tout exprès.
C'est un complot.

Mme EULER.

Qu'entends-je?

FLORVEL.

Oui, je le parierois.
Cette petite intrigue entre eux est combinée :
Ma cousine, je gage, ils l'auront emmenée...

Mme EULER.

Ciel! emmenée! où donc?

FLORVEL.

Eh! je l'ignore, moi...

ACTE V, SCÈNE VI.

Mme EULER.

Et, ne la trouvant pas, vous revenez?...

FLORVEL, *avec dépit.*

Ma foi!...

Mme EULER.

O ma Sophie! hélas! quels chagrins tu nous donnes!
Deux amis te restoient, et tu les abandonnes!

FLORVEL.

Mais je le suis aussi.

Mme EULER.

Vous, son ami? bon Dieu!
Lorsque vous la quittez!

FLORVEL.

Moi? la quitter? parbleu!
C'est elle qui me quitte; eh! oui, la chose est claire.
C'est monsieur d'Héricourt enfin que l'on préfère :
D'Héricourt est aimé.

Mme EULER.

Monsieur, rien n'est plus faux.
D'Héricourt peut former de criminels complots;
Mais mon amie est loin d'en avoir la pensée :
C'est bien assez pour vous de l'avoir délaissée,
Sans la calomnier.

FLORVEL.

Tout ce qu'il vous plaira,
Madame Euler; mais, moi, je suis, dans tout cela,
Trahi, sacrifié, pour qui?

Mme EULER.

Pauvre Sophie!
C'est toi que l'on trahit, et que l'on sacrifie.

SCÈNE VII.

Les mêmes, Mme DIRVAL, FORMONT.

FORMONT.

Non, non, madame Euler; ils vouloient la tromper,
Les méchants! mais ma sœur a su leur échapper.

Mme EULER.

O ma Sophie! enfin vous nous êtes rendue!

FLORVEL, *à Formont.*

Où l'as-tu donc trouvée?

FORMONT.

Où tu l'avois perdue.

Mme EULER.

Mais de grace, comment, chère amie?...

Mme DIRVAL.

Ah! toujours
Le ciel semble envoyer ce frère à mon secours.

FLORVEL.

C'est donc au bal, Formont, que tu l'as rencontrée?

FORMONT.

Non, je n'ai de ton bal essuyé que l'entrée.
En deux mots, j'approchois; et d'abord j'aperçois
Madame de Verseuil et ces messieurs; tous trois
Entouroient, ou plutôt entraînoient ma Sophie
Avec un zèle extrême et dont je me défie,
Dans leur voiture enfin la pressoient de monter;
Mais malgré tous leurs soins, ma sœur semble hésiter.
Moi, je m'avance alors, et je lui dis: «Ma chère,
«N'aimerois-tu pas mieux venir avec ton frère?
«Dis...» Pour toute réponse, elle saisit ma main,

ACTE V, SCÈNE VII.

Monte avec moi ; je pars, et la ramène enfin.

Mme DIRVAL.

Que je m'en applaudis ! je ne sais, leurs instances,
Ce souper, ce voyage, et mille circonstances,
Tout m'a paru suspect.

FLORVEL.

Ce n'est pas sans raison,
Cousine ; la prudence étoit fort de saison :
Car il se machinoit contre vous quelque trame ;
C'est ce que je disois tout-à-l'heure à madame.

Mme DIRVAL.

Se peut-il ?

FORMONT.

O ma sœur !

Mme EULER.

Jugez de mon effroi !
Mais tout est oublié, puisque je vous revoi.

Mme DIRVAL.

Les méchants ! ah ! je veux les fuir plus loin encore.
Ce Paris, que j'aimois, je le crains, je l'abhorre ;
Et je veux retourner à ce *Vallon* chéri ;
Je veux près de mon frère attendre mon mari.

FORMONT.

Bien, ma sœur.

Mme EULER, *à madame Dirval.*

Se peut-il ?

Mme DIRVAL.

Oui, votre cœur m'approuve.
C'est là qu'il m'a laissée ; il faut qu'il m'y retrouve.

FLORVEL.

Ah ! ma cousine !

Mme EULER.

J'aime à vous voir mériter
Le bonheur imprévu que vous allez goûter.

Mme DIRVAL.

Mais déja je le goûte entre un frère, une amie.

Mme EULER.

Il peut s'accroître encor.

Mme DIRVAL.

Comment?

Mme EULER, *lui remettant la lettre de Dirval.*

Lisez, Sophie.

FORMONT.

De qui donc cette lettre?

Mme DIRVAL.

O ciel! de mon mari!

FLORVEL.

Du cousin?

FORMONT.

Quoi! Dirval?...

Mme EULER.

Il est bien près d'ici.

FORMONT.

Bon! il est arrivé, je gage.

Mme EULER.

Eh! mais, peut-être.

FORMONT.

Dirval! ici?

Mme DIRVAL.

Pourquoi tarde-t-il à paroître?

FLORVEL.

Ce cher cousin, je vais l'embrasser comme il faut;

(*à part.*)
Mais je ne croyois pas qu'il reviendroit sitôt.
(*Il sort, mais rentre l'instant d'après avec son père et Dirval.*)

SCÈNE VIII.

Mme EULER, Mme DIRVAL, FORMONT, M. MORAND, DIRVAL, FLORVEL.

Mme DIRVAL *lit*.
« Me voilà ! » Tendre ami ! toujours, toujours le même.
Mme EULER.
Ah ! voilà bien son ame.
FORMONT.
Oui, car celui-là t'aime.
Mme DIRVAL, *toujours lisant.*
« Dix-huit mois dans les fers ! » Oh ! qu'il a dû souffrir !
Cher Dirval !
DIRVAL, *qui écoute et regarde de loin, accourant.*
Un regard de toi va me guérir.
Mme DIRVAL.
Dirval ! est-il possible ?
DIRVAL.
O mon unique amie !
Mme DIRVAL.
Tendre époux !
FORMONT.
Cher Dirval !
DIRVAL, *l'embrassant.*
O mon frère !

M. MORAND.

Sophie,
Je te fais compliment.

FORMONT.

Ils sont donc réunis !

Mme EULER.

Et pour toujours.

Mme DIRVAL, *à son mari.*

Tu vois de fidèles amis,
Dirval, à qui je dois une reconnoissance !...
Ils m'ont sauvée...

Mme EULER, *vivement.*

Eh ! oui, des peines de l'absence.

Mme DIRVAL.

Non, ils m'ont garantie, et de maux plus réels,
De dangereux écueils et de piéges cruels :
En un mot, ils ont su me sauver de moi-même.

FORMONT.

Ma sœur !...

Mme DIRVAL.

Je puis tout dire à cet époux que j'aime.

DIRVAL.

Oui, ma chère Sophie ; et toujours ta candeur
Te rend plus estimable et plus chère à mon cœur.

Mme EULER.

Vous lui rendez justice.

Mme DIRVAL, *à M. Morand.*

Agréez d'une niéce
Tous les remerciements, pour les soins, la tendresse
Dont vous l'avez comblée.

DIRVAL.

Oui, cher oncle ; et croyez

ACTE V, SCÈNE VIII.

Que ma reconnoissance...

M. MORAND.

Allons donc! vous riez.

Mme DIRVAL.

Je vous fais dès ce soir mes adieux.

M. MORAND.

Bon!

FLORVEL.

Qu'entends-je?

Quoi, vous partez, cousine?

Mme DIRVAL.

Oui.

M. MORAND.

Quel dessein étrange!
Il arrive, et tu pars.

DIRVAL.

Au fait, je suis surpris...
J'ai cru que tu m'allois faire un peu voir Paris.

M. MORAND.

Eh! oui.

Mme DIRVAL, *à son frère.*

Par complaisance il resteroit peut-être;
Mais il m'aimera mieux sous notre toit champêtre.

FORMONT.

J'en réponds; et je pars, dès demain, si tu veux.

DIRVAL.

Moi, je ne reste pas, si vous partez tous deux.

FLORVEL.

Ainsi vous nous quittez, trop ingrate Sophie!

Mme DIRVAL.

Ingrate! eh! mais, en quoi?

M. MORAND.

    Que je vous porte envie !
Vous allez vivre aux champs, trop heureux !

FORMONT.

        Le *Vallon*
Vous est toujours ouvert, mon cher oncle ; mais bon !
Paris ne donne pas le bonheur, non, sans doute ;
Il empêche, dit-on, qu'ailleurs on ne le goûte.

Mme EULER.

Ah ! ce n'est pas Paris qui m'en empêcheroit.

Mme DIRVAL.

Ce n'est pas lui, non plus, qui cause mon regret.

DIRVAL, *à madame Euler*.

Euler et vous, pourquoi ne pouvez-vous nous suivre !

Mme EULER.

A la campagne tous nous ne pouvons pas vivre :
Les devoirs les plus chers m'arrêtent en ces lieux.

FORMONT.

Hélas ! tant pis pour nous, mais pour Paris tant mieux.
Moi, je retourne enfin à ma chère campagne ;
J'y ramène ma sœur ; Dirval nous accompagne ;
Et je vais retrouver ma femme et mes enfants :
Je suis heureux : adieu, Paris, et pour long-temps.

FIN DU TOME SECOND.

TABLE DES PIÈCES

CONTENUES

DANS LE SECOND VOLUME.

Le vieux Célibataire, comédie en cinq actes et en vers.   page 3

Monsieur de Crac dans son petit castel, comédie en un acte et en vers.   131

Les Artistes, comédie en trois actes et en vers.   195

Les Moeurs du jour, ou le Bon frère, comédie en cinq actes et en vers.   277

FIN DE LA TABLE DU SECOND VOLUME.

www.ingramcontent.com/pod-product-compliance
Lightning Source LLC
Chambersburg PA
CBHW071852230426
43671CB00010B/1308